HISTOIRE

DE

MONTREUIL-SUR-MER

HISTOIRE

DE

MONTREUIL-SUR-MER

ET

DE SON CHATEAU

PAR

Fl. LEFILS

Membre de la Société de Géographie, de l'Académie d'Amiens, de la Société des
Antiquaires de la Picardie, de la Société d'Emulation d'Abbeville,
de la Société des Sciences et Arts, de Poligny (Jura), etc.

AVEC DES ANNOTATIONS PAR M. H. DUSEVEL

ABBEVILLE	MONTREUIL
RÉNÉ HOUSSE, IMPRIMEUR-ÉDITEUR	EUGÉNE DUVAL, LIBRAIRE-RELIEUR
Rue Saint-Gilles, 106	Rue des Barbiers, 16

1860

PREFACE

—

J'ai déjà dit quelque part qu'en écrivant l'histoire
de nos anciennes villes de la Picardie, je n'avais point
eu la prétention de faire une œuvre parfaite, mais seulement de rassembler dans un seul cadre les documents
disséminés dans cent recueils divers. Le volume que
je publie aujourd'hui ne doit être considéré que comme
un premier jalon autour duquel viendront se grouper
tous les faits qui ne sont point parvenus à ma connaissance et dont la réunion pourra plus tard servir à
écrire une véritable histoire du Montreuillois. Le territoire de Montreuil formait autrefois une petite province démantelée de l'antique Ponthieu qui comprenait
les pays littoraux compris entre la Bresle et l'Escaut.
Beaucoup des faits dont ce pays fut le théâtre sont
égarés ou ignorés, et il n'y a point de doute que nos
bibliothèques, et surtout les manuscrits, contiennent sur
cette province, si féconde en événements, des détails
qui viendront un jour grossir ces curieuses annales.

J'invoque donc l'indulgence de mes lecteurs pour une œuvre qui devait inévitablement présenter beaucoup de lacunes, à cause de l'absence de faits particuliers suffisants pour établir une continuité d'événements dans le récit.

Chaque ville un peu importante devrait avoir son historiographe. On dit qu'il en est ainsi chez les Chinois, le peuple de la terre le plus constant dans ses mœurs et ses usages, et que l'histoire locale y est, de tous les genres de littérature, celle qui fixe le plus son attention et lui en paraît aussi le plus digne. Quoi qu'il faille en penser, nous ne ressemblons guères, sous ce rapport, aux habitants du Céleste-Empire : l'histoire d'une ville particulière de France ou de l'une de ses provinces peut bien orner parfois une collection historique ou intéresser quelques bons citoyens nés sur les lieux, qui aiment leur patrie d'un amour ardent et de prédilection :

> Nescio qua natale solum dulcedine cunctos
> Ducit, et immemores non sinit esse sui.

mais combien cet attachement honorable pour les lieux qui nous ont vu naître, dont s'occupait Ovide fugitif exilé sur une terre étrangère, n'est-il pas aujourd'hui malheureusement affaibli ? *Ubi bene, ibi patria ;* c'est-à-dire *où l'on est bien est la patrie.* Ce sont là de ces maximes, de nos jours, que l'on entend répéter trop communément.

La connaissance de l'histoire locale ne peut qu'aider à faire aimer le pays où l'on est né : ce livre devient en quelque sorte le livre de la famille; on croit y reconnaître les ancêtres et l'exemple de leurs vertus engage à ne point y déroger. Il peut résulter un autre avantage de ce travail ingrat, c'est que des histoires particulières de nos anciennes cités peuvent naître des ressources pour mieux connaître, mieux fixer l'histoire générale de la province, sa statistique et surtout sa topographie ancienne et moderne; nous ravivons des faits isolés, oubliés, dédaignés quelquefois, mais qui, un jour, seront recueillis pour faire un ensemble plus parfait que ce que nous avons possédé jusqu'à ce jour.

Les documents historiques relatifs au château et à la ville de Montreuil sont très-peu communs; Monstrelet, Froissart et nos autres grands chroniqueurs, qui sont très-prolixes à l'égard de quelques cités, sont très-réservés et très-laconiques pour la première et la plus ancienne capitale du Ponthieu. Nous avons dû à quelques personnes obligeantes des communications importantes dont nous avons tiré parti. Nous devons à ce sujet, des remerciements à M. Henri Papegay et à M. Eugène Duval, de Montreuil, qui se sont empressés de mettre à notre disposition tout ce qu'ils ont pu recueillir de faits dignes de mémoire. M. Dusevel, notre savant historiographe de la Picardie, nous a été, comme toujours, d'un puissant secours en mettant à notre disposition ce que lui ont fourni les bibliothèques de Paris qui sont ouvertes à ses incessantes recherches sur ce qui peut concerner le passé de notre belle Picardie.

Ce qui nous a encouragé à entreprendre cette histoire, c'est que notre exemple exercera un jour la verve de quelque savant Montreuillois qui, reconnaissant ce que notre travail peut avoir d'imparfait, se mettra à l'œuvre pour découvrir d'autres documents et pour produire une histoire digne de la ville de Montreuil et de ses habitants.

HISTOIRE

MONTREUIL-SUR-MER

I

Origine de Montreuil. — Braium. — Diverses étymologies. — Les
Morins.—Arrivée des Romains.—Aspect des villes celtiques.

Bien longtemps avant l'arrivée des Romains dans
les Gaules, les Celtes qui habitaient les côtes de la
Morinie, s'étaient établis au fond d'un golfe où se
déchargeait un petit fleuve qu'ils avaient nommé
Quentch (la Canche). La position était admirablement choisie pour une tribu de pêcheurs : d'un
côté, une vallée où abondaient les poissons d'eau
douce; de l'autre, la mer avec ses produits variés;
sur les hauteurs du voisinage, d'épaisses forêts
comme les aimaient ces peuples antiques. Mais
la mer, dans son travail incessant de destruction et de reconstruction de ses rivages, apportait
dans l'embouchure de la Canche les débris des
terres arrachées aux falaises des côtes neustriennes,

large section de l'isthme britannique emporté par l'irruption de l'Atlantique[1]; les terres alluviales s'accumulèrent dans le fond de la vallée et obligèrent la mer à reculer devant leur surélévation. Le fond du golfe était déjà couvert d'alluvions marécageuses, c'était le *Sinus quentavicensis* des anciens, à l'extrémité duquel, sans doute, s'était formée une bourgade du nom de *Bray, Brayum*, bray en langue celtique signifiant *boue, marais*[2].

Un monticule se dressait du milieu des marécages, et, de ses hauteurs, l'œil plongeait sur toute la baie et très au-delà sur la haute-mer; nous verrons que plus tard on y éleva un phare. Une tradition rapporte à ce sujet une espèce de légende d'après

---

[1] Voir *Recherches sur la configuration des côtes de la Morinie*, F. LEFILS, 1 vol. avec cartes coloriées.

[2] *Vetus loci nomen in chronico Fontanellensi necopinans inveni. Hoc chronicon, in Ansigisi abbatis morte ac Ludovici Pii Augusti, principatu desinens, publicavit Lucas Acherius V. C. in tomo III spicilegii anno MDCLIX in quo Ansigisus abbas Fontanellensis moriens, multa variis Franciæ monasteriis legavisse dicitur, in premis* AE RESBACE *monasterium (Rebais) libram unam et semis; ad sanctum Salvium in Brago solidos X. Ex quo colligo, eum locum primo* BRAGUM; *deindè a S. Salvii monasterio monasteriolum dictum esse. Idem Ansegisus, ut hoc obiter dicam,* CŒNOBIIS LOGIO, LONGOGILO, FONTANIDO, MALARDO, VALLI *et* MALÆ MONASTERIO *aliqua legavit : quæ nunc excepto* FONTANIDO *vel Fontaneto, ignota sunt monasteria.* BRAGUM *autem et* BRACUM *unum nomen est : quod à cane venatico, id est à* BRACCO, *in veteribus Frisiorum legibus usurpato, germanicè* BRACHEN, *nostris* BRAQUE *dicto, deducendum videri potest.*

laquelle un monstre, espèce de cyclope, aurait, antérieurement à l'arrivée des Romains, habité cette contrée qu'il désolait de ses brigandages ; Jules-César après l'avoir vaincu, l'aurait forcé à quitter le pays. M. d'Harbaville dit que la légende de ce monstre n'a d'autre origine que le phare même : la lumière qu'il projetait au loin aurait donné lieu à la supposition que lorsque les flots de la mer venaient battre le pied du promontoire, le cyclope se réveillait et dardait au loin son œil de feu. On disait *Monstrat oculum* dont on aurait fait Montreuil [1].

D'après Dom Grenier, le nom primitif de cette ville aurait été *Bray*, fait de *bracum* ou *bragum*, signifiant boue, vase, parce que le pied du promontoire s'élevait d'un terrain d'alluvion que la mer submergeait dans les fortes marées, et qui était presque toujours boueux et impraticable. Cette étymologie nous paraît préférable à celle de quelques savants qui prétendent que *bragum* est un mot celtique signifiant *chien de chasse*, de l'espèce

[1] Pierre Boyer, seigneur Du Parc, rapporte ainsi cette légende : « La ville de Montreuil, voisine ou frontière du Ponthieu et du Bolonois, est ainsi appelée d'aucuns, mais avec peu de vérité, à cause d'un monstre prodigieux qui y nasquit et que quantité de peuple de tout le pays alloit voir, d'autant qu'il y fit sa demeure. Le lieu fut appelé Monstreuil ou *bourg du monstre*. » (*Livre de la description hydrographique des côtes de la mer occidentale*, en huit cartes. Bibl. imp. manus.)

de ceux que nous appelons encore *bracqs*[1], parce
que ce territoire aurait été un endroit uniquement
destiné à la chasse, à cause des bois giboyeux dont
il était environné. Une autre supposition fait venir ce
nom d'un pont qui aurait été construit sur ce point,
pour aller d'une rive à l'autre de l'embouchure
de la Canche. *Brugge, brucke, bridge,* dit un auteur,
signifiaient un pont, en flamand, en anglais, en
saxon; les Romains ayant donné à la plupart des
noms de lieux la terminaison latine *acum* qui signi-
fie *eau*, Bracum ou Brayum aurait signifié pont
ou eau. Nous préférons la première supposition,
comme plus vraisemblable et comme dépeignant
mieux la situation d'une bourgade de gens se livrant
à la pêche et à la chasse. A l'époque celtique il ne
pouvait encore y avoir de pont sur ce point très-
ouvert de l'embouchure de la Canche, exposé aux
vents de la mer et à la violence des vents. Quant

[1] M. De Vérité, dans son histoire du comté de Ponthieu,
parle également des marais qui existent encore au bas de la ville
actuelle de Montreuil : donc, dès qu'il est constant qu'il y avait là
dans le moyen âge une bourgade, et qu'elle a porté non seulement
le nom de *Bragum*, mais aussi celui de *Bratum*, on ne peut y
méconnaître une de ces Brays primitives, dont l'origine celtique
se perd dans la nuit des siècles; et ici encore De Valois se trouve,
suivant nous, avoir émis une de ces opinions plus que hasardées,
que nous avons eu occasion de lui reprocher quelquefois, lorsque
se livrant avec trop de confiance à l'arbitraire qu'inspire le grand
savoir, il a prétendu que le nom primitif de Montreuil avait été
originairement celui d'une espèce de chiens, qu'il suppose avoir
été employés à la chasse dans les forêts voisines. (*Essai sur l'origine des villes de la Picardie.* L. A. LABOURT.)

au mot *bracq*, chien de chasse, il est allemand et d'origine trop récente pour avoir été appliqué à la première bourgade de la Canche; le mot *braye* ou *bracum* vient donc de boue, limon, et de l'espèce de terrain que nous avons depuis appelé *mollière*.

Dans cette position, il est vraisemblable que *braium* dut être un lieu important dont le chef exerça une certaine autorité sur les contrées environnantes. Peut-être même appela-t-on cette contrée *Pontium, Ponticus*, signifiant *petite mer*, parce que l'embouchure de la Canche formait la partie avancée d'un golfe assez enfoncé dans les terres, qui s'étendait jusqu'à la pointe d'Ault, sur la rive gauche de la Somme. De là viendrait la dénomination de *Provincia pontiva* qui resta à la contrée dont Montreuil fut pendant assez longtemps le chef-lieu.

D'après les auteurs de l'antiquité les plus accrédités, Tacite, Virgile, Strabon, Pline, etc., ce pays, avant l'apparition des Romains, était habité par les Morins, tribu de la grande famille celtique qui paraît avoir tiré son nom des marais qui se formaient sur le littoral, depuis les falaises neustriennes jusque près du rivage de *Gessoriacum* qui, plus tard, changea son nom en celui de Boulogne. Les Morins furent donc les premiers habitants connus de la bourgade de Braium, et Braium fut la capitale d'un petit pays qui tirait son nom du golfe ou *pontus* formé entre les pointes d'Ault et d'Alprecht.

Sur ces temps éloignés, l'obscurité est complète : nous ne rechercherons point ici si Braium put être la Britannia des Morins, autrement nommée *Oppidum ponticum*, ou *Civitas morinorum*, dont Scipion l'Africain aurait demandé des nouvelles aux députés de Massilia. Nous avons démontré ailleurs [1] que cette ville celtique dut être sur la rive gauche de l'Authie, à l'un des hameaux de Villers qui porte encore le nom de Bretagne, où des indices d'antiquités ont été reconnus; il nous suffit de constater ici que Montreuil existait sous un autre nom, avant l'arrivée des Romains; que cette ville primitive était au pied du promontoire, sur les accrues maritimes, et que sur la hauteur il y avait déjà un château ou une espèce de forteresse et peut-être un phare pour éclairer la navigation des pêcheurs.

Il est assez probable qu'antérieurement à l'arrivée des Romains, les Phéniciens avaient dû s'établir dans cette baie pour les facilités de leur commerce avec la Grande-Bretagne, et qu'ils avaient une colonie à Braium ou sur un autre point de la même embouchure [2].

---

[1] *Histoire civile et politique de Rue*, Fl. Lefils, pages 1 et 2.

[2] M. Traullé a dit que les Carthaginois s'étaient établis en un lieu qu'ils nommèrent *Quatoviche*, du nom d'une de leurs divinités.

Les historiens ne nous donnent cependant qu'une triste idée des villes celtiques. Elles étaient formées de mauvaises huttes en terre recouvertes de paille ou de roseaux; ceux qui les habitaient étaient des hommes grossiers que les fiers Romains considéraient avec quelque raison comme des sauvages. Leur nourriture se composait de laitage et de la chair des troupeaux dont la peau servait à leurs vêtements. La plupart ne semaient pas de blé, et cependant la population y était considérable. *Hominum est infinita multitude*, a dit César. Seraient-ce parce que les femmes auraient été communes aux familles, de frères à frères, de parents à parents? Peut-être : notre auteur contemporain ajoute que les enfants qui en naissaient appartenaient à ceux qui les avaient épousées les premiers. Un mari avait puissance de vie et de mort sur sa femme et ses enfants. Il y avait plus, si un noble mourrait (car il y avait aussi des nobles), s'il y avait quelque soupçon de sa mort contre sa femme, on mettait celle-ci à la torture comme une esclave et on la brûlait ensuite lorsqu'elle était trouvée coupable, après lui avoir fait souffrir de très-cruels supplices. Les funérailles de ces nobles étaient très-magnifiques : on brûlait avec le corps du défunt ce qu'il avait eu de plus cher, jusqu'à ses esclaves et ses animaux, ses affranchis même quelquefois; d'où il résulte que pendant leur vie, la société de ces nobles, leur amitié, leur liaison, avait les plus grands dangers pour la suite. Les Morins se teignaient le corps et la figure avec le pastel, ce qui dans les combats les rendait des plus horribles à la vue; ils se rasaient tout le poil, hormis les cheveux et la lèvre supérieure.

Tel est le portrait peu flatté que nous fait le conquérant romain de ces hommes qui habitaient, entre autres rivages, le pays d'entre la Canche et la Somme.

Avant l'arrivée des Romains, deux chefs de ces sauvages règnaient sur le pays des Morins. L'un était Divitiac, l'autre Galba dont les Etats furent investis par Arioviste, roi des Huns ou Germains, qui avait des prétentions à s'emparer de toute la Gaule. Mais ces projets ambitieux furent déjoués par la fortune de César qui songeait déjà à étendre de ce côté sa domination puissante. En triomphant des Germains, l'habile général romain se rendait maître de la Gaule : c'est ainsi qu'il arriva sur les bords de la Canche, où l'apparition de ces étrangers, que la renommée avait rendus plus redoutables encore, jeta l'effroi dans les populations. Les guerriers, aussi bien que les vieillards et les femmes, se réfugièrent à la hâte dans les marais ou dans les épaisses forêts de la contrée, emportant avec eux ce qu'ils avaient de plus précieux pour le cacher.

Néanmoins, Jules-César avoue dans ses commentaires qu'il eut beaucoup de mal à les dompter. Les plus audacieux, un peu revenus de leur frayeur, s'étaient réunis dans leurs forêts et avaient juré de se défendre et de périr plutôt que de se soumettre. Ils commencèrent alors à se fortifier dans des lieux de difficile accès ; ils entouraient leur camp de remparts fortifiés par des clayonnages élevés, plantés d'arbrisseaux impénétrables et augmentés de fossés profonds que l'ennemi ne pouvait franchir qu'avec difficulté. De ces retraites, ils fondirent sur les Romains et vinrent s'y retrancher lorsqu'ils ne se crurent plus en forces pour attaquer en pleine campagne. Les Romains, inquiétés par ces sorties incessantes, investirent ces forteresses d'un nouveau genre, mais ne purent en venir à bout. Aussitôt qu'ils s'éloignaient, les Morins reparaissaient et leur causaient beaucoup d'embarras. César, qui raconte ces revers, détaille les dispositions qu'il prit pour en triompher : il voulait investir les forteresses, affaiblir l'ennemi par le manque de subsistances, le forcer à se rendre ou le détruire. La saison des pluies vint le trouver avant qu'il eût accompli son œuvre; les maladies se mirent dans son armée, ses soldats murmurèrent. Ne pouvant triompher des Morins, il mit le feu à leurs villes, à leurs villages, à leurs forêts, et se retira en Neustrie, au-delà de la Seine.

Les Morins, délivrés des Romains dont ils ne comprenaient point les intentions, réédifièrent leurs cabanes et rendirent des actions de grâces à leurs dieux de les avoir délivrés de ces envahisseurs. Mais, à la saison suivante, ils les virent reparaître, et, cette fois, bloqués dans leurs retraites, ils se trouvèrent dans l'obligation de se soumettre et d'accepter les lois des vainqueurs.

C'est sans doute vers cette époque que Jules-César arriva sur les bords de la Canche et qu'il assiégea, sur le promontoire de Braium, un château nommé *Wimaw*, que les indigènes y avaient élevé, et qui n'était vraisemblablement qu'une de ces forteresses improvisées, entourées de remparts et de plantations de clayonnages de terre renforcées de *wimen* ou osiers [1]. Une fois maîtres de cette position qui leur offrait des ports pour leurs flottes et des forêts voisines et considérables pour les réparer ou en construire de nouvelles, les Romains s'appliquèrent à y affermirent leur domination et ils y parvinrent.

---

[1] On sent le besoin que l'on a dû éprouver en tout temps de défendre le cours de cette rivière par un de ces châteaux fortifiés dont les Gaulois eux-mêmes connaissaient le mode de construction et l'usage. (*Essai sur l'origine des villes de Picardie*, par L.-A. Labourt, page 272.)

L'historien Malbranq, dans son livre *de Morinis*, constate ce séjour du conquérant romain sur le *Quentiam*, et ajoute que des forêts nombreuses couvraient alors tout ce pays, depuis le *Ponticum portum* jusqu'à Picquigny, *ad Pinchonium*, lieu désigné aussi avec un castel, *cum Castello*, dans la notice de l'itinéraire d'Antonin. Il est présumable que ce *Ponticum portum* n'était autre que Braium; puisque Montreuil, la ville qui lui succéda, continua d'être, pendant assez longtemps, la capitale du pays; Abbeville n'existant pas alors, non plus que Rue et le Crotoy, et la Britannia de Scipion paraissant avoir disparu sous l'invasion des sables de la mer.

On a objecté contre l'antiquité de Montreuil, qu'aucune voie romaine n'y conduisait. En effet, la grande route d'Italie à Gessoriac ou plutôt *Bononia*, passait d'Amiens au-dessus de Centule, par Noyelles-en-Chaussée, Maizerolles, pour traverser la Canche à Hesdin, bourg avec temple, *cum templo*, et de là gagner Thérouanne et Boulogne; mais à cette époque où, comme je viens de le dire d'après Malbranq, les hauteurs du Ponthieu étaient couvertes de forêts où il était difficile de tracer des routes, la rivière de Canche était sans doute une voie suffisante de communication assez commode et très-convenable entre Hesdin, où passait la chaussée, et l'*oppidum ponticum*. J'ai d'ailleurs déjà dit qu'il était impossible qu'un pont fût établi à Braium où la mer était dans toute sa force, et tout concourt à nous faire supposer que les marées s'étendaient alors jusque près de Hesdin [1].

Néanmoins, ce qui prouverait que Braium était une ville romaine de quelque importance, c'est que la tradition parle d'un arc de triomphe qui se vit pendant longtemps dans la partie haute à Montreuil et qui était attribué à l'empereur Claude lorsqu'il vint avec son armée voir les bords de la Manche et y ramasser des coquillages. Les restes de cet arc de triomphe existaient encore avant la révolution de 1789, sur la place Saint-Saulve, dans une petite chapelle du nom de *Jésus flagellé*. Des personnes dignes de foi nous ont assuré les avoir vus avec leurs bas-reliefs mutilés et incomplets. On disait aussi qu'une des tours de l'église Notre-Dame, de forme octogone et de construction très-ancienne, était d'origine romaine et qu'elle avait servi de phare. Les environs de cette ville ont d'ailleurs fourni aux antiquaires plus d'un fragment de débris de l'art

---

[1] MARCONNE, faubourg de Hesdin, est un terme teutonique, composé de *mor* ou *mar* et de *konne*, signifiant flux ou arrivée de la mer qui, dit-on, se prolongeait anciennement jusqu'à ce lieu par le port d'Etaples. D'autres villages sur la Canche commencent aussi par *mar*, tels que Marenla, Marles et Marconnelle. Ce dernier nom veut dire petite portion détachée du grand domaine de Marconne. *De Morinis*, MALBRANQ, liv. III, ch. XXXIV.

romain ainsi que des médailles de plusieurs empereurs. Il est donc incontestable que la civilisation
romaine vint, dans ces contrées, se substituer à
la barbarie des anciens Celtes.

Les Druides. — Apôtres chrétiens. — Persécutions. — Ravages des Huns. — Invasions franques. — Chûte de l'empire romain. — Saint-Josse.

Les Morins ne se façonnèrent cependant que difficilement aux lois et aux mœurs de ceux qui les avaient subjugués. Hennebert, dans son *Histoire générale d'Artois*, dit qu'ils restèrent pendant longtemps grossiers, indisciplinés, errants dans les bois et les marais pour échapper à la domination de leurs vainqueurs et pour y chercher de quoi se sustenter et se vêtir; lorsqu'ils pouvaient se réunir en nombre suffisant, ils exerçaient la piraterie avec des barques légères et peu solides. « En un mot,
» ajoute-t-il, on nous a dépeint les Morins comme
» des sauvages ne respirant que l'indépendance,
» livrés à leurs penchants criminels et ne profes
» sant d'autre religion que l'idolâtrie. » Dom Gre-

2.

nier dit que, bien longtemps après leur soumission, ils adoraient encore les arbres et les fontaines, et qu'ils se livraient à des pratiques cruelles envers leurs proches et même leurs propres enfants.

Cette religion était le druidisme, qui était pratiqué dans toutes les Gaules et dont le culte avait pour temple les forêts les plus sombres. Le territoire de Braium, couvert de bois qui s'étendaient le long du littoral, depuis la Canche jusqu'à la Somme, convenait admirablement à ces pratiques mystérieuses, et les habitudes des Morins avant l'arrivée des apôtres chrétiens doit nous faire supposer que les druides règnaient sur ces contrées. César dit quelque part dans ses commentaires, que les peuples de la Morinie étaient *comme esclaves* courbés sous le joug et l'orgueil de leurs prêtres, et chargés de dettes et d'impôts par la violence des grands.

César les délivra-t-il de cette oppression dont il parle, par la conquête qu'il en fit? Rendit-il leur condition meilleure? Ce n'est point là ordinairement l'objet du conquérant, dans aucun des siècles connus. Si César défendit les pratiques du druidisme, ce fut par mesure politique plutôt que par humanité, et la conquête ne changea ces habitudes barbares qu'avec le temps.

Les druides, ou prêtres gaulois, quoique plus philosophes que bien d'autres, avaient des *mystères* et des initiés. Ils admettaient la métempsycose et sacrifiaient froidement des victimes humaines. Le peuple ne pensait pas qu'il pût, en conscience, manger le lièvre, l'oison, ni la poule, quoiqu'il fût dans l'usage de les élever, mais pour son plaisir seulement [1]. Point de temples pour le souverain être. Les druides, espèce de déistes dans leur particulier, sans doute, ne voulaient pas circonscrire dans un espace limité, disaient-ils, l'être infini qui est perpétuellement au-delà de tout espace et de toutes limites et qui contenant tout ne peut être contenu. Leur religion ne se conservait que par les traditions. Il était défendu d'en rien écrire, et, pour s'initier, les jeunes druides l'étudiaient assidûment pendant vingt ans ; mais ils n'en gardaient que ce que leur mémoire pouvait en retenir. Leurs autels étaient dans les bois, dans les lieux écartés ; ils y égorgeaient des taureaux, ils y offraient quelquefois simplement *le pain et le vin*, dont on avait brûlé quelque portion, ou versé quelques gouttes sur l'autel. Ils recueillaient mystérieusement le guy de chêne et une espèce de tamarin, appelé le *félago*, avec des précautions et des momeries qui n'avaient pour but que de persuader au peuple toute l'importance du

[1] Animi voluptatis que causa. CÉSAR, lib V, ch. XII.

remède qu'ils voulaient lui administrer ou lui vendre; car ils se mêlaient aussi des maladies, et n'étaient pas moins médecins ou charlatans que prêtres imposteurs.

Ces druides étaient également chargés de l'instruction de la jeunesse, qu'ils élevaient, comme on peut le croire, dans le plus profond respect *pour la religion* populaire; c'est-à-dire, pour toutes ces pieuses et futiles cérémonies, avec lesquelles on arrachait les plantes à jeûn, après s'être purifié par les jeûnes et le bain, etc.

A ces fonctions sacerdotales, les druides ajoutaient l'un des divinations, l'autre des prédictions; on n'eût jamais osé donner une bataille dans les Gaules, ou prendre une délibération de quelque importance, sans avoir eu recours aux druides, à leurs sacrifices; ils étaient ainsi devenus les arbitres de la paix et de la guerre. On voit par là qu'elle était leur immense influence. D'autres druides étaient commis pour chanter seulement des vers à la louange de la divinité et pour célébrer la valeur des soldats, animer les faibles aux combats ou flétrir les lâches, on appelait cette division de druides *les Bardes.* C'était l'espèce la plus honnête, et comme qui dirait, si ces choses peuvent se comparer, nos anciens chanoines de cathédrale psalmodiants seulement. Un chef suprême, sorte de souverain, qui demeurait à Chartres, en Beauce, gouvernait tous les druides des Gaules généralement; il était entouré d'une cour nombreuse de druides, qui lui étaient subordonnés et qui avaient inspection sur les provinces, au Nord comme au Midi.

Les femmes des druides participaient au crédit, à l'influence de leurs maris; elles avaient une fonction commune avec leur sacerdoce, celle des *divinations* : toutes ces femmes, en général, dans les Gaules, jugeaient les affaires particulières pour fait d'injures, et leurs jugements, qu'on peut appeler de simple police, ou de police *correctionnelle*, dans notre langage actuel, étaient sans appel. C'était une sorte de respect et de galanterie, digne de nos anciennes cours d'amour, qu'on ne s'attendrait pas à trouver dans des contrées où les druidesses plongeaient aussi quelquefois leurs couteaux dans le cœur des prisonniers, pour en consulter les palpitations; en même temps que leurs époux, aux jours de grandes cérémonies et de fêtes solennelles, brûlaient ailleurs des victimes humaines dans de vastes et hideuses statues d'osier [1].

---

[1] Ne serait-ce pas là l'origine de cet usage annuel qu'avaient les Flamands et les Artésiens même, dans les jours de *carmesse* ou fêtes de patrons d'églises, d'exposer au coin des rues de grandes et hideuses figures en mannequins d'osier ou de cartons, bien parées, que l'on finissait par brûler après les avoir bien promenées en grande cérémonie? On appelait aussi ailleurs, et en Espagne même, ces mannequins, des *géants*, des *géantes*.

Encore, était-ce une obligation *légale* pour les Gaulois, nos ayeux, que d'assister dévotement aux abominables sacrifices de ces druides, comme à leurs instructions. Dénonciateurs et juges, la peine de ceux qui n'obéissaient pas à la loi qu'ils invoquaient, dont ils étaient les interprètes; la peine de ceux qui s'absentaient de leurs infâmes cérémonies, était l'excommunication ; c'est-à-dire l'interdiction à jamais de leurs autels, de leurs mystères. Les *impies* que frappait cette terrible excommunication, étaient écartés de toutes les places, de tous les honneurs, de tous les emplois, comme des hommes sans religion, indignes de vivre et sans morale, comme des scélérats flétris pour les plus grands crimes. *Procul estotè profani!*

Un autre devoir rigoureux de nos ayeux abrutis sous l'empire sacerdotal des druides, était de s'abstenir de tout entretien sur les matières de politique et de religion. C'étaient là des républiques fédératives gauloises, où il n'y avait guère de liberté. Tout le bonheur de la société paraissait être pour ces prêtres, qui, exempts de toutes charges publiques, tant civiles que militaires, vivaient riches et heureux autant que possible, au milieu des forêts, gouvernant des peuples écrasés par la superstition et des impôts exorbitans que leur imposaient les *grands*, comme a dit César.

S'il est vrai que, dans la Gaule-Belgique, sur nos rivages moriniens comme sur ceux des Bretons, on se soit servi, comme l'écrit aussi César, de monnaie de métal, de cuivre importé et d'anneaux ou biles de fer au poids pour en tenir lieu [1], voilà pour les amateurs de l'antiquité, qui recherchent avidement des médailles gauloises avant la conquête des Romains, un grand obstacle à en trouver, ce me semble. Mais ce qu'on découvre, ce sont des colonnes carrées de la pierre la plus dure, quelques figures grossièrement sculptées sur les pierres de cette sorte; des pierres aiguisées en forme de coins ou de pointes et nommées *haches* celtiques; ce sont des tombeaux de pierre ou de plomb, capables de contenir des corps de six à sept pieds de long (espèce de patagons) couverts de peaux de bêtes jusqu'à mi-corps, tenant une pique ou une épée rouillée ; ce sont là les monuments des Gaulois qu'on a quelquefois trouvés dans les vieux murs d'anciens temples, dans ceux des pays chartrains surtout, et même dans nos hautes régions de la Picardie.

Avec des hommes de la taille la plus haute, se

---

[1] *Utuntur aut aerct, aut taleis ferreris ad certum pondus examinatis pro nummo.* (Lib. V, ch. XII.) Nous nous sommes un peu étendus sur les mœurs des Morins, nos premiers ayeux, parce que nos historiens de localités nous paraissent les avoir trop négligés.

trouvaient aussi des animaux d'une force et de grandeur que nous ne trouvons plus, tels l'*Elan*, dont parle César, le *Bizon,* l'*Uroch* ou l'*Urus*, ce bœuf énorme et farouche dont la chasse était aussi redoutable que glorieuse. Aussi, Pausanias nous dit-il que, de son temps, la Gaule était devenue si froide, qu'on y voyait des ours et des sangliers blancs, ce qui est très-probable, puis qu'il yavait des élans. Pline et Strabon nous parlent de nombreux troupeaux de chevaux et d'ânes sauvages qui l'habitaient. Diodore de Sicile dit que les fleuves y gelaient régulièrement pendant les hivers, au point que les armées et les chariots passaient sur la glace, comme sur des ponts. Vitruve, contemporain de Jules-César, et Strabon, contemporain aussi de Tibère, nous apprennent que les Gaulois et les Espagnols ne bâtissaient encore leurs maisons qu'avec de la terre grasse, et que les toits n'étaient couverts que de chaume ou de joncs. Faut-il s'étonner si César dit, de la Morinie expressément, que ce qu'on y appelait une ville, *oppidum autem vocant*, n'était souvent qu'un bois, un marais, lequel servait de retraite contre les courses de l'ennemi ? Tels étaient probablement Braium dans les *mollières* de la Canche et sa retraite de Wimaw sur le promontoire.

Les Romains ne pouvaient triompher des peuples de la Gaule et les pacifier qu'en combattant le druidisme et en le détruisant. C'est pourquoi ils ne s'opposèrent que faiblement aux progrès du christianisme, dont ils se défiaient moins que des druides tout puissants et cruels. Ce pays était d'ailleurs extrêmement sauvage : un auteur allemand dit dans des *Chroniques germaniques*, que sous Charles-le-Chauve, la Flandre, qui s'étendait alors jusqu'à la Somme, était tellement dépourvue de villages, qu'elle semblait plutôt habitée par des bêtes farouches que par des hommes.

Les apôtres vinrent de bonne heure prêcher la foi chrétienne à Braium, à Quentovic lieu voisin, et dans les environs. Belleforest dit que les Morins furent convertis à Notre-Seigneur Jésus-Christ, peu de temps après les premiers apôtres [1]. Selon Malbranq, vers l'an 62 ou 63, c'est-à-dire presqu'en même temps que la conquête des Romains, on vit Joseph d'Arimathie traverser la Morinie pour aller prêcher dans la Grande-Bretagne [2]; on prétend aussi que saint Pierre, persécuté par les Romains, suivit la même route que Joseph d'Arimathie. Ce qui paraît plus certain, c'est l'apostolat de saint Martial, évê-

---

[1] *Cosmograghie.* BELLEFOREST, liv. II.

[2] *De Morinis*, MALBRANQ. livre II. Voir encore *Histoire d'Angleterre*, par R. THOIRAS; *Histoire des Pays-Bas*, par METEREN, livre XIII.

que de Limoges, qui vint, vers l'an 70, convertir les populations maritimes de la Morinie.

Cependant, d'après différents auteurs, et entre autre Belleforest, les nouveaux convertis n'avaient qu'une foi peu solide, car aussitôt les apôtres éloignés, ils retombaient dans leurs erreurs et dans leurs pratiques païennes.

On lit dans la *Chronique des saints,* que saint Luce, un des rois de la Grande-Bretagne, quitta sa capitale et son royaume pour venir en Morinie, rappeler les habitants à leurs devoirs et qu'il réussit à les rattacher au culte de sa religion.

Nous ignorons positivement quel fut, parmi tous les apôtres qui parurent dans la Morinie, celui ou ceux qui vinrent prêcher à Braium et y bâtir la première église. Nous savons seulement que la foi n'était guère affermie dans le *Ponticum,* puisque saint Riquier, qui vint y prêcher vers le milieu du vi^e siècle, y trouva encore le culte des arbres établi et toutes les pratiques druidiques en vigueur [1]. Saint Josse, à cette époque, s'était déjà établi dans la contrée, vers Quentovic, où saint Bertin et saint Riquier venaient le visiter. Saint Firmin, premier

---

[1] La chronique de Saint-Riquier rapporte qu'il y avait près du village de Sidrudis (*Sorrus*), un bois dans lequel était un hêtre énorme où ce saint avait enchâssé des reliques, sans doute pour convertir en culte religieux le culte profane que les habitants du lieu rendaient à cet arbre. *Sacratum fustem.* Le seigneur du lieu le fit abattre, ce qui produisit un miracle, selon Hariulf.

évêque d'Amiens, y fit aussi beaucoup de prosélytes. Quentovic était situé sur la Canche, mais plus bas que Montreuil, sur la même rive.

Les empereurs romains, débarrassés des druides, songèrent à arrêter les progrès du christianisme qui avait aussi gagné beaucoup de Romains; ils en défendirent l'exercice, puis, ne pouvant y parvenir, ils firent arrêter les apôtres et les persécutèrent; plusieurs payèrent par le martyre leur dévouement et leur persévérance. Mais la puissance romaine, après s'être maintenue pendant quatre siècles dans les Gaules, commençait à chanceler. Les côtes de la Morinie étaient livrées aux actes de piraterie les plus cruels. Maximien, qui gouvernait alors, enjoint à un marin boulonnais, du nom de Carause, d'équiper une flotte pour protéger les côtes. Celui-ci rejoint les pirates, les combat, s'empare de leurs richesses et en fait son profit. Maximien veut lui retirer son autorité et envoie contre lui des troupes; mais Carause, qui s'était méfié de cette récrimination de l'empereur romain, s'était sauvé sur les côtes de la Grande-Bretagne et bientôt après se fit proclamer roi de cette île au détriment des Romains qui la possédaient. On le vit alors piller et dévaster les côtes de la Morinie, enlever Boulogne, Braium, pénétrer plus loin dans les terres et brûler tout le pays jusqu'à Hesdin, Thérouanne et Arras.

Cette circonstance fut une calamité à cause des représailles qu'elle amena et qui couvrirent toute la contrée de ruines.

C'est vers cette époque que parut sainte Hélène, femme de l'empereur Constance-Chlore et mère du grand Constantin, qui réédifia la ville de Hesdin et y fit construire une retraite qu'elle fut habiter[1]. La contrée était encore en proie aux ravages des pirates qui arrivaient aussi bien par terre que par mer. L'autorité romaine était désormais impuissante à réprimer ces désordres; elle faiblissait sur tous les points; Aétius, général romain qui commandait à Arras, s'oppose bravement au torrent, il surprend les barbares qui s'étaient campés sur la Canche, entre Hesdin et Braium; il fond sur eux, les taille en pièces et poursuit les fuyards qu'il contraint à évacuer la Gaule-Belgique. Mais ce succès ne fut que passager; Clodion, chef des Francs, brûlait de venger cet affront, il revient à la tête de bandes considérables et pousse ses conquêtes jusqu'aux rives de la Somme. Aétius espère en vain en triompher encore, il résiste, mais il est obligé de transiger avec Clodion, et de faire cause commune

---

[1] Ad quantiam Morinorum tranquillius dabatur perfugium. Illic Castellum egregium editiore in ripâ condidit Helena, accedente ad marginem utrumque vico, quœ ejus nomen Helenum induêre, post-modùm in Hedenum et Hesdinum tempora commutàrunt. (*De Morinis.* MALBRANQ, liv. II, ch. xv.)

avec lui pour résister à d'autres invasions qui le menacent. L'histoire dit que vers cette époque il se préparait un grand mouvement dans les Gaules et chez tous les peuples barbares. On tremblait sur les côtes de la Morinie de la descente méditée de nouvelles hordes de pillards. Malbranq rapporte que les Huns débarquèrent dans la baie de la Canche vers 641, qu'ils brûlèrent Quentovic et Braium et les détruisirent de fond en comble, et que de là ils poussèrent leurs ravages jusqu'à Thérouanne et Aire[1].

Aétius ayant été assassiné par les ordres de l'empereur Valentinien, la puissance romaine, qui tenait encore un peu par les talents militaires de ce général, déclina rapidement; après lui, ce qui restait de Romains sur les côtes de la Morinie, disparut pour faire place aux hommes du Nord qui, encore barbares, replongèrent ce pays dans les désordres les plus terribles. Ces hommes étaient les Francs dont la renommée inspirait une profonde terreur[2]. Leurs mains, suivant Eusèbe, ressemblaient à celles des bêtes féroces. « La nature les a tellement faites pour la guerre, dit le sophiste

---

[1] Arma ferunt semper, bellis est sueta juventus, Bajulat hœc juvenis; hoc agit arte senex, namque ipsum nomen francorum horresco recensens francus habet nomen a feritate sua. (*Ermoldi nigelli carmen*, livre I.)

[2] *De Morinis* MALBRANQ, liv. III, ch. XXVIII

5.

Libanius, qu'on leur a donné le nom grec de φρακτοι, qui exprime leur énergique constitution et que le vulgaire ignorant a changé en celui de franc. »

Les Francs étaient durs et cruels pour les vaincus, et cependant, d'après Procope [1], beaucoup de sujets romains, qui ne purent retourner en Italie, se mirent au service de leurs vainqueurs et obtinrent la faculté de conserver leurs lois, leurs mœurs, leurs insignes particuliers, leur costume.

Pendant près d'un siècle, le pays d'entre l'Escaut et la Somme fut le théâtre de luttes terribles entre les Francs, les Suèves, les Vandales et les autres peuples qui se disputaient la dépouille de l'empire romain. Les rois francs qui pourtant avaient adopté, en beaucoup de choses, la police et les lois des Romains, établirent une espèce d'autorité sur les pays soumis à leur domination; on leur doit l'institution des comtes qui, dans l'origine, n'étaient que des magistrats préposés à l'administration d'une contrée. Après la conquête des Gaules par les Francs, ces officiers continuent de subsister; leurs prérogatives et leur puissance s'accrurent, et ces comtes devinrent bientôt de petits souverains. Clotaire, l'un des successeurs de Clovis, investit Alcaire, fils de Regnacaire, roi de Cambrai, du

---

[1] *Guerre des Goths.* PROCOPE, liv. I, ch. XII.

gouvernement des côtes maritimes dans lesquelles se trouvait compris Braium et son territoire. Alcaire s'intitula : *Dux franciæ maritimæ seu Ponticæ* et établit sa demeure à Centule, aujourd'hui Saint-Riquier. Aymeric, qui lui succéda, fixa sa résidence à Boulogne, puis à Port-le-Grand sur la Somme.

Un autre comte ou duc maritime avait sa résidence à Mayoc, près du Crotoy; c'était Aymon, qui s'étant pris d'une profonde amitié pour saint Josse, lui fit construire, en 625 [1], à Quentovic, ou près de cette ville, un monastère qui, par la suite, donna son nom à la localité. Selon l'auteur de la vie de ce saint, ce lieu était horrible par les forêts dont il était couvert et en grande partie inculte et désert, sur les bords de la mer qui en rendaient l'aspect encore plus sauvage.

Saint Josse édifia, dit-on, tout le pays par la sainteté de sa vie; il avait choisi, pour se fixer, un bois proche de Quentovic où étaient deux fontai-

---

[1] Saint Josse demenant vie solitaire en ung lieu assez biel et plaisant onquel le duc de Ponthieu lui fist faire un moustier en l'honneur de Dieu et de saint Martin, là gouverna onze glines et ung coq qui les conduisoit; mais en ce lieu repairait ung grant aigle lequel par famine les mangea toutes, *une au cop*. Ung jour advint qu'il fut moult famelleus, et prist le coq du saint, et il commencha à crier. Et quant saint Josse oy son cocq crier, il y courut et vit que l'aigle emportoit son coq : il leva les mains au ciel et fit le signe de la croix sur l'aigle, lequel, par vertu du signe, chey à terre mort, et le coq demorat sain et heltié. (Bibl. de Lille, manus. n° 16, f° 11, p. 35.)

nes; le peuple appelait l'une la fontaine *aux chrétiens*, et l'autre la fontaine *aux chiens* [1]. Comme saint
Valery et saint Riquier, qui apprivoisaient de petits
oiseaux et les apprenaient à venir manger dans
leurs mains, saint Josse, « par la saincteté de lui,
les bestes, les poissons et les oiseaux venoient pri-
vement à lui, et il les repaissoit de doulces paroles [2]. »

Le saint affectionnait particulièrement, sur les
bords de la Canche, un endroit sauvage dans un
petit vallon où le cours capricieux de la rivière
avait formé une petite île. Il passait l'eau sur une
planche et s'était bâti une petite chaumière où il
passait des heures entières dans la méditation. Plus
tard on y construisit une église sous l'invocation
de Saint-Josse-au-Val.

Aymon eut pour successeurs Diochtric et Walbert. Comme le bruit courait, environ soixante ans
après la mort de saint Josse, que les ongles des
mains et des pieds lui croissaient encore « et les
» coppoit ou cescun samedy [3], » Diochtric voulut
s'assurer de cette vérité, et à cet effet fit ouvrir le

---

[1] Quand saint Josse vit que les chiens du duc de Ponthieu buvoient
dans sa fontaine, ce ne volt-il souffrir; mais tantost sa prière faitte,
bouta de relief son baston en terre, et une autre fontaine incontinent
sourdi, en laquelle fontaine les bestes burent, et l'appellont encore
en cette contrée la fontaine *las quiens*.

[2] *Bibliothèque de Lille*, manus. fol 11, page 35.

[3] *Bibliothèque de Lille*, manus. fol. 38.

tombeau; y ayant porté ses regards, il s'écria : Ah! saint Josse! Aussitôt il devint sourd et muet, et, jusqu'à sa mort, il éprouva une grande faiblesse dans toutes les parties de son corps. La femme de ce duc, effrayée du malheur de son mari, éleva ses gémissements vers Dieu, et, pour le salut de son âme, donna à saint Josse les deux villages de Crespiniac et de Netreville [1]. *Crispiniacum, Netrevilla.*

En 754, il est question encore dans un titre de fondation de l'abbaye de Blangy, d'un comte de Ponthieu du nom de Sigefroid, qui, dit-on, battit près de Hesdin, les Huns qui étaient débarqués dans le *Sinus quentavicus* et ravageaient le pays. Plus tard, on voit un comte Walbert qui se fit moine et mourut en odeur de sainteté. On le révéra sous le nom de saint Gaubert ou Vaubert [2]. Ce ne fut guère que sous Charlemagne qu'on vit paraître des comtes de Ponthieu en ayant réellement le titre et les fonctions.

Charlemagne organisa le vaste empire français sur des bases nouvelles, et c'est à lui qu'il faut reporter la création effective du comté de Ponthieu; il sut, par son intelligence, imposer sa volonté à tout le monde; il domina, mais il protégea, il assi-

[1] Orderic Vital. *Coll. Guizot*, tome XXVI, page 128, cité par M. Louandre, dans son *Histoire d'Abbeville.*

[2] *Vie des Saints.* Baillet, au 2 mai.

gna à chacun sa place, et sans doute il détermina les véritables limites du comté de Ponthieu.

Le comté de Ponthieu comprenait alors le Boulonnais, le Ternois, Braium ou Montreuil, Guisnes, Ardres et les autres pays maritimes qui en dépendaient.

Angilbert et son fils Nithard, qui, nommés par Charlemagne, furent abbés de Saint-Riquier en même temps que comtes ou ducs des côtes maritimes, furent de fait les premiers comtes de Ponthieu. Jusqu'alors Montreuil n'existait pas; il n'y avait qu'un bourg maritime du nom de Braium, situé au pied d'un promontoire, à l'embouchure de la Canche. Nous allons voir bientôt apparaître la ville de Montreuil sous le comte Helgaud Ier, successeur de Nithard.

III

Aucun auteur n'a su nous dire positivement s'il y eut un comté de Montreuil. Rumet, historien du Ponthieu, qui était lieutenant-général de Montreuil à une époque où il pouvait lui être facile de s'éclairer sur cette question, n'a pu rien prouver; il a porté ses recherches dans les histoires et dans les titres anciens sans y rien découvrir qui pût l'édifier à cet égard. « On ne voit, dit-il, aucuns domaines, » hommages, fiefs relevants, ni vassaux, et qu'au- » cun seigneur ait pris le titre seul de comte de » Montreuil, sinon lorsque les Danois firent inva- » sion dans le comté de Ponthieu, qui n'étoit pas » fortifié encore : Montreuil seul l'étoit et pouvoit » servir de retraite à nos comtes. Ils comman-

» doient le château qui étoit fort, et comme capi-
» taines de ce château et commandants de la ville,
» ils se disoient indifféremment pour la même dé-
» nomination capitaines ou comtes de Montreuil. »

Ducange prétend qu'ils possédaient déjà leur charge à titre héréditaire. Nous verrons, par le cours des évènements qui vont suivre, laquelle de ces opinions est fondée et qu'il n'y eut jamais de comtes de Ponthieu proprement dits ; mais des comtes de Ponthieu qui succédant aux commandants ou ducs maritimes créés par Charlemagne, habitèrent successivement Saint-Riquier, Montreuil et Abbeville.

M. Labourt dit que lorsque les commandants militaires, institués par nos rois, se furent rendus peu à peu héréditaires dans leurs gouvernements respectifs, celui de la citadelle de Montreuil, qui avait étendu son influence sur le Ponthieu, prit non seulement le titre de comte de Montreuil, mais aussi celui de comte de Ponthieu.

L'histoire ne commence à faire mention de Montreuil, d'une manière positive, que vers le milieu du ixe siècle; jusque-là il n'était parlé que de Quentovic et de *Braium*, bourgades primitives que nous avons fait connaître plus haut. La terreur inspirée par les Normands détermina un grand nombre de familles à s'établir, comme les moines de Saint-

Saulve, sur le seul point fortifié de la contrée. Cette forteresse défendait la Canche et presque tout le Ponthieu ; Hariulfe, dans sa *Chronique de Saint-Riquier*, la nomme château-royal, *castrum reginum*, et l'auteur des *Gestes de Louis VIII*, roi de France, la qualifie également de *castrum regis franciæ*. Les rois francs y entretenaient une garnison et un commandement militaire. Il se forma ainsi sur le promontoire une nouvelle bourgade qui devait survivre à la première.

L'obstacle que présentaient les bancs de la Canche à la navigation, pour l'ancien port de Braium, avait fait reporter la navigation plus bas, à la pointe gauche de l'embouchure que nous supposons être Villers-Saint-Josse ou à Saint-Josse même, bien que plusieurs opinions soient d'avis que ce port était à Etaples. Nous voulons parler du *Vicus ad quentiam*, *Quentovicus*, plus généralement *Quentovic*[1]. L'avis

---

[1] Ce lieu a donné de l'exercice aux Géographes, pour en savoir la véritable situation. Ce vaisseau (le vaisseau porté sur les monnaies) marque que cette Ville étoit quelque port de mer considérable. Les Annales de S. Bertin disent, que l'an 842, une armée de Normands descendit dans un lieu de grand commerce nommé Quentovic, qu'elle le pilla et le saccagea. Dans les miracles de saint Wandrille, il est fait mention de *Grippo*, *Præfectus Emporii Quentovici*, etc. Dans ia division de l'Empire de Louis le Debonnaire, *Bolensis Pagus*, le Boulonois est placé entre Teroüenne et Quentouvic. Tous les Auteurs demeurent d'accord que *Quentouvicus*, *Quentavicus* et *Quentovicus* n'est autre chose que *Quantiæ vicus*. Ainsi ce lieu devoit estre situé à l'embouchure de la Canche, qui en Latin se nomme *Quantia*. Dans les Monetaires ,de la premiere Race j'ay donné quelques Monnoyes

du père Sirmond est que Quentovic était à Saint-
Josse, et il cite la quatre-vingt-treizième lettre
d'Alcuin, dans la laquelle Saint-Josse est nommé

fabriquées dans un lieu nommé *Wicus*, et je ne doute point qu'il n e
soit le mesme que *Quentouvicus*. Doublet rapporte un Titre dans
son Histoire de S. Denys, qui fait voir que *Wicus* étoit un port de
mer. *Omnes Civitates in regno nostro maxime ad Rhotomo Porto
et Wicus Porto, qui veniunt de ultra mare*, etc. Alcuin lève toute
la difficulté, lorsqu'il dit que la celule de S. Josse étoit dans *Wicus*.
Martinus in Wicos, apud sanctum fodocum infirmus remansit.
On voit par là que *Wicus* étoit aussi situé à l'embouchure de la
Canche, vis-à-vis Estaples, où est aujourd'huy le Monastère de
S. Josse. Il y a encore en cet endroit beaucoup de ruines que j'ay
veuës, aussi-bien que de la Monnoye qu'on y a trouvée. Tout cela,
s'il me semble, ne permet pas de douter que *Wicus* et *Quentouvicus*
ne soient la mesme chose, et que ce ne soit là la véritable situation de
ce lieu, et non pas du costé d'Estaples. Au reste Quentouvic a été
un lieu fort célèbre pour les Monnoyes, comme nous l'apprenons
des Ordonnances de Charles le Chauve. *In nullo alio loco moneta
fiat nisi in Palatio nostro, in Quentouvico, etc..... quæ moneta
ad Quentouvicum ex antiqua consuetudine pertinet*. Ce qui fait
encore voir que la Monnoye de *Wicus* et de *Quentouvicus* est la
mesme chose. (*Traité historique des monnaies de France*, par
M. Le Blanc. Amsterdam, in-4°, 1692, page 109.)
Les deux sentiments sur Quentovic peuvent se réunir, disait
l'abbé Lebœuf, il y a si peu de distance de Saint-Josse ou plutôt de
Villers Saint-Josse à Etaples, que cela a pu être censé ne faire qu'un
même pays, car ces deux lieux ne sont séparés que par la Canche,
or, par l'inspection de la carte du diocèse d'Amiens, je me figure
que le *Vicus* diminutif de Quentovic, célèbre port. était ce Villers-
Saint-Josse; car pour être le lieu de l'abbaye, il n'y a pas d'apparence. Aussi M. de Vallois (*notilia Galliarum*), en vertu du texte
d'Alcuin, *epistola* 93, distingue-t-il le *Vicus apud vicum judoci*,
d'avec le lieu de *S. Judoci* ou de *prope sanctum judocum*. M. Leblanc, qui a visité le voisinage de Saint-Josse, dit dans son *Traité des
monnaies*, page 103, qu'il a vu bien des ruines vis-à-vis d'Etaples,
sur la gauche de la rivière de Canche, c'est ce qui rend plus probable que c'était là qu'était le port plutôt qu'à la rive droite où est
Etaples. M. Leblanc parlant comme témoin occulaire, et le terme
de *Vicus* ayant été donné à la partie la plus voisine de Saint-Josse,
avec le nom de Villers qui y reste, tout cela me détermine à regarder ce lieu comme l'ancien terrain de *Quentovicus* ou *Quentovic*.
(Lettre originale, datée de 1752, adressée à un Abbevillois, citée
dans les manuscrits de M. Devérité.)

Vicus. On trouve en effet des ruines et des objets d'antiquité sur toute l'ancienne partie de côte qui sépare Saint-Josse de Montreuil [1]. « On ne peut guère effleurer le sol de ce rivage, dit M. Harbaville, sans trouver des ossements, des poteries gallo-romaines et d'autres objets antiques. On y a aussi découvert, sous la tourbe, à six pieds de profondeur, un reste d'aqueduc, et, ce qui est remarquable, c'est la tradition conservée par les habitants de Vis-es-Marest, d'un marché considérable et d'une grande destruction pendant un de ces marchés [2]. »

Quelques auteurs voulant reculer l'origine de cette ville prétendent, à tort, que ce fut le *Portus-Itius* où Jules-César s'embarqua pour la conquête de l'Angleterre. L'abbé de Longuerue soutient même que Quentovic devrait s'écrire *Quentoviccius vel Quente-Itius*. On a cru pouvoir assurer aussi que Quentovic n'était pas seulement une .ville, mais tout une contrée bordant la mer de l'embouchure de la Canche jusqu'à Montreuil. Gobet cite en témoignage le cartulaire autographe de Folquin, où on lit : *In Terruana Goibertus contradidit mansum*

---

[1] *Recherches physiques sur l'isthme marin situé entre Calais et Douvres.* GOBET. *Journal de physique.* Janvier 1777.

[2] Un écrivain consciencieux de Montreuil-sur-Mer, M. Charles Henneguier, croit retrouver Quentovic au hameau de *Vis-es-Marest*, autrefois, *Wis*, situé au-dessous de Montreuil, où l'on trouve les hameaux et fermes de Valencendre et de Misandeuil dont le seul nom semble se rattacher à de grands désastres.

in Quentwico similiter (pages 147 et 319). C'est-à-dire que Goibert donna un *mas* dans le pays de Thérouanne et un autre dans le pays de Quentovic[1]. Dans quelques patentes de Charles-le-Chauve, pour l'abbaye de Saint-Riquier, de l'an 844, on lit : *In Qeuntovico duobus*, ce qui fait voir, a dit Ducange, en rapportant ce passage, que le mot « Quentovicus » s'entendait, non seulement de la ville, mais d'un » territoire à l'entour d'icelle. »

Cette ville dut se former après l'invasion du pays, car Jules-César n'en fait aucunement mention dans ses Commentaires, et, au contraire de Britannia, dont il ne parle pas non plus, mais qui disparut entièrement après l'arrivée des Romains, Quentovic brilla pendant l'occupation romaine et même encore après leur décadence. C'était le havre où on s'embarquait pour aller en Angleterre et par où on en revenait, car sans doute Montreuil avait déjà cessé d'être un port praticable. L'anglo-saxon Wilfrid (saint Boniface) y débarqua et y séjourna avec ses disciples. La ville était encore très-connue sous le règne de Dagobert et il est dit, dans *les titres de l'abbaye de Saint-Denis*, que son port recevait ainsi que Rouen les marchandises des contrées au-delà de la mer. *Maxime ad Rothomo porto et Vicus porto, qui veniunt de ultra mare,* etc.

[1] C. F. *Mémorial historique du Pas-de-Calais*, tom. II, pag. 106.

La devise de Quentovic était un vaisseau ; la ville avait même un officier du gouvernement pour présider à son commerce sous le nom de *præfectus emporii* [1], et ce qui prouve le mieux son ancienne importance, c'est qu'elle se trouva nommée entre les villes comprises au partage de l'empire que Louis-le-Débonnaire fit à ses enfants.

Il y a apparence cependant que, depuis longtemps, le promontoire était déjà habité, mais qu'il ne commença d'être connu que lorsque *Braium* fut détruit, soit par une inondation, soit plutôt par une descente des pirates qui ne cessèrent de désoler ces côtes pendant plus de six siècles : Malbrancq parle d'un château crénelé et fortifié de quelques tours qui, du temps des Romains, existait déjà sur le haut du promontoire. Le moine Hariulfe, chroniqueur de Saint-Riquier, qui en parle aussi, l'appelle *Castrum regium* [2]. Il paraît néanmoins que les Huns, sous la conduite d'Attila, vinrent à bout de cette forteresse. Les habitants se dispersèrent ; le pays redevint désert, inculte et sauvage. C'est alors, vers 636, que saint Saulve ou Salve, religieux originaire du territoire d'Amiens, se

---

[1] Grippo præfectus emporii Quentovici adspexit pharum suprà littus maris, antiquorum industriâ adversum navigantium olim ibidem ædificatam. (*Histoire des miracles de saint Wandrille.*)

[2] In Saxonica itinerario legimus Monstorlium esse locum situm in monte, et inde iter præcipua, numerari munimenta, urbes que limitaneas. (*Topographiæ regni galliæ, pars secunda*, page 54.)

4.

réfugie dans un antre de la forêt voisine de ce château. Saint Saulve, dit M. Labourt, choisit pour y établir son monastère, l'endroit de ce pays où il y avait le plus d'habitants, et le seul lieu où les moines pussent espérer de trouver au besoin un protecteur dans la personne du commandant militaire institué par le roi. Wastelain, dans sa *Description de la Gaule-Belgique*, dit que la vie édifiante de ce saint homme engagea quelques hommes pieux à venir y habiter avec lui : ce fut l'origine d'un monastère célèbre et de la ville de Montreuil [1]. Saint Saulve se retira ensuite à Aoust sur la Bresle, où on fut le trouver pour l'élever au siége épiscopal d'Amiens, en 686 [2].

Helgaud, fils ou neveu de Nithard, et moine de Saint-Riquier, ayant visité, vers 850, le lieu où avait vécu saint Sauve, résolut de bâtir en ce lieu une ville ; il défricha la forêt : *Erat tunc temporis*, dit Malbrancq, *civitas monstroliensium antiquis nemoribus plena, deserta et invia, ab hominum cohabitatione remota*. Il y fit aussi bâtir un château de

---

[1] Saint Saulve avait réuni des ermites qui abondaient dans les bois près de Montreuil ; il les avait placés dans un monastère qu'il fonda vers l'an 700. Le mot monastère fut traduit en celui de *monasteriolum*, petit monastère, d'où est venu *Montreuil*. (Notes manuscrites de M. Devérité.)

[2] Au VIIᵉ siècle, saint Saulve, évêque d'Amiens, s'étant retiré dans le Vimeu pour y vivre dans la solitude, le roi de France Thierry lui donna la ville *Augustum* sur la Bresle (*Bollandistes*).

pierres blanches, érigea sur un terrain contigu, en l'honneur de saint Saulve, un monastère en la place de l'antre où il s'était tenu caché et y fit venir les reliques du saint qui avait été inhumé à Amiens. On disait de ce lieu : *monasteriolum, mons terolum* et plus tard Montreuil. « *Monasterium vel* » *monasteriolum*, écrit Malbrancq, dit ainsi, soit » pour mont royal, soit parce qu'un monstre » n'ayant qu'un œil y avait tenu son repaire [1]. »

Cette étymologie paraît rationnelle au premier abord ; mais beaucoup de monastères ont été fondés sur différents points, sans que pour cela on ait donné cette désignation pour nom à la localité où ils furent établis. Au contraire, nous voyons que tous les lieux situés sur des hauteurs portent des noms comme Mont-didier, Mont-martre, Cler-mont, Beau-mont, Mont-cassel, etc. Mont-rueil peut avoir une étymologie identique : *Reuil* ou *Rueil*

[1] Le lieu fut appelé *Monstreuil* ou *bourg du monstre ;* mais d'autres, avec plus d'apparence, tirent le nom de Monstreuil comme qui dirait *mons royal,* pour ce, disent-ils, que sur cette éminence estoit bâti un château par un roy de Gaule et du depuis, sous le règne du roy et empereur Louis-le-Débonnaire, fut bastie la ville, telle qu'elle se void à présent et d'un nom corrompu, se nomme Monstreuil. (*Livre de la description hydrographique des côtes de la mer occidentale,* par Pierre Boyer, seigneur du Parc. Manus, Bibl. imp. à Paris.)

Montreuil, lit-on dans André Duchesne, est assis en croupe de montagne sur la mer, et ainsi dit par conjecture pour *mont-royal.* (*Antiquités des villes et châteaux de France*, in-8. Paris 1648. page 445.)

vient probablement du celtique *re*, rivière, *bil* ou
vil, bord ; ce serait donc : bord de la rivière et
Mont-rueil signifierait : *mont au bord de la rivière* [1].
Les gens de la bourgade de *Braium* se seraient
accoutumés à désigner ainsi le mont qui les domi-
nait, lequel nom sera resté à l'établissement qui se
forma sur son sommet et qui, avec le temps, devint
plus important que la bourgade du marais qu'il
finit par éclipser.

Helgaud ayant fondé le monastère y fit venir des
religieux et, suivant la tradition, leur donna, sur
la prière que lui fit en songe saint Sauve, la terre
et seigneurie de Cavron, sise au-delà de la Canche,
et la rendit franche et libre de toute avouerie ; mais
il paraît que les abbés de Montreuil jouirent peu de
ces revenus que s'appropriaient injustement les
seigneurs voisins. Raimeric, qui était abbé, excité
par les conseils de son chapitre et de ses amis,
institua pour avoué Adolphe, comte de Hesdin,
qu'il reconnut être plus vaillant et plus propre à
défendre son droit qu'aucun autre seigneur du
pays [2]. La sage politique de Helgaud, ses lois pro-

---

[1] Le village de Rueil, sur la Seine, n'a pas d'autre étymologie.
(Voir le Dictionnaire de Bescherelle. *Rueil*.)

Il existe en France plus de trente communes portant aussi le nom
de Montreuil ; est-ce à dire qu'elles doivent toutes indistinctement
leur nom à des monastères ? (*Villes de France*, Aristide Guilbert
et Labourt, tome II, page 90.)

[2] Cet accord, confirmé par acte du roi Robert, se lit dans Malbrancq et dans l'histoire générale de la maison de Béthune ; il

tectrices eurent les plus heureux résultats : la population de la ville nouvelle s'accrut considérablement : Montreuil devint une ville forte de premier
ordre. Quant à l'antique Braium, réédifiée peu a
peu, elle tint lieu de faubourg.

Aux invasions des Francs avaient succédé celles
des Normands qui, arrivant sur les côtes de la
Morinie comme des nuées de sauterelles, se préci-
pitaient ensuite sur tous les lieux habités pour les
piller et en massacrer les habitants. Les fortifications de la nouvelle ville de Montreuil servirent
plus d'une fois à abriter les malheureux paysans
qui, à la nouvelle d'un débarquement de ces hardis
pirates, se sauvaient à la hâte, emportant ce qu'ils
avaient de plus précieux. La position de Montreuil
était en effet très-forte et elle résista plus d'une fois
aux vives attaques dont elle fut l'objet. Cette circonstance y fit apporter maintes reliques qui n'é-
taient nulle part mieux en sûreté. Sous Louis-le-
Bègue on y apporta celles de saint Valois[1], qui
était mort en 529, dans le monastère de Landevé-

est signé des évêques Drogon et Gérard, des abbés Bovon et Lé-
duin, des comtes Eustache et Roger, de Robert de Béthune et
Adolphe de Hesdin. (HENNEBERT. *Histoire générale d'Artois.*)

[1] *Valois, ou Guingalois,* en anglais Winvalve, en breton Gui-
gnolé ou Vennolé. Ce saint, dit l'abbé Butler, était un noble breton
qui vécut en ermite dans son propre pays et qui mourut abbé de
Landevenec. Ses reliques furent transférées dans la forteresse de
Montreuil-sur-Mer. (*Vie des saints anglais.*)

nec, près de Brest, et qui avaient failli être détruites dans une descente de ces barbares. En 879
encore, on transporta dans la ville nouvelle les
restes de saint Wulphy, patron de Rue, pour lesquels les habitants de la contrée avaient une grande
vénération. Les reliques de sainte Austreberthe,
qui se trouvaient très-exposées dans le monastère
de Marconne, furent également transférées à Montreuil, d'après le vœu d'Elizabeth, qui en était
abbesse, où le comte Helgaud, avec la permission
de Baudouin, évêque de Thérouanne, donna aux
religieuses un terrain propre à y bâtir un monastère [1]. La maison de Marconne fut ainsi abandonnée
et ne tarda point à tomber en ruines [2]. Ces faits ne

[1] Un manuscrit qui existait dans l'abbaye de Sainte-Austreberthe, mais qui a été perdu depuis, nous apprend que cette sainte fille
naquit à Marconne. Etant venue à Port-le-Grand sur la Somme, par
dévotion, pour y prier sur la tombe de saint Honoré, elle résolut de
vivre dans ce lieu en état de sainteté et se fit religieuse dans un
couvent dont Burgoflède était abbesse; à la mort de celle-ci, elle fut
choisie pour lui succéder, et elle gouverna l'abbaye pendant quatorze ans; elle fut alors appelée par les Ronmois pour diriger le
couvent de Pavilly, de la fondation et sous la direction de saint
Philibert, abbé de Jumièges. Son père et sa mère étant morts, elle
transféra la communauté de Port à Marconne, où elle mourut le 12
février 704, en odeur de sainteté.

[2] Le sceau de sainte Austreberthe a longtemps été conservé dans
le couvent de bénédictins qui existait encore en 1792. Il était de
forme ovale, en cuivre jaune, monté sur un manche de bois tourné.
La légende, bordée d'un grénetis, porte : † SANCTA † AVSTRE-
BERTHA. Deux branches de rosier séparent les mots de la légende.
Dans le champ, sainte Austreberthe debout et de face: elle est vê-
tue d'une sorte de *pallium*, de la droite, elle tient le livre des
évangiles ouvert, et de la gauche, une crosse perlée. Une mante qui
couvre sa tête retombe sur ses épaules et descend jusqu'à ses pieds;
ses vêtements sont simples, sans broderies ni ornements.

(Note de M. Eug. Duval.)

sont-il pas une preuve de l'importance de Montreuil comme position forte, puisque, dans ce temps où rien n'était à l'abri des brigandages, on y apportait tout ce qui avait quelque valeur? Et qu'avait-on de plus précieux alors que les reliques des saints auxquels on attribuait les miracles et la possession de tous les biens qu'on leur demandait par les prières?

Les invasions des Normands continuaient avec une déplorable persévérance, tout était ruines dans le malheureux pays de Ponthieu; en 842, ils étaient descendus inopinément à l'embouchure de la Canche et s'étaient jetés sur la ville de Quentovic, qu'ils avaient brûlée. Ils pillaient les monastères et les saccageaient, emmenaient les hommes en esclavage, égorgeaient les vieillards et les prêtres. Bestiaux, meubles, habits, reliquaires, tout était emporté : ils allaient vendre sur leurs côtes ce qu'ils avaient pris sur les nôtres. En 888, ils brûlèrent ce qui restait d'habitations à Braium et remontèrent avec leurs barques la Canche jusqu'à Helenum. Helgaud, redoutant le même sort pour sa ville de Montreuil, organisa un système de défense pour la préserver contre leurs attaques. Les bois furent défrichés jusqu'à une grande distance et les fortifications augmentées. Puis il attira des habitants par des priviléges et des immunités. C'est ainsi qu'il leur concéda, à titre de pâturages et de communaux, toutes les terres d'alluvion que la mer avait formées dans la vallée de la Canche, depuis la destruction de Braium par les Huns. Ces vastes terrains exemptés de toutes redevances, prirent le nom de *franc-marets*.

Charlemagne avait pris de bonnes dispositions contre les attaques des Normands; des tours avaient été bâties sur différents points de la côte pour servir de signaux, et l'embouchure des rivières était barrée par des bateaux armés et reliés entre eux par des chaînes. Il vint lui-même à Montreuil et s'en fut de là à Saint-Josse pour y faire ses dévotions. On assure même qu'il fit reconstruire sur son tombeau une église plus grande et plus riche que celle qui y existait. Angilbert, abbé de Saint-Riquier, avait été chargé du commandement militaire des côtes du Ponthieu et, sous cette sage administration, les maux furent moins grands et la confiance revint aux malheureux riverains de la Manche. Mais, après la mort du vaillant empereur, l'incurie de ses successeurs fit crouler l'édifice majestueux qu'il avait élevé; la société retomba dans la barbarie et la confusion; les Normands revinrent en plus grand nombre. Helgaud, qui devenait vieux, se retira dans le monastère de Saint-Riquier dont il fut abbé, laissant à son fils, Herluin Ier, le gouvernement du comté de Montreuil. C'est de ce moment que la charge d'abbé de Centule ou de Saint-Riquier fut retirée aux comtes de Ponthieu qui l'avaient exercée précédemment depuis Angilbert.

Helgaud Ier avait été un des plus sages gouverneurs du Ponthieu ; il avait dressé, pour les peuples soumis à son pouvoir, des coutumes ou règlements généraux qu'on observa longtemps, mais dont les dispositions verbales se perdirent plus tard. Il mourut en 864, partageant ses Etats entre Herluin Ier son fils, et Berthe, sa fille, pour qui il détacha le Boulonnais du Ponthieu.

On ignore combien de temps Herluin exerça les fonctions de comte de Montreuil[1]. Ducange prétend cependant qu'il bâtit Montreuil sur le plan de la

[1] Voici, d'après Richer, la liste des premiers comtes de Montreuil historiquement reconnus :

Nithard, l'historien, gouverne le comté ou duché de Ponthieu jusqu'en 853.

Rodolphe, oncle maternel de Charles-le-Chauve, succède à Nithard et meurt vers l'an 859.

Helgaud Ier succède et ne vivait plus en 864.

Herluin Ier, fils d'Helgaud, règne jusqu'en 878.

Helgaud II, successeur et peut-être fils d'Herluin. Depuis ce prince, les comtes de Ponthieu sont plus ordinairement appelés comtes de *Montreuil* dans les anciennes chroniques.

Herluin II, fils aîné d'Helgaud, comte de Montreuil, en 926.

Roger ou Rotgaire, fils d'Herluin, comte de Montreuil, lui succède en 965.

Guillaume Ier qu'on croit fils de Roger, règne en 957.

Hilduin ou Haudouin, appelé aussi Gilduin ou Guilain, fils aîné de Guillaume, comte de Montreuil, vivait encore en 981.

Hugues Ier, fils d'Hilduin, fut gendre d'Hugues-Capet.

Histoire de son temps. RICHER. *Notes et dissertations*, tome II, page 327. Paris, 1845.

ville de Boulogne. Il fut aussi abbé de Saint-Riquier et mourut en 912 ; mais il était remplacé dès 878 par son fils Helgaud II, qui eut à supporter de nouvelles et terribles attaques de la part des Normands. En 880, dit Hennebert [1], les Normands, commandés par leur chef Garmond, descendent sur les côtes du Boulonnais. Alfonse, comte de Boulogne ; Helgaud, comte de Montreuil, et Heffred, comte de Hesdin, s'étaient portés entre l'Authie et la Canche. Tous leurs efforts se réunirent pour la défense de Montreuil, de Boulogne et de toute cette contrée dont ils voulaient barrer le passage ; on les joignit vers Wimille avec 30,000 hommes de cavalerie et d'infanterie, et, après un combat opiniâtre, les Normands vainqueurs s'emparèrent de Boulogne qu'ils mirent a feu et à sang [2]. La comtesse Berthe eut le bonheur de disparaître la nuit avec ses deux fils par la porte qui mène à Montreuil.

Alfonse rallia les débris de son armée vaincue et se campa avec Helgaud et Heffred sur les bords de la Canche, à la tête de vingt-deux mille hommes, couvrant ainsi le château de Montreuil où sa femme et ses enfants s'étaient réfugiés ; la bataille s'engagea aux environs de Samer, mais encore une fois le succès fut pour les Normands ; Alfonse, blessé,

---

[1] *Ber. gal. scrip.* tom. VIII, pages 183 et 184.
[2] *Guillaume de Jumièges,* manus. coll. Guizot, tom. XXIV, p. 75.

revint à Montreuil où il mourut peu de temps après de ses blessures.

La désolation était dans toute cette malheureuse contrée; Herbert, comte de Vermandois, et Arnould, comte de Flandres, vinrent prêter leur appui aux comtes de Hesdin et de Montreuil pour avoir raison des pirates; ils parvinrent à les déloger de Boulogne et les forcèrent à se rembarquer. Une autre bande désolait le Vimeu, Helgaud et ses alliés passent la Somme et vont attaquer le château d'Eu où les Normands s'étaient retirés au nombre de mille environ, *castrum secus mare situm nuncucupatur auga*. Helgaud, dit Flodoard, attaque avec fureur, escalade les murs, incendie les édifices et massacre tous les hommes, non seulement dans le château, mais encore dans la ville.

La valeur militaire d'Helgaud le rendit redoutable; il était un des princes de son temps qui fit le plus resplendir la gloire du comté de Ponthieu, ainsi qu'en font foi les différents ouvrages que nous avons consultés.

Charles-le-Gros ou le Sot [1], convoqua une grande asssemblée d'hommes de guerre et d'hommes d'église, et leur demanda aide et conseil; l'avis fut unanime de négocier la paix avec les païens; Franck,

[1] Carolus *simplex* sive *stultus* (*scripl. rev. Gallic et franciæ*, tome IX, page 22.)

archevêque de Rouen, se chargea de proposer au chef des pirates la fille du roi en mariage avec la province de Neustrie en apanage, mais à la condition qu'il se ferait chrétien et que lui et les siens cesseraient de troubler le royaume. Le traité fut conclu au village de Sainte-Claire-sur-Epte. A la suite de ces conventions, le calme et la confiance revinrent un peu dans les Etats du comte de Ponthieu. Mais une ligue s'étant formée contre le nouveau duc de Normandie, Helgaud s'allia avec Herbert, comte de Vermandois, le roi Raoul et d'autres seigneurs, et il fut tué en 925 dans une rencontre contre les Normands, mourant comme Epaminondas les armes à la main, en défendant son propre pays contre l'invasion étrangère [1].

S'il faut en croire la relation de Richer, ce combat aurait eu lieu en Artois, où les pirates poursuivis, se seraient réfugiés dans une forêt. « Ils y furent assaillis et pressés de tous côtés, dit-il ; pendant la nuit ils se jetèrent à l'improviste sur le camp du roi ; mais enveloppés par l'armée royale, ils succombèrent misérablement : on dit que huit mille d'entre eux (onze cents selon Flodoard), périrent là. Dans la mêlée, le roi reçut une blessure entre les deux épaules, et le comte Helgaud, homme de race illustre, fut tué. »

[1] *Histoire générale d'Artois*, HENNEBERT, tom. II, page 141.

Herluin II succéda à son père dans les comtés de Ponthieu et de Montreuil. Ce comte habitait également le château bâti à Montreuil par Helgaud Ier; il quitta sa femme légitime pour en épouser une autre et fut pour ce fait excommunié. Pour en avoir l'absolution, il se rendit au concile ou synode tenu à Troyes, en Champagne, convoqué par Herbert, comte de Vermandois, touchant l'élection de son fils à l'archevêché de Reims; Fauchet Adam dit qu'il y fut absous. Quelque temps après, en 929, comme il avait fait hommage de son comté de Ponthieu au comte de Vermandois, Hugues de Paris soutint que Herluin étant son vassal, il n'avait pu lui faire cet hommage. Cette bonne intelligence avec Herbert ne dura pas long-temps, les deux seigneurs ligués contre lui réunirent leurs forces pour venir assiéger Montreuil. Ils livrent à la ville un terrible assaut. De lourds béliers frappent à coups redoublés les portes de la cité; les pierres, les flèches lancées par les balistes et les catapultes, sillonnent les airs en sifflant; de côté et d'autre on combat avec acharnement, les échelles se rompent, des milliers de corps remplissent les fossés. De fatigue on suspend enfin le combat. Herluin donne des ôtages et fait soumission de rester vassal.

Un accommodement avait suivi ce différend,

mais il dura peu. L'épidémie des luttes semblait avoir gagné tous les seigneurs, grands et petits; on se battait pour une portion de terre, pour se déposséder l'un l'autre [1]. On n'entendait parler que de meurtres, de rapines, d'incendies, de rapts et dévastations [2]. Tel était alors, dit l'historien Velly, l'état de la France, triste théâtre de la fureur de ses ennemis et de ses citoyens; république mal policée où la loi du plus fort était la seule connue; mélange bizarre de monarchie et d'anarchie où chacun s'attribuait autant de puissance qu'il en pouvait usurper. On ne connaissait presque plus ni droit de naissance, ni droit d'élection; le plus fort s'élevait sur les ruines du plus faible pour être ensuite précipité lui-même par un concurrent contre lequel il n'avait pas songé à se précautionner. On peut, à ce sujet, répéter avec Raoul Glaber :   .

[1] Acquérir le bien des autres était pour tous la grande affaire, et celui qui n'ajoutait rien à son patrimoine, aux dépens d'autrui, semblait n'avoir rien fait pour ses intérêts. C'est ainsi que le bon accord dégénéra en une implacable discorde, qui amena l'incendie, le pillage, la dévastation. Ces déplorables calamités excitèrent les Normands établis à Rouen. Les maux que causèrent ceux-ci, déterminent les comtes de Montreuil, de Boulogne et les autres à se réconcilier, ils s'envoyèrent réciproquement des députés, chargés de paroles de paix; bientôt ils se donnèrent des ôtages et se concertèrent : dans l'assemblée prévalurent les conseils des sages : on se lia par serment, un parfait accord fut rétabli et l'on se disposa à tirer vengeance des outrages reçus. (RICHER. *Histoire de son temps*, liv. I, page 17.)

[2] Exin cœdes, rapina incendia, depopulationes, quœ pene universam demolite sunt franciam. (*Hist. franciæ fragm.* coll. DUCHESNE, tome IV, page 80.)

Frans, raptus, quodcumque nefas dominatur in orbi ;
Nullus honor sanctis, nulla est reverentia sacris.
Hinc gladius, pestisque, fames populantur ubique;
Nec tamen impietas hominum correcta pepereit [1].

Herluin se déclara l'ennemi d'Herbert, au sujet
de son frère Everard que le comte de Vermandois
avait fait enfermer ; il allait marcher contre lui,
lorsque les gens d'Arnould-le-Vieux, comte de
Flandres, vinrent faire quelques excursions dans
le Ponthieu. Herluin tourna ses forces contre eux
et les tailla en pièces. Arnould avait provoqué ces
invasions pour déclarer la guerre et afin d'ajouter
l'importante place de Montreuil à ses Etats « parce
que, dit Richer, cette ville étant située près de la mer,
il s'y levait des droits considérables sur les objets
transportés par navires [2]. » Mais la place était forte
et il était bien difficile et bien chanceux d'en venir
à bout par la force ; il fallait donc agir de ruse. A
cet effet, il choisit parmi ses gens des hommes
intelligents et adroits dont il était sûr. Ceux-ci
s'étant vêtus d'habits grossiers qui dissimulaient
leur condition, se présentèrent au commandant du
château, nommé Robert, et lui dirent qu'ils avaient

[1] RAOUL GLABER, liv. IV, page 39.
[2] *Eo quod ex navium advectationibus inde plures questus proveniant, adipiscendi insidias componebat.* RICHER. Histoire de son temps, lib. 2, page 138.

à l'entretenir en particulier de choses importantes. Robert voulut savoir avant tout de quelle part ils venaient, ce qu'ils jugèrent à propos de ne point lui dissimuler.

Robert étonné de cette démarche dont il ne comprenait pas encore le but, fit éloigner les personnes qui étaient près de lui et permit aux envoyés d'Arnould d'approcher de lui. Alors en ayant l'air d'hésiter beaucoup, celui qui paraissait commander aux autres, s'écria :

— Ah Robert ! Ah Robert ! A quels maux, à quels périls tu as échappé, et que de prospérités t'attendent maintenant !

Robert voulut savoir la cause de cette exclamation ; l'autre alors lui dit, en lui présentant deux anneaux, l'un d'or et l'autre de fer :

— Devine ce que ces deux anneaux peuvent signifier.

Robert cherchait en vain et croyait avoir affaire à des fous.

— Vois, s'empressa d'ajouter l'émissaire d'Arnould, vois dans l'or, des dons magnifiques ; dans le fer, les chaînes d'une prison, car le temps n'est pas loin où cette place tombera au pouvoir de notre maître. Nous confions ce secret à ta fidélité. La chose a été arrêtée à ton insçu ; à nous aussi elle a été cachée ; nous ne dissimulons pas cependant que nous savons le fait en gros, et nous t'annonçons la mort ou l'exil. Le comte Arnould, par intérêt pour toi, a voulu te faire connaître l'étendue de ton malheur futur, t'engageant à passer dans son parti, et à recevoir de lui, avec confirmation du roi, de grandes sommes d'or et d'argent, de vastes terres et de nombreux soldats. Bientôt vous devez tomber entre les mains des Normands. Par quel moyen ? nous l'ignorons. Ne diffère donc pas de nous donner pour ton ami une réponse qui lui dise ce que tu penses là-dessus.

Robert, entraîné par la cupidité, délibère s'il trahira, et balance irrésolu. Il se représente que la honte de la trahison peut être effacée par cette considération que tous les habitants de la place, selon ce qu'on lui a dit, doivent bientôt être exilés ou mis à mort. Il s'engage donc à traiter et scelle sa promesse par serment. Les autres jurent de même que leurs promesses s'accompliront. Le temps est fixé pour l'exécution du crime et garanti aussi par serment. Les députés s'éloignent et vont annoncer à Arnould le succès de leur mission.

Arnould, aussitôt, rassembla une troupe d'hommes choisis, afin de marcher sur Montreuil et d'en prendre possession. Il se mit en route avec deux cohortes de six cents hommes chacune et arriva tout près de la place. Le soleil était déjà couché. Le traître

Robert avait fait sortir quelques hommes sous un prétexte plausible, lui-même, placé sur le mur, tendait une torche enflammée comme pour les éclairer; c'était le signal dont il était convenu avec les émissaires. Arnould, qui était embusqué à peu de distance, accourut avec sa cavalerie, et, par la porte restée ouverte, entra dans la place, dont il se rendit maître.

Le comte Herluin, prévenu de cette surprise, n'eut que le temps de prendre un déguisement pour se soustraire aux ennemis; mais il n'eut point le temps d'emmener avec lui sa femme et ses enfants qui furent découverts et faits prisonniers. Puis, aussitôt, Arnould les fit embarquer sur un navire qui les transporta en Angleterre, sous la garde d'Adelstan II, roi des Anglais, et ayant mis une forte garnison dans la place, il retourna dans ses Etats.

Herluin, trop faible pour se venger de son ennemi, courut à la hâte près de Guillaume, prince des Normands, à qui il dépeignit vivement ses infortunes et le tourment qu'il éprouvait d'être séparé de sa femme et de ses enfants. Guillaume, touché de ses plaintes, s'empressa aussitôt de mettre à sa disposition quelques troupes, et Herluin, possédé par le désir de se venger, arrive sous les murs de Montreuil, qu'il entoure de tous les côtés, par mer aussi bien que par terre, *circumque vallat, terra marique.* Il attaqua avec résolution et ses soldats, imitant son impétuosité, la défense faiblit et il pénètre dans la place en vainqueur irrité ; les soldats d'Arnould sont passés au fil de l'épée et il conserve les officiers en ôtage pour racheter sa femme et ses enfants [1].

Arnould apprenant ce désastre, revint à la charge avec des nouvelles troupes ; mais il trouve une résistance opiniàtre, il se répand alors dans les campagnes environnantes, les livre au pillage et les incendie. Herluin sort à la tête d'un fort détachement et poursuit les Flamands, qui retournent chez eux. Ceux-ci abandonnent leur butin et font volte-face, espérant bien avoir bon marché de ceux de Montreuil. « Les bannières se dressent, dit Richer [2], et l'on combat avec acharnement. Presque tous les pillards tombent sous le fer, excepté ceux que la fuite arrache à la fureur du combat ; encore ceux-ci furent-ils poursuivis dans leur déroute et impitoyablement traités par Herluin qui, ayant repris le butin, s'en retourna heureusement chez lui, chargé des dépouilles de l'ennemi. »

Néanmoins, peu après Arnould prend sa re-

---

[1] Flodoard. Selon Guillaume de Jumièges, ce serait le duc de Normandie lui-même qui serait allé reprendre Montreuil.

[2] *Histoire de son temps.* Richer, livre II, chap. xv, page 145

vanche et resaisit tout le Ponthieu; Herluin ne sachant plus où se réfugier, et ayant vainement imploré le secours de Hugues-le-Grand, son suzerain, et du roi Louis d'Outremer, s'adressa au duc de Normandie, Guillaume-Longue-Epée, dont il était beau-frère. « Ce prince, dit » Guillaume de Jumièges, eut compassion des » maux du comte, et, rassemblant une armée, » partit promptement pour assiéger le château de » Montreuil[1]. Il s'en empara bientôt de vive force, » avec l'aide des nobles qui l'avaient accompagné, » puis l'ayant bien approvisionné, il le rendit à » Herluin, en 943, qui voulut vainement lui en » faire hommage. »

Herluin rechercha aussitôt dans son pays les principaux ennemis du comte de Flandres, et il s'empara de leurs personnes; après en avoir fait mourir quelques-uns, il réserva les autres pour les employer à la rançon de sa femme et de ses enfants qui étaient restés prisonniers en Angleterre.

Le comte de Flandres, qui était astucieux et méchant, n'avait cédé qu'à la force. Il ne songeait qu'à se venger, et ne le pouvant par des armes loyales, il n'hésita point à employer la trahison. Il témoigna à Guillaume-Longue-Epée le désir d'avoir une entrevue avec lui pour traiter de la paix. Herluin

---

[1] *Annales saint Vedast. Chron. de gestis norman.*

se douta de la perfidie et supplia son beau-frère de
se tenir sur ses gardes; mais Guillaume, franc et
loyal, ne pouvait supposer une supercherie, il se
rendit le 17 décembre 943 dans une petite île de
la Somme, près de Picquigny, où Arnould se trouvait déjà. Ils se touchèrent la main et arrêtèrent
amicalement les conditions de la paix. Guillaume,
satisfait des résultats de l'entrevue, s'en retournait
dans son camp, lorsqu'il entendit le comte de
Flandres le rappeler; il se retourna, et, au même
instant, quatre assassins qui étaient cachés dans
des broussailles, se jetèrent sur lui et le percèrent
de coups d'épée à la vue de ses soldats qui étaient
trop éloignés pour venir le secourir.

Herluin, indigné de cet acte de lâcheté, se promit de venger celui qui avait été son protecteur;
il avait d'ailleurs à protéger le jeune Richard, fils
de Guillaume, et à défendre ses droits menacés par
Louis d'Outremer; mais ses efforts furent impuis-
sants et il dut lui-même céder aux volontés du roi
de France qui avait été retiré des mains des enfants
d'Herbert [1].

Arnould, toujours indisposé contre Herluin, envoya une cohorte au-devant de lui; un combat
s'engagea et fut soutenu avec vigueur. Mais Arnould

---

[1] *Histoire des Comtes d'Amiens.* Ducange, 1841, in-8°, page 144. —
Richer. liv. 1, ch. lviii.

voyant ses forces dispersées, prit la fuite, laissa presque tout son monde tué ou prisonnier d'Herluin. Dans cette rencontre, dit Flodoard, Herluin rechercha parmi les soldats le meurtrier du duc Guillaume-Longue-Epée, et après l'avoir tué lui coupa les mains qu'il envoya à Rouen. *Occidit et amputatas manusipsius Rodomum transmissit.*

Le duc Hugues de France regrettait de voir ces deux seigneurs en mésintelligence ouverte, il les engagea séparément à oublier chacun leurs torts et à se réconcilier. S'étant ainsi rendu médiateur entre eux, il accorda à l'un et à l'autre toutes sortes de libéralités : ainsi, voyant qu'Arnould refusait obstinément de rendre à Herluin son château de Montreuil, et que celui-ci, par ce fait, était privé d'un domaine important auquel il tenait, il donna à Herluin, à la décharge d'Arnould, la ville d'Amiens, comme indemnité de ses pertes. De la sorte, dit Richer, Herluin n'eut rien à regretter, et les biens d'Arnould ne furent pas diminués. Tous deux, ainsi réconciliés par les soins du roi, furent dès lors dévoués à sa cause.[1].

Peu de temps après, une armée de Danois vint encore fondre par mer sur les côtes du Ponthieu.

---

[1] RICHER. *Histoire de son temps,* liv. II, page 185.

Herluin les repoussa et ils se rembarquèrent, mais pour redescendre plus loin en Normandie. Louis d'Outremer appela Herluin à son aide et ils rejoignirent les Danois près de Lisieux. On dit que le roi de Danemarck s'y trouvait en personne et qu'il était venu exprès pour se venger d'Herluin qui, selon lui, n'avait point respecté les droits de son neveu Richard comme il devait le faire. Lorsque les deux armées furent en présence, le roi de Danemarck demanda à parlementer avec le roi de France : il lui fit part de ses griefs contre Herluin, et, pendant ce temps, comme quelques soldats danois reconnurent celui-ci dans le cortège du roi de France, ils s'élancèrent sur lui et le tuèrent. Cette action fut le signal du combat. Lambert, frère d'Herluin et plusieurs autres seigneurs furent tués et le roi de France eut beaucoup de mal à s'échapper. Le lieu de cette scène se nomme encore le gué d'Herluin.

On ne connait qu'un enfant d'Herluin II, ce fut Rotgaire ou Roger qui lui succéda en 946. Ce prince fut continuellement en guerre avec le comte Arnould qui vint l'assiéger dans son château de Montreuil ; mais il fut bientôt contraint de s'éloigner. Louis d'Outremer se ligua avec lui ainsi qu'Artold, archevêque de Reims, et grâce à ses forces réunies, la ville fut emportée. Son suzerain, Hugues-le-Grand, duc de France, vint alors à son secours ; mais réduit à ses propres forces, il ne tarda point à perdre ses Etats. Hugues-le-Grand se repentit bientôt de l'avoir abandonné, et le remit en possession de ses domaines ; mais il ne tarda pas à lui refuser encore le secours de ses armes, et, Roger, attaqué de nouveau par le comte de Flandres, le plus remuant de ses ennemis, s'enferma dans Amiens qu'il défendit avec courage. Cette fois encore, Hugues-le-Grand vint à son secours et lui donna le moyen de reprendre une partie de ses Etats, à l'exception toutefois du territoire d'Amiens et du château de Montreuil [1].

Cette circonstance laisse supposer que Guillaume Ier du nom, comme comte de Montreuil, n'était point issu de Roger. Celui-ci prit les armes pour retier la ville de Montreuil des mains du comte de Flandres qui comptait la conserver. Il y parvint en 965.

Ce succès lui inspira l'idée de rendre au Ponthieu ses anciennes limites ; il fit à cet effet une guerre acharnée au comte de Flandres et lui enleva successivement, en peu de temps, les comtés de Boulogne, de Saint-Pol et de Guisnes.

Sur la fin de ses jours, Guillaume, satisfait de

---

[1] *De Morinis*, MALBRANCQ, pages 507 à 537.

la gloire qu'il s'était acquise et du lustre qu'il avait
rendu au comté de Ponthieu, partagea ses Etats
entre ses quatre fils. Hilduin fut comte de Montreuil [1].

Hilduin aimait les chevaux et les armes; aidé
de son frère Erniacle, comte de Boulogne, il porta
la guerre en Flandres et s'y rendit redoutable; Arnould II, qui y régnait, s'était rendu par trahison,
maître des reliques de saint Valery et de saint
Riquier qu'il avait emportées dans l'église de Saint-
Bertin, à Saint-Omer. Hugues-Capet, roi de France,
conçut, à la suite d'un songe, l'idée de reprendre le
corps de ces deux saints et de les rapporter dans
leur abbaye. Hilduin se joignit à lui, et grâce à
l'efficacité de leurs armes, ils forcèrent Arnould à
restituer les reliques et à renoncer à ses prétentions
sur la ville de Montreuil [2].

Hugues Ier, qui succéda à son père Hilduin, soutint les prétentions de Hugues-Capet à la couronne
de France; il les favorisa de ses armes et reçut,
pour prix de son dévouement à la cause de ce
prince, la main de Giselle, la troisième de ses filles
et le titre de comte de Ponthieu avec les terres qui
en dépendaient jusques au-delà de la rivière de

---

[1] *Histoire des Comtes de Guisnes et d'Ardres.* LAMBERT. Manus.
d'*André Duchesne,* coll. Colbert. Bibl. imp.
[2] *Dito*

Somme, « ses prédécesseurs, dit Ducange, s'étaient contentés du titre de comte de Montreuil [1]. » Nos historiens disent que Hugues craignant que la ville de Montreuil ne retombât au pouvoir d'Arnould ou de ses successeurs, la retira à lui et la réunit au domaine royal lorsqu'il fut parvenu à la couronne [2] et il fit *mouvoir* du château de Montreuil et non du comté les terres et seigneuries sises en la prévôté de Montreuil [3]. Les terres de la seigneurie et de la prévôté, dit Rumet, suivirent le sort de la ville, elles relevèrent désormais du château et non plus de la ville.

M. Labourt, que nous citons volontiers dans cette première partie de notre histoire, dit que lorsqu'à la suite de divers arrangements conclus à l'occasion du mariage de Giselle, Montreuil fut devenu une dépendance immédiate de la couronne de France, les successeurs de Hugues-Capet y firent construire une résidence royale que D. Michel-Germain a comprise dans le catalogue des anciens palais de nos rois [4].

---

[1] Ducange, *Spécilége,* tom IV, pages 560 et 579.

[2] *Souvenirs des villes de Picardie. Montreuil.* H. Dusevel, page 6.

[3] *Déclaration de l'étendue de la prévôté de Montreuil,* imprimé à Hesdin, chez Jacquin, en 1512.

[4] La notice qu'il lui a consacrée se termine ainsi :

» .... *Ut sit, Monasteriolum supra mare castrum regis Franciæ*
» ferunt gesta (Chesn. Hist., t. v., p. 285). Ludovici VIII Francorum

» regis et Hariulfus, in chronico Centulensi, *castrum* regium vocat.
» quod Arnulfus Flandrensium comes expugnavit. Unde totius
» Pontivi pagi subsecuta clades atque direptio. Ibi Bertam uxorem
» Philippus primus, dato repudii libello, relegavit. Ibi Hugo Capet
» tiorum regum caput, ob præstitum sacris Walarici Richariique
» reliquis obsequium in spem regni erectus, illustre pietatis ac
» religionis præmium reportavit. Videtur etiam illud ipsum esse
» castellum Herluini *maritimum*, quod vocantur Monasteriolum,
» cujus neminit Flodoardus ad annum DCCCCXXXIX, quod a
» Nortmannis occupatum Herluinus usibus suis optaverat. Suos
» postea comites habuit Monasteriolum qui simul et Pontivenses
» dicti sunt, a quibus jampridem locus ille (modo urbis validæ nec
» spernendæ magnitudinis nomen ferens) regium in fiscum est
» revocatus. »

On voit que Dom Miguel-Germain lui-même n'avait pas suffisamment distingué la Braye primitive; 1° de la ville fortifiée, construite
vers le milieu du IXe siècle; 2° du château-fort, sous les murs duquel les religieux de Saint-Sauve vinrent construire leur monastère; 3° du palais que les successeurs de Hugues-Capet firent construire dans la ville neuve et que la reine Berthe notamment eut
pour résidence, après son divorce avec Philippe Ier. (*Essai sur l'o-
rigine des villes de la Picardie*. LABOURT.)

IV

La ville de Montreuil, fondée en 850 par Helgaud Ier, avait dû à sa forte position et à l'enceinte dont il l'entoura, le développement et la prospérité qu'elle avait acquise en moins de deux siècles. Le château des comtes de Ponthieu s'élevait au milieu des couvents et des églises qui s'y étaient multipliés avec une rapidité étonnante. En outre de la basilique de Saint-Saulve, qu'on dit avoir été très-magnifique dans l'origine, il y avait une église dédiée à saint Pierre, mais qui paraît avoir existé sur la rive gauche de la Canche, au lieu où avait été Brayum. Hugues II avait aussi fait construire une église pour y déposer les reliques de saint Wallois, dont les Normands auraient pu s'emparer.

On a dit à tort que cette église de Saint-Wallois n'offrait rien de remarquable; il en reste un fort joli débris qui forme une charmante grotte, dans le jardin de M. de Longvillers; cette ruine, qui offre des sculptures d'un fini des plus délicats, suffit pour donner une idée de la splendeur de l'église de Saint-Wallois. La tour possédait trois cloches et un carillon [1].

La tour du phare bâti par les Romains fut, dit-on, utilisée pour y accoler une église qu'on dédia à Notre-Dame. J'aime mieux croire, d'après l'observation des lieux, que le phare fut élevé sur l'emplacement de la citadelle et que cet ancien monument du séjour des Romains aura disparu pendant le moyen âge, alors que la ville de Montreuil fut plusieurs fois renversée par les guerres féodales.

On ignore cependant l'époque précise à laquelle la ville de Montreuil sortit des limites de sa première enceinte; on a lieu de supposer que ce fut au xe siècle, quand Arnould, comte de Flandres, s'en empara et voulut la mettre à l'abri des attaques du duc de Normandie. A cette époque, on y construisit une nouvelle église sur l'emplacement d'une maison où les hahabitants de Rue avaient apporté les reliques de saint Wulphy, leur patron. La ville se trouva dès

---

[1] Note communiquée par M. Henri Papegay.

lors agrandie de l'espace que renferme une partie du Thorin, la rue du Pot-d'Etain, le Grand-Marché, la place de la Halle, la place Saint-Jacques, les rues du Rincheval, de la Pie, du Wiquet, des Cordonniers, etc.

Avant cette adjonction, une des portes était défendue par le château du seigneur de Heuchin et de la Porte. Ce château, situé sur l'emplacement actuel de l'*Hôtel de France*, dans la rue qui porte encore le nom d'Heuchin, resta pour protéger à l'intérieur la vieille enceinte.

Lorsque Hugues Ier en fit hommage au roi de France, Hugues-Capet, dont il avait épousé la fille Giselle, c'était, on le comprend, une place d'importance, capable de tenir tête aux ennemis de la France du côté du Nord. Le roi de France avait une grande vénération pour l'église de Saint-Saulve; il lui fit des dons considérables et, entre autres biens, il lui construisit une petite succursale dans une île de la Canche où saint Josse se retirait souvent et qui portait le nom de Saint-Josse-au-Val.

Hugues Ier avait donné à l'abbaye de Saint-Josse une petite chapelle qui dépendait du château des comtes. Cette chapelle fut transférée ensuite par l'abbé de saint Josse à des clercs qui, voulant se dévouer à Dieu, l'agrandirent et en firent une église dédiée à Saint-Firmin. Ce changement ne s'accom-

plit cependant point sans difficultés; l'évêque d'A-
miens dut intervenir, et, moyennant une rente de
six livres d'une monnaie quelconque ayant cours à
Montreuil lors du paiement, il fut convenu que
treize prébendes qui seraient estimées dix livres,
seraient à la collation de l'abbé de saint Josse [1].
Seule entre toutes les églises de la ville, la collé-
giale de Saint-Firmin ne relevait point de Saint-
Saulve, elle dépendait de Saint-Josse; elle était
sombre, mais richement ornée et admirablement
située sur le point le plus élevé du promontoire [2].

Le roi fit construire à Montreuil une demeure
que D. Michel Germain a compris dans le catalogue
des anciens palais royaux. C'était une sombre habitation tels qu'étaient les châteaux de ce temps;
des murs élevés, d'une grande épaisseur; peu ou
point de jour, mais des crénaux, des machicoulis,
un pont-levis et des meurtrières. Ce château était
sur l'emplacement de la citadelle actuelle, et l'on
prétend qu'il y reste encore une tour qui servit de
prison à la malheureuse Berthe, femme du roi de
France, Philippe Ier, qu'il répudia pour en épouser
une autre.

A la même époque, l'enceinte de Montreuil renfermait déjà le monastère de Sainte-Austreberthe,

[1] *Gallia christiana*, tome X. Instrum. coll. 531.
[2] Note communiquée par M. HENRI PAPEGAY.

que le comte Helgaud y avait fait construire pour y conserver les reliques de cette sainte qui, auparavant, étaient à Marconne, près Paris. Austreberthe, deuxième du nom, était alors abbesse ; en 1032, Edelburg, fille de Guillaume Ier, comte de Ponthieu, lui succéda. Les religieuses suivaient la règle du Val-de-Grâce de Paris [1].

[1] La liste des abbesses de sainte Austreberthe nous a été procurée par M. Eugène DUVAL.

1° Framechilde, canonisée sous le nom de sainte Frameuse ;

2° Austreberthe Ire, née à Thérouanne, morte à Pavilly en 704, âgée de 71 ans.

Du viiie au xe siècle, l'histoire n'a pas conservé les noms des abbesses de sainte Austreberthe.

3° Austreberthe IIe, établie à Montreuil par Foulques Ier, évêque d'Amiens, 993 à 1031.

4° Edelburge, fille de Guillaume Ier, comte de Ponthieu.

5° Julienne.

6° Ida Ire, deuxième fille de Guy, comte de Ponthieu, 1058-76.

7° Everegarde.

8° Sainte Ire, de Gresson.

9° Sainte II, de Gresson.

10° Natalie.

11° Ida II.

12° Cécile, vers 1197.

13° Gillette, vers 1203.

14° Marguerite Ire de Hennebe.

15° Imberge, vers 1212-1220.

16° Mathilde, en 1238.

17° A***, en 1259

18° Marguerite IIe, de Sanghem, 1259-78.

19° Marguerite III, de Bonnelinghem, vers 1278 à 1285.

20° Marguerite IV, de Brunsberg citée en 1294.

21° Jeanne Ire, d'Argies, citée en 1311.

22° Richende Ire, de Baine, citée en 1543.

23° Richende II, de Baine, citée en 1564.

24° Austreberthe III, de Cointerel, morte le 9 juillet.

25° Isabelle de Hestre, élue le 22 décembre 1564.

26° Marie de Saghen, élue à l'unanimité en 1585 morte en juillet 1591.

Parmi les autres monuments religieux de cette époque, l'église de Saint-Wulphy, qui fut bâtie vers la fin du ixᵉ siècle sur l'emplacement de la maison où on avait déposé les reliques du saint, était magnifique et digne de la munificence des comtes de Ponthieu qui y venaient faire leur dévotion. On dit que cette église existait encore à la fin du xvıᵉ siècle.

27° Marguerite V, d'Escoffen, élue en juillet 1391, vivait encore en 1424.

28° N. de Mailly.

29° Marguerite VI de Créqui, fille de Jean de Créqui, citée en 1443, morte le 10 décembre 1475 (on voyait avant la Révolution son épitaphe dans le cloître).

30° Jeanne II de Hardenthun, citée en 1484.

31° Jacqueline Iʳᵉ de Pardieu, citée en 1489, morte le 4 décembre 1497.

32° Marguerite VII de Wailly, morte en 1503.

33° Jacqueline II de Pardieu, 1505.

34° Françoise, fille de Jacques de Boufflers et de Cagny, abbesse pendant 49 ans, morte le 19 janvier 1551.

35° Marguerite VIII de Goulay, 1551 à 1568.

36° Claude de Monchy, 1568-83.

37° Claire Blondel, de décembre 1583 à 1620.

38° Madeleine Iʳᵉ de Monchy, fille de Jean de Montcavrel et de Marguerite de Bourbon, 1621-28.

39° Charlotte-Cécile de Monchy, sœur de la précédente, 1628-48.

40° Madeleine II, Angélique de Gouffier, nièce des précédentes, abdique en 1694, morte le 24 août 1702.

41° Marguerite IX Boucher d'Orsay, 1694-1734. (Coadjutrices : Elisabeth de Tilly de Blaru, 1722-25 ; Nᵐᵉ de Boucher de Marolles, 1727-28.)

42° Madeleine III Agathe-Alexandrine, fille d'Esprit-Joseph d'Orléans de la Motte et de Marthe-Ursule de Blegières d'Antenou, 1734-56.

43° Anne Iʳᵉ Renée-Marie de Jouanne d'Esgrigny, abdique en 1760 et meurt le 23 avril 1790.

44° Anne II Lamoulreux de la Javelière, abbesse le 22 avril 1760, c'est la dernière qui ait tenu le sceau du couvent, fermé le 2 septembre 1772.

A cette époque où on trafiquait de tout, les reliques des saints, ou les restes prétendus tels, étaient l'objet d'un véritable commerce ; la spéculation en avait fait un marché [1]. « Le grand nombre de corps saints étrangers, dit un chroniqueur du Ponthieu, qui sont dans l'abbaye de Saint-Saulve de Montreuil, ne sont-ils pas des monuments existants de la cupidité de nos comtes de Ponthieu comme des comtes de Flandres ? Ne sont-ils pas volés pour la plupart ? Ils auront enlevé les reliques de saint Wilbrode, qui était au prieuré de Wetz en Zélande. Helgaud, comte de Pontieu, aura enlevé le corps de saint Wulfran pendant la guerre avec les Normands, ou plutôt Herluin, commandant à Rouen et en Normandie, pour le roi Louis d'Outremer, s'en sera emparé à titre de récompense, malgré l'abbé et les moines de Fontenelle. Le corps de saint Saulve

[1] Le légendaire Baillet convient, du moins, que le corps de saint Wulfran, mort à Saint-Wandrille ou Fontenelle, en 720 ou 721, fut enterré dans l'église de Saint-Pol, puis transféré onze ans après en celle de Saint-Pierre, qu'il fut reporté à Rouen dans l'église Notre-Dame, en 1037, et retransporté la même année à Saint-Wandrille, avec d'autres restes de saints. On le réexporta à Rouen, l'an 1053, où l'on fit diverses processions par son intercession. Le corps saint fut ramené de Rouen à Saint-Wandrille une seconde fois, puisque l'on tient que c'est de là que, après avoir été entraîné à Gand par les Normands, il a été apporté tout entier à Abbeville, en 1205, sous les yeux de Richard, évêque d'Amiens, et de Guillaume, comte de Ponthieu, qui attestèrent tous deux, dans deux titres en parchemin, que ce saint corps avait été remis très-fidèlement dans sa châsse à Abbeville, en présence du comte *(Note manuscrite de M. Devérité.)*

même, évêque d'Amiens, successeur de saint Honoré, inhumé dans l'église d'Amiens, vers 615, ne fut-il pas trouvé par Charlemagne, gardé en l'église de Saint-Martin de Valenciennes, vers 780, sans qu'on sache comment il aura passé ainsi d'Amiens à Valenciennes, ni comment il en aura été ramené à Montreuil-sur-Mer?

Les rois de France, en revendiquant la ville de Montreuil, y tenaient autant à cause de ses reliques que par la force de sa position; Le château qu'ils y possédaient était bâti sur une hauteur escarpée et presque inaccessible. C'etait une de ces forteresses que la guerre de seigneur à seigneur avait rendue imprenables. On ne pouvait y accéder que par un côté, celui de la ville qui était elle-même bien défendue contre le dehors. Le château de Montreuil, nous dit-on, bravait les attaques avec succès, et les comtes de Ponthieu, qui avaient d'autres châteaux à Waben, à Beaurain et au Gard-lès-Rue, revenaient à la hâte se réfugier dans celui de Montreuil aussitôt que surgissait une apparence de danger sérieux.

On comprend l'importance qu'une semblable position donnait au château de Montreuil : quelques princes de la première race y vinrent faire leur séjour, et, comme dans tous les lieux d'importance qu'ils affectionnaient, ils y établirent un atelier mo-

nétaire qui devint bientôt considérable [1]. Cet atelier était en activité dès le commencement de la
seconde race [2]. Une charte extraite du cartulaire de
saint Magloire de Paris et citée par Leblanc, à
l'article de Pépin, porte que le roi de France,
Henri Ier, donne à ce monastère tout le revenu qu'il
tirait de *marino portu masterioli castri*, excepté la
dîme de la monnaie qu'il avait déjà accordée à
d'autres [3].

---

[1] On comptait alors, dans les Gaules, plus de deux cents ateliers
où l'on frappait des pièces portant à l'avers une tête chaperonnée
avec le nom de la ville; au revers, le nom du monétaire seul ou joint
à celui du roi. (*Numismatique du moyen âge*. JOACHIM LELEWELL.
Paris, 1836, in-8.— *Revue numismatique*, 1836, in-8, pages 94, 232.)

[2] On a découvert en 1840, sept deniers provenant de cet atelier.
On remarque dans le champ de ces pièces un château ayant deux
étages et deux portes.

[3] *Traité des monnaies de France*. LEBLANC. 1690, page 91.

« Ce texte, selon M. Louandre, désigne la ville de Montreuil-sur-
Mer,; mais, dit-il, on ignore ce qu'il faut entendre par cette dîme.
Est-ce le bénéfice net qu'on retirait de la fabrication des espèces ?
Est-ce la dîme simplement ? C'est ce que nous laissons à examiner.
Quoiqu'il en soit, il paraît résulter de cet acte que le profit de la
monnaie de Montreuil n'appartenait pas au roi de France, et cependant, malgré cela, la monnaie de cette ville, sur laquelle on remarque un édifice, porte toujours un nom royal. Ce type mérite de fixer
l'attention. Charlemagne, Louis-le-Débonnaire et presque tous les
rois de la seconde race, frappèrent des devises où est empreint un
temple rétrastyle; symbole de la religion chrétienne. Ceux de Louis-
le-Débonnaire, en certains endroits qu'il est fort difficile de déter-
miner, furent calqués servilement jusqu'au xiiie siècle. Mais en d'autres lieux, spécialement à Dreux et à Montreuil, ce type emprunta
les formes de l'architecture gothique. Il faut donc considérer l'édifice empreint sur les pièces de Montreuil comme le symbole du
christianisme, à moins que cet édifice ne soit une allusion au nom
de la ville. Le type du tournois n'a pas d'autre origine, c'est la figure
allégorique du temple de Saint-Martin. » (*Histoire d'Abbeville*.
LOUANDRE.)

7.

M. Rigollot dit, dans la *Revue numismatique* de 1839, qu'on a des deniers tout-à-fait nouveaux frappés à Montreuil-sur-Mer, indubitablement par Philippe Ier. « Il y a très peu de temps, dit-il, on
» ne connaissait aucune pièce royale de Montreuil
» antérieure à Philippe-Auguste ; maintenant on
» en connait une série presque complète, à com-
» mencer suivant les uns par le roi Robert, en y
» comprenant peut-être son fils, Henri Ier, et quatre
» différents ducs et des rois portant le nom de
» Henri ; mais, selon d'autres, les monnaies de
» Robert et de Henri Ier n'ont pas été retrouvées ;
» celles qu'on leur attribue sont des deniers de
» Philippe Ier et de Louis VI. Il y avait encore à
» Montreuil, en 1529, un hôtel de monnaie dont
» le prévôt se nommait Bernard Poncin. »

« Quoique le comté de Montreuil n'appartint pas immédiatement aux rois de France, ajoute M. Rigolot, ceux-ci y possédaient un château ou *Castra,* où était placé un atelier monétaire. Dans les premiers temps de la troisième race, l'émission d'une monnaie royale n'était pas une prérogative de la couronne, et ce n'était peut-être qu'en raison du lieu où elle était frappée qu'elle avait cours dans les provinces. »

Ainsi que nous l'avons dit plus haut, Quentovic avait aussi un établissement de monnayage.

Il est dit, par une ordonnance de Charles-le-Chauve, de 864, que *Quentovicus* était un lieu de fabrication de monnaie d'*ancienne coutume*, et le seul encore dans une ville de son royaume ; il établit qu'on ne pourrait faire de la monnaie que dans son palais et à *Quentovic*. Bouteroue a fait graver des pièces frappées en ce lieu, sur lesquelles on lit *Wivicus* et *Wivicho fit*. Ducange disait avoir en sa possession une de ces monnaies pesant vingt-huit grains qui avait le monogramme du roi.

Les deniers, dit l'édit des Pistes, porteront à l'avers notre monogramme, entouré de notre nom, et au revers une croix, avec le nom de la cité où ils auront été frappés. Entre autres villes, au nombre de huit, où il est permis de battre monnaie, il est nommé Quentovic [1].

Leblanc dit que sous la première et la deuxième race on a toujours battu monnaie dans les ports de mer un peu considérables par le commerce, tels que Marseille, Rouen, Quentovic. Je ferai voir, dit-il, que, sous Louis-le-Débonnaire, Wicus était la même chose que Quentovicus, qu'on y battit monnaie sous cette première race [2].

Nous ne sachons pas que Montreuil ait été à cette

---

[1] BALUSE, tome II, coll. 178, 1272.
[2] *Traité des monnaies.* LEBLANC, pages 81 et 85.

époque une ville importante par son commerce; tout le trafic de mer se faisait par Quentovic qui en était peu distante et où Charlemagne avait fait un entrepôt pour le commerce de ses Etats. Il y avait des bureaux de douanes ou péages; Hernold, qui fut depuis abbé de Fontenelle, y fut établi par l'empereur pour les diriger. Le comte de Montreuil était chargé d'y faire exercer la police, celui qu'il choisissait à cet effet avait le titre de *procurator*. On nommait Quentovic la *Massilia du Nord*. Son commerce avait lieu principalement avec la ville de Lincoln, en Angleterre, pour ses laines et ses plombs, suivant l'historien anglais Campden. Walsingham a écrit qu'il y avait chaque année des foires solennelles où venaient les marchandises de Boulogne, d'Amiens, de Paris et où abordaient les *Osterlings* (sans doute les Autrichiens).

Après la destruction de cette ville par les Normands, ses habitants se réfugièrent sur l'autre rive, en un lieu où la situation était plus commode pour la navigation; c'était un petit promontoire derrière lequel il était facile d'abriter quelques navires et qu'ils nommèrent à cause de cela *stapula* (débarcadère, lieu où l'on décharge les marchandises apportées du dehors). Henry [1] dit qu'il s'y fit pen-

---

[1] *Essai historique et topographique sur le Bas-Boulonnais.* HENRY, page 81.

dant longtemps un grand commerce et que toute l'importance de Quentovic s'y reporta. Louis de Mille, comte de Flandres, vers le xive siècle, y établit aussi un dépôt de toutes les marchandises de son pays.

On est fondé à croire que ce fut non loin des ruines de Quentovic et peut-être des débris de ses monuments, que fut construit le monastère de Saint-Josse, en 793, par Charlemagne qui le dota. Il fut aussi ravagé par les Normands ; mais en 1080, Guy Ier, comte de Ponthieu, le releva de ses ruines et l'érigea en comté *comitatum*[1] avec des terres considérables depuis la Canche jusqu'à l'Authie et quelques droits de pêche. De nombreux pèlerins venaient visiter le tombeau du saint. L'abbaye s'était constituée au ixe siècle, Waremberg, religieux de Ferrières en avait été le premier abbé ; après la destruction par les Normands, un seul prêtre resta pour dire les offices sur le tombeau. L'édifice fut reconstruit en 977 sur des plans plus complets et le pèlerinage dont le tombeau avait été l'objet reprit son cours. Le domaine de l'abbaye se composait de 500 journaux de bois et terrains incultes que les religieux défrichèrent ; la garenne de Cuq leur fut aussi donnée avec droit de volerie sur les dunes,

[1] C. F. *Gallia christ.* Tome X, instrum. page 295.

de justice sur le larron *à sang* et plusieurs dîmes sur quantité de villages.

Jusqu'à cette époque encore, la côte de Montreuil était battue par la mer, d'où lui a été conservé son nom de Montreuil-sur-Mer ; les monnaies de Sainte-Austreberthe nous apprennent qu'à la fin du viie siècle, on y naviguait encore à la voile et nous avons vu qu'au ixe siècle, les Normands remontèrent la rivière avec leurs barques jusques à Helenum, située six lieues plus haut ; la pêche se faisait en vue de la ville et du port par des bateaux à voiles.

Le hareng y était très abondant ainsi que les baleines. Un abbé de Saint-Bertin, débauché et intriguant, était allé vers 1180, demander à Rome, au Saint-Père, la dîme du hareng, depuis Calais jusqu'à Abbeville, et obtint une bulle qui la lui accordait; mais les habitants de Montreuil, s'unissant à ceux des autres villes maritimes ayant des bateaux de pêche en mer, opposèrent à cette bulle la plus vigoureuse résistance ; les évêques de Thérouanne et d'Amiens, le comte de Flandres, étaient chargés de la faire exécuter ; deux des moines de Saint-Bertin avaient apporté eux-mêmes les lettres d'injonction de Philippe, comte de Flandres ; leur vue excita tant de fureur chez le peuple, qu'ils ne durent leur salut qu'à la fuite et à une retraite pré-

cipitée dans l'église Notre-Dame. Le comte, prévenu, vint lui-même avec des troupes, et la dîme
fut perçue, quelque désastreux que fût cet impôt
pour cette pêche.

Néanmoins les terres alluviennes qui avaient pro-
gressivement encombré la vallée de Canche au-
dessus de Montreuil, vers Hesdin, gagnaient sur
les deux rives en s'étendant vers Saint-Josse et
Etaples. Malbranq dit que les marais inondaient
le marais *Bach-Atin* où il avait existé un port,
portus insignis, et que de là la rivière traversait par
un canal, la terre de Quentovic, puis passait près
de la forêt d'Etaples et, s'élargissant insensible-
ment, se perdait à la mer formant à la marée haute
un chenal profond qui conduisait les navires jusque sous les murs et les tours de Montreuil, où ils
trouvaient un abri sûr et payaient quelques droits
royaux [1].

Ce commerce maritime se bornait au cabotage entre les ports de la côte la plus voisine,
car à cause des ravages des hommes du Nord,
qui arrivaient par mer aussi bien que par
terre, les commerçants n'osaient se confier aux
risques d'un long voyage. D'anciens titres, cités
par Rumet, dans ses chroniques de Picardie,

---

[1] *De Morinis.* Malbranq, tome II, page 264.

disent que quand un bourgeois de Montreuil
« conduit ou fait amener blés en nef ou bateau
» à Rue, » le sénéchal des roi et reine d'Angleterre, comte et comtesse de Ponthieu, demandaient deux septiers de blés d'acquit, ce qui
prouve qu'alors et auparavant il y avait des relations maritimes de cabotage entre les ports de la
côte et particulièrement de Montreuil à Rue.

L'importance commerciale de Montreuil ne commença sans doute qu'après la destruction de Quentovic ; les affaires qui se faisaient par ce port se
partagèrent sans doute ensuite entre Etaples et
Montreuil. Richer, qui vivait au xe siècle, dit
que, de son temps, Montreuil faisait un commerce
considérable et que les droits qu'on y percevait sur
les marchandises étrangères formaient un revenu
très-lucratif ; d'anciens titres établissent aussi qu'a-
près la ruine de Quentovic, Montreuil eut une commune plus étendue et que ses négociants faisaient
partie de la hanse teutonique. Les habitants suivaient assidûment les foires de Brie et de Champagne et on les retrouve fréquemment à la célèbre
foire de Saint-Denis [1].

---

[1] *De l'affranchissement des communes dans le Nord.* TAILLIAR,
1837, in-8, page 377.

CHAPITRE V

A cette époque de notre histoire, les faits se font remarquer par une absence complète de lois. Point de dénonciation publique ou particulière, point de magistrats, point de force permanente et civile contre l'usurpation des biens ; nul autre recours contre la violence et l'invasion, que de s'adresser aux ministres des autels, qui s'expropriaient entre eux tout aussi librement et avec la même indignité que les seigneurs contre lesquels ils tonnaient parfois dans les assemblées publiques.

Après avoir fait des souverainetés et des avoueries de ce qui n'était que des gouvernements ou des dignités amovibles, les gouverneurs du Ponthieu, à l'invitation de leurs voisins, avaient imaginé les inféodations. Les grands vassaux des princes, des comtes, des barons, voulurent avoir aussi sous eux de petits vassaux, qui ne relevassent que d'eux, que de leur puissance, comme ils relevaient de celle du roi directement; dans le comté de Montreuil, ces inféodations furent multipliées à l'excès : point de petit seigneur qui n'eût ses vassaux, et point de vassal un peu considérable qui n'eût aussi ses vavasseurs subordonnés.

Nous ferons remarquer que l'historien de France, Vely, fait aussi regarder le comté de Montreuil comme une sous inféodation, encore existante alors des comtes de Flandres, quand Hugues-Capet commença à règner.

D'après Ducange, Hugues Ier, comte de Montreuil, étant devenu gendre du roi de France, Hugues-Capet, prit le titre de comte de Ponthieu pour lequel il rendit hommage. Hariulf soutient cependant qu'il ne voulut jamais prendre d'autre titre que celui d'avoué de saint Riquier ou protecteur de ce saint. Il est difficile de trancher la question. Nous avons dit cependant que Hugues-Capet retira à lui la forteresse de Montreuil, comme s'il eût craint de laisser à son gendre cette place de résistance. « Dès-lors, dit la chronique de Rumet, il fit mouvoir du château de Montreuil et non du comté, les terres et seigneuries en la prévôté de

Montreuil, comme étant du domaine de la couronne de France, ainsi qu'on le voit dans l'ancienne déclaration de l'étendue de cette prévôté [1]. »

D'un autre côté le château de Beaurain, sis entre la Canche et l'Authie, à deux lieues de Montreuil, fut déclaré séant en Ponthieu ; et quand cette châtellenie fut transportée par Charles V à Jean, sieur de Croy et de Renty, chambellan et grand bouteiller de France, avec la faculté de rachat perpétuel, il fut tenu du roi, à cause, non de son comté, mais de son château de Montreuil.

On se demandera encore : mais qu'est-ce donc que ce comté de Montreuil dont on parler toujours, pris séparément et que l'on dit existant antérieurement au comté de Ponthieu même ? on sait que des descendants des comtes de Ponthieu se sont dits en effet comtes de Montreuil seulement, témoin Hugues dont nous parlons ici ; mais, comme l'a dit Rumet, on ne voit pas Montreuil précisément érigé en comté, bien qu'en 1100 on voit encore deux comtes de Ponthieu prendre ce double titre de comtes de Montreuil.

Nous verrons plus tard un de ces rejetons des comtes de Ponthieu, seigneur de Maintenay, vendre une partie de sa vicomté à un roi de France et non le

[1] *La Prévôté de Montreuil,* imprimé à Hesdin, en 1512, chez Jacquin.

château de Montreuil qui continua d'appartenir à ses comtes jusqu'en 1369, que cette ville fut positivement réunie à la couronne.

Hugues Ier, quoique renonçant à porter ce titre de comte de Montreuil, avait néanmoins étendu considérablement sa mouvance et sa seigneurie en y adjoignant Domart et Encre, et y faisant construire des forteresses. Montreuil était dès lors déjà, comme nous venons de le dire, sous la domination directe des rois de France qui la considéraient comme une place forte de première importance. Hariulf dit que Hugues était le plus puissant des seigneurs de l'ancienne Morinie, qu'il attaqua les seigneurs ses voisins qui n'avaient pas de forteresses pour se défendre, et s'empara ainsi de toute la province du Ponthieu.

Le brigandage des souverainetés et des biens était terrible à cette époque. Personne n'était à l'abri de la violence des ravisseurs, à moins d'être le plus fort ou de s'associer [1] ; chacun, pour se mettre en sûreté contre son voisin, se cantonnait et se retranchait dans son château qu'il établissait dans les lieux les plus inaccessibles : il hérissait cette demeure de tourelles, de palissades; ses murs

---

[1] *Nec tutas quisquam contra violentam raptorum est, nisi qui viribus prævalet, aut in eorum concessit collegium admonitio episcoporum.* Dans les œuvres de SERVATUS LUPUS, page 185.

étaient crénelés et garnis de meurtrières ; des fossés profonds les entouraient. Postés dans ces forteresses, les châtelains observaient de loin la campagne ; si le voisin sortait de chez lui et s'il n'était pas en force, on tombait sur lui à l'improviste, ou bien on pillait ses champs, on tuait ses vassaux : tel était le règne de la féodalité.

Le sang coulait tous les jours ; une atroce cruauté sévissait. Les parents se tuaient les uns les autres ; on se plaisait à s'entre-égorger ; on se croyait déshonoré quand on avait passé un jour sans attaquer quelqu'un. On dira que nous exagérons ; nous citerons notre auteur contemporain, Hariulf[1].

« *Per uncta flandriœ loca, quotidiana homicidia,*
» *et insatiabiles humani sanguinis effusiones, pa-*
» *cem et quietem totius regionis turbaverant. Atrex*
» *crudelitas sœviebat. Tanta rabies occidendi, tan-*
» *tusque inerat furor ulciscendi, ut humano sanguine*
» *assidue cruentari jucundum haberent ; et vel una*
» *die a cœdibus cessare ignavum atque improbum*
» *œstimarent. Vix pater filio, vix filius patri arce-*
» *bat. Frater germanum, nepos arunculum vel*
» *patruum quin, et patruus nepotem, pro modica*
» *causa neci tradebat.* »

Un grand nombre de couvents étaient ruinés par

---

[1] *Vie de saint Arnoul.* HARIULF, 1087. — Acta bened. sœc VI, pars II, page 536,

ces invasions des seigneurs suzerains : la méchan-
ceté des seigneurs circonvoisins, lit-on dans un
titre latin de l'abbaye de Saint-Saulve, de 1100,
faisait de nouveaux progrès de jour en jour ; ils
s'emparaient injustement des biens des abbayes :
les habitants se refusaient par la force à la justice
des abbés ; la paix était troublée. Pour réparer ces
désordres, le comte de Montreuil s'était engagé à
être leur avoué et défenseur, *advocatus et defensor*.

En 1123, les déprédations dont l'abbaye de Saint-
Josse avait eu à souffrir de la part des grands,
déterminèrent l'évêque d'Amiens à lancer l'excommunication contre ceux qui attenteraient à ses
propriétés [1].

Ces brigandages à main armée pesaient surtout
sur le pauvre peuple qui, traqué de tous les côtés,
ne savait où se réfugier pour se mettre à l'abri des
coups et du pillage : aussi les champs étaient-ils
tellement dévastés que nulle part ils ne produisaient
de quoi satisfaire la faim des hommes, qui pé-
rissaient par milliers. Des règlements cités par
Ansegise disent : *est homicidia infra patriam nec
causa ultionis nec avaritiæ, nec latrocinando fiant* [2] ;
mais d'autres disaient : « Si quelqu'un de nos fidèles
veut combattre son ennemi et convoque un de ses

[1] *Histoire d'Abbeville*. Louandre, tome II, page 436.
[2] Ansegise, livre III, chap. XXIX.

pairs, celui-ci doit lui prêter main-forte, sous peine de perdre son bénéfice [1]. » Cette autorisation légitimait ces actes féroces et le clergé lui-même ne dédaignait point de s'associer à ces usurpations, on a connaissance d'un arrangement fait par l'abbé Ingérald, de Saint-Riquier, avec un évêque de Liége qui devait par accommodement rester encore vingt ans propriétaire d'un bien usurpé à la charge d'une redevance convenue entre eux. Mais cet évêque liégeois confirma cette restitution à faire au bout de vingt ans, par tous les serments possibles, en prononçant anathême et damnation par l'autorité de Dieu, de sainte Marie et des apôtres, saint Pierre et saint Paul et du bienheureux Lambert, martyr, contre tous ceux qui tenteraient de s'affranchir de l'obligation convenue au cas de sa mort arrivant avant d'avoir restitué. C'était entre eux, abbés et évêques, que se faisait cette convention. Elle fut renouvelée avec l'évêque liégeois par l'abbé Engelran, successeur d'Ingérald ; mais cette rénovation, entre deux ministres des autels du plus haut rang, ne porta plus la peine précédente de s'excommunier réciproquement en cas de violation du pacte.

On voit donc quelle était l'opinion qu'ils

[1] Capitul II de l'an 813; capitul du mois d'octobre 811. *De eo qui parum suum adjuvare noluit.* (PERTZ *Leges*, tome I, p. 173.)

avaient de la probité de leur siècle et de la vacance ou de l'impuissance des lois. L'accommodement ne se termina point sans se féliciter de part et d'autre en prose et en vers. L'évêque liégeois adressa à l'abbé de Saint-Riquier un compliment qui fait voir qu'on se piquait encore, au milieu de cette anarchique barbarie, d'une certaine culture d'esprit [1].

Peu de temps après, en 1033, Enguerrand qui réunissait aussi la dignité de comte de Ponthieu à celle d'abbé ou d'avoué de Saint-Riquier, fut attaqué par Baudouin, comte de Boulogne, qui vint tenter de s'emparer de Montreuil et ravager les campagnes environnantes, jusqu'aux environs de Rue et de l'abbaye de Forêt-Montier. Enguerrand se mettant à la tête de ses troupes, marcha contre l'audacieux Baudouin, le repoussa au-delà de la Canche, le tua de sa propre main, s'empara de ses Etats et épousa sa veuve. Mais, par une générosité peu commune à cette époque, il remit son fils en possession du comté de Boulogne.

Bien que la ville de Montreuil ait été détachée du comté de Ponthieu par Hugues-Capet, nous insistons à faire remarquer que les successeurs de Hugues Ier ajoutaient à leur titre de comte de Pon-

---

[1] Notes manuscrites de M. Devérité.

thieu celui de comte de Montreuil. Guy Ier, petit-fils d'Enguerrand, conservait même une habitation en cette ville où il allait fréquemment ; il en avait une autre au Gard-lès-Rue, et l'on prétend que, de ces points, il faisait surveiller les côtes de ses domaines et y attirait les navires pendant les mauvais temps, afin de jouïr du droit de lagan qui lui permettait de s'emparer des biens des naufragés.

Ce fut dans une de ces circonstances que le comte Guy s'empara de la personne du prince Harold d'Angleterre qui, ayant fait naufrage sur les bancs de l'Authie, s'était jeté avec quelques personnes de sa suite dans un canot et était venu aborder la terre sur le domaine de Ponthieu [1]. *Haroldus navem conscendit ut normanniam peterat, sed tempestate ad oram morinorum ultra somonœ ostia compulsus est* [2]. Le comte Guy fut aussitôt averti et il vint lui-même saisir la personne du naufragé qu'il enferma dans le château de Beaurain, près de Montreuil, puis il s'empara de tous ses biens et en fit son profit.

Le prince Harold, comte de Kent, avait été chargé, en Angleterre, par le roi Edouard Ier, d'une

[1] Harold arriva en Ponthieu
Ma ne seus dire en quel lieu
Fors tant qu'à cel port par Ghile,
Le prit ly cuens Guy d'Abbeville.
    Philippe MOUSKE IN HENRICO.

[2] *Fragment de Duchesne,* tome IV, page 88

mission auprès du duc Guillaume de Normandie[1], il s'était embarqué à Bosham, port fréquenté près de Chichester; mais, assailli par une violente tempête, il était venu échouer, comme nous venons de le voir, à l'embouchure de l'Authie. Quelques auteurs ont prétendu que le navire avait fait naufrage à la pointe du Hourdel, situées à l'embouchure de la Somme, et que Guy Ier l'enferma dans une tour de Saint-Valery qui, de son nom, s'appelle encore *tour Harold*. Mais c'est une erreur, Harold n'échoua point au Hourdel, mais sur les bancs de l'Authie, et, ce qui le prouve, c'est que les documents les plus authentiques font foi qu'il fut conduit et enfermé à Beaurain, château voisin de Montreuil. C'est ainsi que l'indique M. Lancelot dans un article des mémoires de l'Académie des inscriptions et belles-lettres, tome V, page 739.

On lit dans les *Mémoires de littérature*, tome VIII :

> Guy garda Harold par grand cure,
> Moult en creust mésaventure,
> A Belrem (*Beaurain*) le fist envoyer
> Pour faire le duc esloigner.

Les mêmes mémoires disent : « Harold, duc

---

[1] Eduardus nimirum propinquo suo Willelmo, duci Normanorum, primo per Robertum cantuariorum summum pontificum, fpostea per eumdem heraldum integram anglici regni mandaverat concessionnem, ipsumque concedentibus anglicis feceral totius iuris sui heredem. (ORDERIC VITAL, l, iii, page 492.)

d'Angleterre vint échouer sur les terres de Guy, comte de Ponthieu, qui le fit arrêter et conduire prisonnier au château de Beaurain. Il est vrai que la chronique de Normandie, écrite quatre siècles après l'évènement, dit qu'Harold fut conduit à Abbeville ; mais il est tout aussi probable qu'il y fut transféré de Beaurain plutôt que de Saint-Valery[1]. »

[1] Cet épisode de la vie d'Harold est retracé sur la célèbre tapisserie de Bayeux, ou tapisserie de la reine Mathilde. On y voit le prince anglais, debout dans une chaloupe, s'avancer sur le rivage. Il ordonne de jeter l'ancre et semble parler au peuple qui vient audevant de lui. On lit au-dessus de sa tête : *Harold*.

Guy donne des ordres pour arrêter le prince qui paraît descendre de sa chaloupe ; les vassaux du comte de Ponthieu sont à cheval, la lance en arrêt et portant des boucliers ornés d'emblèmes et de devises.

La prise d'Harold, formant une action particulière, est terminée par un arbre, afin de distinguer cette scène de celle qui la suit.

Le comte Guy est à cheval, le manteau relevé sur l'épaule en signe de dignité ou même de triomphe, ayant au poing son faucon dont la tête se porte en avant, comme s'il était prêt à s'envoler. Harold le suit, également à cheval, sans manteau, ayant cependant son faucon sur le poing, mais sans ses grillets, et sa tête est tournée du côté de son maître, comme s'il lui demandait à prendre son essor. Toutes ces différences marquent l'humiliation. Harold est suivi par les gardes du comte, qui portent la lance sur l'épaule.

Le tableau suivant représente Guy en conférence avec Harold dans le château de Beaurain. Le comte est assis sur une espèce de trône fort simple, presque semblable à ceux qu'on voit sur les sceaux de nos anciens rois. Il tient de la main gauche son épée dont la pointe est en l'air ; le geste qu'il fait avec la main droite indique qu'il parle à son prisonnier. La contenance d'Harold est humble ; il tient son épée à la main, mais la pointe est en bas. On voit plusieurs autres figures dans la pièce où l'action se passe : ce sont probablement les domestiques du comte.

A la suite de ce tableau, paraissent les députés que le duc de Normandie vient d'envoyer pour réclamer la liberté d'Harold.

Guy est debout, son manteau est ouvert sur l'épaule droite et retroussé sur le bras gauche ; il tient une hache à la main et affecte un air d'arrogance dans son maintien ; derrière lui est un de ses

Afin d'échapper à l'ennui d'une longue captivité, le prince Harold se déclara porteur d'un message du roi d'Angleterre pour le duc de Normandie, et envoya demander à Guillaume de le faire sortir de prison, afin qu'il pût se rendre près de lui. Guillaume n'hésita point et envoya aussitôt des exprès pour réclamer de son voisin, le comte de Ponthieu, la liberté du captif, d'abord avec de simples menaces, sans nullement parler de rançon.

Le comte de Ponthieu fut sourd aux menaces et ne céda qu'à l'offre d'une grande somme d'argent et de quelques terres sur la rivière d'Eaulne [1].

Le droit de Lagan était commun aux seigneurs de Saint-Valery, de Boulogne, aux comtes de Flandres comme aux comtes de Ponthieu : *Pro ritu loci...* disent les auteurs anglais. Mais, comme le dit M. Aug. Thierry, c'était la coutume de ce pays maritime, comme de beaucoup d'autres au moyen-âge, que tout étranger jeté sur la côte par une

gardes avec la lance sur l'épaule. Les deux envoyés sont également debout, appuyés sur leurs lances; l'un d'eux semble parler au comte. Un nain, au-dessus de la tête duquel est écrit *Turold,* tient leurs chevaux par la bride.

La tapisserie de la reine Mathilde existe encore dans la cathédrale de Bayeux. Les armes, les costumes et les usages du temps y sont représentés avec la plus exacte vérité. On peut en voir une copie très-exacte, à la bibliothèque impériale, à Paris, dépôt des gravures et estampes, Collection des *monuments français.*

[1] *Histoire de la conquête de l'Angleterre par les Normands.* Aug. Thierry, 1850, in-8, tome I, page 279.

tempête, au lieu d'être humainement secouru fut emprisonné et mis à rançon.

C'est sous le comte Guy Ier, en 1091, que la malheureuse Berthe, épouse de Philippe Ier, roi de France, fut retenue captive à Montreuil; ce roi l'avait répudiée pour épouser Bertrade [1]; elle fut enfermée dans une tour du château et y vécut pendant deux ans dans l'abandon le plus complet et un dénuement tel, ajoute la chronique, que les femmes de Montreuil furent obligées de pourvoir à ses besoins au moyen d'une quête que faisaient chaque dimanche les jeunes filles, en répétant sur un air triste et doux, la vieille chanson :

Donnez, donnez à notre reine !

Le comte Guy Ier reçut du roi l'ordre de surveiller cette infortunée princesse, ce qui laisserait supposer que si les comtes de Ponthieu n'étaient pas en même temps comtes de Montreuil, ils avaient peut-être un commandement militaire sur la ville.

Cependant Dumoulin raconte une anecdote dans laquelle il parle d'un comte de Montreuil en rapport avec un comte de Ponthieu [2]. Guillaume de Talvas, ce comte de Ponthieu, de Belesme et d'Alençon, tant estimé, dit le père Ignace, historien

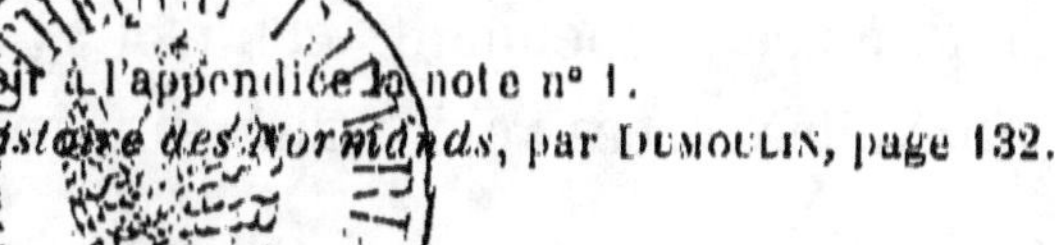

[1] Voir à l'appendice la note n° 1.
[2] *Histoire des Normands*, par DUMOULIN, page 132.

d'Abbeville, par sa prudence et sa vertu. Ce seigneur qui venait de faire apporter dans la capitale du Ponthieu le corps de Saint-Vulfran, fondateur de l'abbaye de Presseigne et bienfaiteur de tant d'autres églises, fit un jour étrangler sa femme à Rouen, en présence de tout le peuple; il épousa peu de jours après la fille du comte de Beaumont. Le comte de Montreuil, son frère, fut invité aux noces qui se célébraient à Alençon. Après le dîner, Guillaume de Talvas ménage une partie de chasse pour laisser à des assassins le loisir favorable d'exécuter les ordres dont il les a chargés contre son frère; les bourreaux l'attirent dans le piège, lui crèvent les yeux, lui coupent le nez, les oreilles et ce que la décence défend de nommer. Ce comte de Montreuil, ainsi mutilé, est obligé de se faire moine à l'abbaye du Bec. N'était-ce pas encore un siècle bien barbare que celui où il se commettait de si grandes atrocités par ceux à qui la postérité donnait ensuite une réputation d'homme juste et de sainteté?

Nous voyons quelque temps après encore, Guy II, fils aîné de Guillaume de Talvas, faire acte de souveraineté à l'égard de Montreuil, en repoussant par les armes Etienne, comte de Boulogne, qui s'était approché de cette place. Cependant, celui-ci ayant rassemblé de nouvelles forces revint sur Montreuil

où il pénétra sans grande résistance, la place n'é-
tant point pourvue de troupes. Guy, qui n'était
point présent, reparut bientôt pour reprendre la
place ; il l'investit et la prit d'assaut. On ajoute
qu'il passa tous les habitants au fil de l'épée, sans
distinction d'âge et de sexe, et qu'il fit incendier
toutes les habitations. On comprend peu cette
rigueur ; mais telles étaient les mœurs du temps.
Cet acte de barbarie n'empêcha point ce prince de
partir ensuite pour la Terre-Sainte avec le roi
Louis-le-Jeune. Avant de partir, il donna à l'abbaye
de Saint-Riquier le droit du comté *Comitatum*,
depuis les bords de la mer, proche du havre
d'Etaples, jusques auprès de Montreuil, et depuis le
milieu de la rivière de Canche jusqu'au village de
Saint-Aubin ; il lui confirma aussi quelques droits
de pêche dans la Canche.

En 1134, ce même comte, Guy II, assista à la
translation des reliques de Saint-Josse, faite par
l'évêque d'Amiens et confirma à cette abbaye tous
les biens que les comtes de Ponthieu, ses prédécesseurs, y avaient faits. Les religieux de Saint-
Josse avaient tous les droits de justice haute et
basse, et le droit de lagan ou de warech ; en leur
qualité de comtes, ils pouvaient même y chasser
l'oiseau.

Guy II mourut à Ephèse, en Palestine ; une de

ses filles, nommée Agnès, fut abbesse de Sainte-Austreberthe, à Montreuil.

Quelques anciennes chartes nous apprennent qu'il y eut autrefois en ces lieux un château bâti en l'an 1172, sur des terres qui appartenaient à l'abbaye de Saint-Josse, par Mathieu, comte de Boulogne, qui donna en échange, ou par forme de cens, une rente annuelle de dix mille harengs à prendre à Boulogne ou à Calais.

CHAPITRE VI

La tyrannie des seigneurs et leur indépendance avaient avili le pouvoir royal et jeté le fléau de la guerre dans les provinces. Nous avons vu qu'aux environs de Montreuil et dans tout le Ponthieu les campagnes avaient été ravagées et les habitations brûlées tour à tour par les petits souverains de la Flandres, de Boulogne, du Ponthieu, de Hesdin ou de Montreuil ; il n'y restait pierre sur pierre et la terre ne produisait plus que des herbes qui ne pouvaient servir à la nourriture de l'homme : les bêtes féroces n'eussent pas causé plus de ravages.

Lorsque Louis dit le *Gros* monta, vers l'an 1100, sur le trône de France, il fut désolé de la condition abaissée de la royauté et il résolut de la relever. Aidé par son ministre Suger, abbé de Saint-Denis, il s'appliqua à établir sa force sur les municipalités dont il confirma l'existence en rétablissant le droit de commune. Plusieurs seigneurs, par besoin d'argent, suivirent cet exemple en vendant à leurs vassaux le droit fondamental de s'administrer eux-mêmes. La commune constituait ainsi un petit Etat presque indépendant pour les affaires intérieures, mais subordonné au pouvoir politique du roi et plus ou moins lié par des conventions particulières à l'égard des seigneurs locaux ; elle tenait des assemblées publiques principalement pour l'élection de ses premiers magistrats, et ceux-ci exercèrent personnellement ou par délégation tous les pouvoirs. Leurs attributions embrassaient donc à la fois l'administration, la justice civile et criminelle, la police, les finances et la milice [1].

Chaque commmune avait un hôtel-de-ville, un sceau, un trésor et un beffroi. Ses lois et ses coutumes étaient fixes et ordinairement rédigés par écrit. La commune de Montreuil fut donnée en 1188 par Philippe-Auguste, roi de France [2]; elle

---

[1] *Le Moyen-Age et la Renaissance.* 1er volume. Condition des personnes et des villes.

[2] *Traduction d'une charte de Philippe-Auguste, de 1188, qui donne à la ville de Montreuil le droit de commune.*

Au nom de la sainte et indivisible Trinité, AMEN.

Philippe, par la grâce de Dieu, roi des Français ; que tous ceux présents et futurs sachent, qu'aux bourgeois nés à Montreuil, tant

sépara définitivement le comté de Montreuil du Ponthieu. Cependant les mémoires de la Société des Antiquaires de Picardie [1] disent que dès l'an 1144 les bourgeois de Montreuil étaient déjà gouvernés par un maire. Une donation faite à l'abbaye de Valoires par Guillaume, châtelain de Montreuil, le 11 février 1144, est souscrite par Enguerrand, mayeur, et Eustache, argentier (*monetario*). L'acte constate que cette donation a été faite à Montreuil dans la maison de Pierre (*in domo Petrina*), d'un bourgeois

à ceux qui y demeurent qu'à ceux qui y viendront demeurer, nous avons accordé le droit de commune, afin de les faire jouïr indistinctement des usages et coutumes qui sont de notoriété, déjà en vigueur depuis longtemps. Nous leur accordons ce droit pour en user à perpétuité, sauf les priviléges des ecclésiastiques et des militaires; nous leur remettons en outre les anciennes charges (*anciens forfaits*) qu'ils acquittaient envers nous; et pour que cette concession acquiert une perpétuelle stabilité, nous avons fait écrire le présent acte et l'avons fait revêtir de notre sceau et de notre seing royal.

Fait à Paris, l'an de l'incarnation 1188, de notre règne le neuviéme; furent présents en notre palais ceux dont les noms et cachets sont apposés ci-après, savoir :

   Le comte THÉOBALDE, maître d'hôtel,

   BAUDOUIN,

   MATHIEU, chambrier *a*,

   RAOUL, connétable *b*.

   Donné pendant la vacance de la chancellerie.

[1] *Mémoires de la Société des Antiquaires de Picardie*, tome II, page 118. *Histoire ecclésiastique d'Abbeville*, par le père IGNACE. Paris, 1646, in-4, page 457.

a Mathieu III, comte de Beaumont, sur Oise.
b Raoul, comte de Clermont, qui mourut en 1191.

      (*Communiquée par M. Eugène Duval.*)

nommé Wasselin, et qu'elle a été confirmée *in domo lignea*, dans la maison de bois du donateur Guillaume, située dans le château en face de la tour [1].

Dans une pièce qui a pour titre : *Sommaire des Chartes*, trouvée en 1764 dans un coffre cerclé de fer, fermant à trois serrures, en la chambre de l'échevinage de Montreuil, on lit, au milieu d'une foule d'autres indications :

« Charte de Philippe qui donne aux bourgeois de la ville de Montreuil le droit de commune pour l'avenir et le pardon pour le passé, avec amnistie de ce qui s'est fait précédemment. »

M. Louandre, en rapportant cette citation, en conclut que les habitants de Montreuil durent conquérir leurs droits au prix du sang, et que ce fut après avoir combattu longtemps pour leurs franchises qu'ils obtinrent la charte qui leur fut octroyée en 1188. Cette charte ne donne aucun renseignement sur la constitution de cette commune.

Huit ans après, on voit le pape Célestin III affranchir les habitants de Montreuil de *la dîme de sang* pour les animaux qui s'élèvent en ville.

Saint-Josse avait eu sa charte en 1023 ; l'abbé Florent l'avait dit-on calquée sur celle d'Abbeville. Elle fut maintenue par un concordat intervenu en

[1] *Mémoire de la Société des Antiquaires de la Picardie.* M. BOUTHORS. TOM. II.

1205, entre l'abbé et le comte de Ponthieu, sous la condition que chaque homme payerait annuellement un septier d'avoine partageable entre le comte et l'abbaye [1].

Est-il exact, comme le dit l'historien Velly, qu'avant l'établissement de ces communes il n'y avait de personnes libres en France que les ecclésiastiques et les gens d'épée et que tous les autres habitants des villes, bourgs et villages étaient esclaves? Il me semble que dans la charte de Montreuil et toutes celles du Ponthieu dont cette ville avait fait partie jusqu'alors, on appelle homme libre tout possesseur de fief ou vavasseur, *hominem liberum ant vavassorem*. Or, ne pouvait-on être fieffé, *vavassor*, sans être homme d'épée ou ecclésiastique?

Il y avait en France deux sortes d'esclaves. Les uns appelés serfs, étaient attachés à la glèbe, c'est-à-dire à l'héritage ; ils se vendaient avec le fonds, ils ne pouvaient ni se marier, ni changer de demeure ou de possession, sans l'agrément du maître, n'acquérir qu'à son profit ou du moins à condition de lui payer certaines sommes, à certains termes, consentis annuellement. C'est ainsi que les bourgeois de Montreuil, affranchis, payaient ce qu'ils

[1] Voir à l'appendice la note n° 2.

appelaient *leurs lois et leurs franchises*, leurs libertés.

Les élections municipales étaient faites chaque année par les magistrats municipaux sortant de charge[1]. On procédait d'abord à la nomination des échevins. Cette nomination faite, le maire en donnait connaissance aux nouveaux élus, et, quand les magistrats anciens et nouveaux étaient réunis et que personne d'entre eux ne contredisait les choix, les échevins et le mayeur sortant de charge se rendaient dans la salle de l'échevinage pour procéder à l'élection de trois personnes, parmi lesquelles on devait choisir plus tard un mayeur principal et deux aides pour exercer la mairie pendant l'absence du mayeur principal.

Ces formalités remplies, les électeurs se rendaient au *plaidoir;* là, l'ancien mayeur recevait du clerc de la ville une *blanque vergue longue;* il faisait signe avec cette verge au nouveau mayeur et aux deux autres élus de les suivre. Il les conduisait à l'entrée de l'échevinage et les faisait asseoir sur un banc, *chacun en son degré;* puis le mayeur retournait avec ses collègues à l'échevinage. De retour dans la salle municipale, le mayeur disait à

<hr>

[1] *Livre de la fourme ordinaire que ont fait tenir et maintenir messeigneurs les maire et échevins de la ville de Monsterœul, l'an 1435.*

ses collègues : « Beaux seigneurs, nous avons à adviser de ces trois esleus duquel nous ferons mayeur. Je vous en demande comment vous y procéderez. »

Chacun des électeurs était tenu de dire son opinion : on donnait le vote par écrit. Après le dépouillement des votes, on envoyait deux échevins à l'abbaye de Saint-Saulve. Quand les religieux avaient été prévenus, le mayeur faisait sonner la cloche et se présentait au peuple, en lui annonçant le nom des élus. Les nouveaux magistrats prêtaient ensuite serment sur la place au *Carbon*. Le mayeur sortant de charge plaçait la main du nouveau mayeur sur le livre (il n'est point dit quel était ce livre), en disant : *Ce oe Diex*. (Dieu, écoutez cela!) Le nouveau mayeur répétait la formule. Cette formalité remplie, le mayeur sortant de charge ou le clerc de la ville, disait : « Des droits de le com-
» mune que vous n'en mentirez ne pour peur, ne
» pour cremeur, ne pour amy, ne pour annemy,
» ne pour loier, ne pour promesse, que vous n'en
» faichiez droit à vo essient, au pouve coume au
» riche, tout partout lau vous sarez, et que vos
» compaignons vous enseigneront. »

Après s'être rendu à l'offrande, au grand hôtel de l'église Notre-Dame, on allait entendre les vêpres à Saint-Saulve, et là, les religieux venaient recommander leur église aux magistrats municipaux; ensuite on soupait, l'ancien et le nouveau mayeur, chacun en son hôtel, aux dépens de la ville.

Le jour suivant avaient lieu les élections des argentiers, du maître des ouvrages et autres officiers subalternes de l'échevinage.

Le même jour, les gardes des portes, des marques d'argent, etc., rapportaient les clés et marques à l'échevinage; et, après enquête sur les services de ces différents agents, on les maintenait dans leurs fonctions, s'ils étaient jugés *y doines et souffisans*, et, dans le cas contraire, on les remplaçait.

Les prévôts des *Ghildes, les mères aleresses* (mot que M. Louandre croit pouvoir traduire par *nourrices* [1]), venaient ensuite prêter serment, ainsi que les couvreurs en tuiles qui s'engageaient à n'employer que de bonnes tuiles.

La ville donnait aux mayeurs, aux vingt échevins, au clerc, aux sergents, au maître-artillier, au maître de l'horloge, au *cappier*, c'est-à-dire à celui qui portait chape dans la chapelle de l'échevinage, au maître charpentier, etc., du vin en plus ou moins grande quantité, selon l'importance de leurs fonctions.

[1] Du latin *alere*, nourrir.

Il y avait chaque année, à l'échevinage de Montreuil, trois plaids ; à l'issue de ces plaids, le mayeur ou le clerc de la ville annonçait au peuple que messeigneurs de la commune allaient publier leurs édits, et que si quelques habitants de la cité avaient des remontrances à faire ils eussent à donner leur avis, qu'on y ferait droit s'il y avait lieu.

Quand les édits de l'échevinage avaient été publiés, tous les vicomtes des seigneurs, qui avaient vicomté dans la ville et banlieue, étaient tenus de venir renouveler leurs serments entre les mains des mayeurs, et ils ne pouvaient exercer leur office avant d'avoir rempli cette formalité, sous peine de soixante sous d'amende au profit de la commune.

Ces élections municipales furent modifiées en 1451 par une ordonnance de Charles VII.

La ville habillait non seulement tous ceux qui occupaient quelque office dans l'échevinage, mais encore le paveur, le charpentier, le maçon et les autres ouvriers auxquels elle donnait de l'ouvrage.

La milice bourgeoise se divisait en sept *ghildes* ou *gueuldes* [1]. Une huitième ghilde, dite des *portiers*, gardait le château, les portes et les tours de la ville, qu'elle ne quittait jamais, même lorsque la commune allait en guerre. Indépendamment de

---

[1] Voir sur les gueuldes ou ghildes, M. AUG. THIERRY. *Récits des temps mérovingiens.* Introd. chap. v.

cette milice, commandée par des officiers nommés *prévôts*, et qui étaient élus annuellement le lendemain du renouvellement de la loi, il y avait à Montreuil une compagnie d'archers dont l'origine remontait au IXe siècle.

Deux jours avant la fête de Saint-Simon-Saint-Jude, les sept gueuldes assemblées séparément nommaient chacune quatre électeurs. La section des portiers (nommés ainsi parce qu'en temps de danger la garde des portes de la ville leur était spécialement confiée) en choisissait neuf, et celle de Saint-Martin, de son côté, deux autres ce qui faisait trente-neuf. Ces trente-neuf électeurs nommaient, sous la foi du serment, douze échevins de probité et de réputation, et parmi eux le mayeur, un second mayeur, un troisième mayeur. Immédiatement après cette nomination, les trente-neuf électeurs choisissaient, pour compléter le corps municipal, douze conseillers qui devaient lui venir en aide et l'assister de leurs lumières et de leur coopération [1].

Les bourgeois avaient à leur charge l'entretien des murailles de leur ville dont ils avaient la garde et défense, et il dut en être de même dans les autres lieux voisins où des murailles avaient été élevées contre les brigandages de ce temps-là.

---

[1] C. F. *Ordon.* tom XIV, pag. 178.

La justice du comté de Montreuil consistait en droits sur les grains assujétis à ce qu'on en pouvait prendre dans la paume de la main, par chaque sac que l'on mesurait dans le marché : on appelait cela *droit de palette*. Il y avait d'autres droits de forages et d'aides que les souverains aliénaient ou affermaient quelquefois.

Si un fief venait à un bourgeois de Montreuil par acquisition, nantissement ou échange, don, etc., (car alors, il ne pouvait retenir, sans la volonté du comte ou de celle du seigneur de fief), il fallait le transporter à quelqu'un ou lui assigner un autre titre.

Tout acte fait en présence de deux ou trois échevins devenait authentique sur leur témoignage verbal ou écrit. Ainsi, ils étaient les officiers publics de ce temps pour la reception des contrats et des actes entre particuliers.

Avant la charte de la commune, il paraît qu'on se mettait peu en peine de consigner même les jugements par écrit. On sentit la nécessité de transcrire et conserver au moins ceux rendus par les échevins sur des questions neuves ou extraordinaires terminées par ces jugements, et un article de la charte obligea de les écrire authentiquement.

Il était dangereux de déclamer contre ses juges, de les inculper à raison de leur jugement, sans pouvoir les convaincre légalement, car il fallait payer neuf livres à chacun d'eux et une obole d'or, *aureum obolum.*

Les officiers municipaux avaient, en vertu de leur loi, toute justice civile et criminelle dans la ville et dans la banlieue, et lorsqu'il y avait une exécution, ils faisaient sonner les cloches pour que le peuple pût y assister. Cependant le roi d'Angleterre, comme comte de Ponthieu, prétendait avoir la connaissance des cas criminels, surtout de ceux commis contre ses gens. Le roi de France, par charte du 8 octobre 1286, déclare que la juridiction de cette commune appartient à lui seul roi de France.

Les maire, échevins connaissaient aussi de tous les procès mus entre les jurés ou bourgeois en matière mobilière et en délits les moins graves, que nous assimilerons aux délits dits correctionnels de nos jours.

Il y avait aussi, outre la juridiction de l'échevinage, celles de vicomté de Ponthieu et de la vicomté de Saint-Saulve, ce qui donnait lieu à de nombreux conflits. En 1100, Guy, comte de Ponthieu, donne la justice aux moines sur toutes les terres de leur monastère et sur l'eau de la Canche [1]. En 1461, il

---

[1] Par une charte de 1043, Henri Ier accorde aux religieux de Saint-Saulve deux moulins servant à faire de la bière et cervoise, *cerevisiæ usibus deservientes*

s'éleva entre l'abbé Robert, deuxième du nom, et les maire et échevins de Montreuil, une vive querelle à l'occasion de cette même justice. Dans une procession générale, les officiers municipaux firent enlever par leurs sergents, des mains du vicomte, la verge, symbole de la juridiction de l'abbaye, et mirent ce vicomte en prison. L'affaire ayant été portée au parlement de Paris, le parlement ordonna que, dans une procession nouvelle, la verge serait remise par le mayeur et les échevins aux gens de l'abbaye, et que les municipaux demanderaient pardon à leur abbé.

Cinq ans après, à la suite d'une autre dispute qui s'était élevée entre le même prélat et le corps de la ville, le parlement décida qu'en raison des injures faites par les habitants aux moines et au gardien de leurs privilèges, douze de ces habitants viendraient, des cierges ardents à la main, faire amende honorable à l'abbé, et cet arrêt reçut son exécution le 11 avril 1367 [1].

Ces échevins jugeaient-ils en dernier ressort ou y avait-il un appel aux vicomtes? On ne le voit pas, non plus que la juridiction qui terminait les différends entre le comte et la commune.

Si les maire et échevins saisissaient aussi quel-

---

[1] *Histoire d'Abbeville et du comté de Ponthieu.* LOUANDRE, tome I, page 438.

quefois la propriété du délinquant, c'était comme violateur de la commune qu'ils le considéraient. Ils arrêtaient aussi tous ceux qui troublaient le marchand dans ses opérations ou qui l'empêchaient d'arriver dans la ville et sa banlieue; ils lui reprenaient les objets dérobés s'ils les saisissaient, en les confisquant à leur profit. Hors de là ils n'avaient que les simples droits de police municipale.

Les comtes se réservaient la connaissance de toutes les affaires civiles mobilières des jurés de la commune entre eux ou avec des étrangers. Ils y établirent une vicomté pour la perception de leurs droits; les plaids avaient lieu sur la *Motte-le-Comte*, située dans la ville, dont les appellations ressortissaient par devant le sénéchal de Ponthieu. Ils avaient cédé une autre partie de leurs droits à l'abbaye de Saint-Saulve, et donné le reste en fief à différents seigneurs.

La confiscation appartenait au seigneur vicomtier pour les cas de larcin.

Le seigneur vicomtier ne pouvait donner audience ni procéder à aucun acte de justice s'il n'était assisté de son bailli ou de son lieutenant, de trois de ses hommes féodaux [1], de quatre échevins ou de trois juges.

[1] *Manus. de Don* GRENIER, 30e paquet, n° 4, 1286

Le mandat d'arrêt à l'égard du juré ne pouvait être décerné que par les échevins, et c'était encore à eux à exercer la contrainte pour faire exécuter le jugement du comte ou de son vicomte.

On tenait donc pour principe, que dans les affaires réelles et territoriales, la justice du seigneur, au nom duquel l'héritage était tenu, devait seule en connaître; mais la contestation nécessitait-elle le combat et le duel pour la terminer, alors la connaissance en devait retourner au vicomte : c'était en sa présence qu'elle devait être décidée.

Il y avait une échelle de délits et un tarif de peines ou d'argent plutôt, un code correctionnel et pénal véritablement, quoique peu étendu.

Celui qui frappait quelqu'un par colère avec le poing ou la paume de la main, s'il ne pouvait s'en excuser par quelque raison, devant les échevins, payait vingt sous à la commune.

La preuve par deux ou trois témoins était admise pour les injures. L'on prouvait aussi par témoins qu'on était juré, ce qui semble indiquer qu'on ne tenait pas un rôle des citoyens de la commune.

Il était aussi d'usage de donner quelquefois des *gages de bataille* en jugement. « Après l'échéance » des délais, dit Ducange, il fallait se présenter » armé de toutes armes, d'escu, de bâton, *d'oin-* » *ture et de recognure* et faire camp quelque part

» que voulussent les parties; et quand elles étaient
» là, si paix n'était faite encore, le comte les de-
» vait appeler pour venir *ad saints* par le conseil
» des mayeurs et eskevins, et quand elles étaient
» venues, le vicomte devait commander que *li un*
» *prenne l'autre par le manche sans estraindre ne*
» *sans vilainie dire ne faire.* Le maire devait indi-
» quer le jour du combat, le combattant disait :
» Je jure devant le vicomte, et les maire, eskevins,
» que l'homme que je tiens par le manche, que
» j'ai fait appeler pour cette querelle dont j'ai
» donné usage contre moi, que j'ai droit par chelui
» qui s'en droit s'avoue ma baillie, et que je n'ai
» fourni *ni sort, ni sorcellerie, ni caraude, qui me*
» *puisse aidier et lui nuire,* fors l'aide de Dieu, et
» mon corps et mes armes ici comme je dois. »

« Une fille nommée Verdière appelle de bataille
» pour *faute* ou vol fait en la grange de son père,
» fut *bataille jugée,* disaient les chroniques de
» 1274, et firent *pays au camp de Saint-Josse* à la
» vue du sénéchal et du comte. [1] »

Tandis que les homicides n'étaient que bannis,
s'ils étaient bourgeois, les faux monnayeurs étaient
enterrés vivants; les hérétiques, les sorciers étaient
alors brûlés sans miséricorde.

[1] *Ordonnances,* tome V, page 619.

Chaque année, le jour de la saint Maclou, dont les reliques avaient été transférées à cause des guerres dans l'abbaye de Saint-Saulve, les criminels et les bannis pouvaient rentrer en ville et en sortir sans crainte, parce qu'il y avait alors foire et franche fête [1].

Le suicide était rigoureusement puni sur le cadavre, qui était ou puni, ou brûlé, ou traîné sur la claie. En 1329, une femme s'étant tuée, son corps est apporté à l'échevinage, et après l'avoir montré au peuple, il est brûlé [2].

Les criminels échappaient souvent à la justice et se retiraient dans les cloîtres, dans les églises. On leur faisait des sommations auxquelles ils n'obéissaient pas. Heureux ceux qui pouvaient gagner l'abbaye de Saint-Josse-sur-Mer, les moines leur donnaient asile. Ces religieux, dans leurs débats avec le roi d'Angleterre, quant aux droits de haute justice, avaient obtenu le vol et le sang, *latronem et sanguinem*, que jugeaient aussi les maire-échevins de Montreuil, mais ils avaient de plus l'assaut, le mur et l'échelle, *assultum, murum, scalam,* et leurs maisons pouvaient servir d'asile et de lieu de sûreté, pour le rapt, la violence, l'incendie de maison par la force ou cachement *pro raptu violenta vi mulieris*

[1] *Chroniques mss. de* RUMET, liv. III.
[2] *Ordonnances,* tom. V, page 619.

oppressæ, de combustione domus vi sive latenter debit
habere hospitium. Ainsi des ravisseurs de femmes,
des brûleurs de maisons, des meurtriers étrangers
pouvaient trouver un asile sacré dans les cloîtres
de ces moines ; et c'étaient eux qui mettaient ces
asiles au nombre de leurs plus flatteurs privilèges,
qui en invoquaient la confirmation du roi d'Angleterre, comme un de leurs titres de 1203 [1].

Ducange ne présente cet accord que comme la
concession d'une charte de commune faite à *la ferme
de Saint-Josse*, pour en user suivant les lois et les
coutumes de celles d'Abbeville, ce qui se fit en
présence de Robert, abbé de Belesme ; de Huges,
abbé de Longvillers ; de Pierre, abbé de Saint-
Saulve de Montreuil, de Gérard, prieur d'Abbeville, comme encore de Hugues de Fontaines et de
Simon de Domqueur, chevaliers, ce qu'une autre
charte de décembre 1204 ratifia en présence de
Guy de Mesnières, d'Anseau de Heuvrech, de Guillaume d'Abbeville et de plusieurs autres. Mais Rumet, qui rapporte le titre en latin, ne laisse pas
voir qu'il eût le seul objet d'un affranchissement ;
il s'agissait ici plutôt d'un droit consenti par le
comte au profit de l'église et comté de Saint-Josse,
d'avoir, non le rapt, le meurtre, le viol, la combus-

---

[1] *Chronique de Ponthieu.* RUMET. Manus. ad an 1203.

tion, mais le droit d'hospice et d'asile pour tous ces cas, *debet habere hospitium*, ce qui n'en serait pas moins étonnant.

L'abbaye de Saint-Josse réclamait aussi le droit de *lagan*, le droit d'élire ses abbés, qu'elle tenait, disait-elle, de Dieu et de l'église romaine.

Les comtes, dans leurs donations et concessions, se réservaient trois choses : le rapt de femme, le trésor trouvé et l'homicide commis en trahison, *raptu fœminæ, inventione in terra pecuniæ et facto furtim homicidio ;* c'était ce qu'on appelait les droits de haute justice, ou autrement l'arson, l'incendie, le meurtre d'une femme enceinte, *le scis, l'encis ; l'eschat,* vol sur le grand chemin, mot qui vient d'*eschapellerie,* action d'eschaper ; les cas royaux, enfin, comme nous avons vu les esturgeons, les saumons, les plus gros poissons de la mer s'appeler les *poissons royaux.*

Tous les produits vicomtiers de Montreuil appartenaient, avant le xiiie siècle, à un puîné de Ponthieu, dont les descendants prirent le titre de Maintenay [1].

Le seigneur de Maintenay avait quatre hommes liges qu'on appelait les pairs de la pairie de Montreuil.

---

[1] Notes manusc ites de M. Devérité.

Le vicomté de Fauquemberg, dans Montreuil, démembrement de celle de Maintenay, comprenait une grande partie de la ville, qui était en Ponthieu [1].

La justice vicomtière portait, outre les cas royaux, sur les propriétés immobilières; lorsqu'il s'agissait d'immeubles, le procès était dévolu au seigneur dont relevait l'immeuble; mais si la chose allait jusqu'aux gages de bataille, elle devait se terminer en présence du vicomte.

Le vicomte, en cette qualité, était obligé, lorsqu'il venait prendre possession dans la vicomté de Montreuil, de faire serment, en présence des mayeur-échevins, de garder bien et loyalement les droits du comté et de n'y introduire aucunes nouvelles coutumes, et de l'exercer avec égards.

Mais sur quels principes, sur quelles coutumes, par quels usages jugeait-il, ce vicomte dans ses assises? Etait-il seul juge? y avait-il des formes reçues, des nullités de formes admises? Les causes y étaient-elles défendues par des hommes dont c'était le métier?

On sait, en général, qu'il n'y avait que deux degrés de justice, la haute et la basse. Les vavassaux ou vassaux inférieurs n'avaient que la basse

[1] *Mercure de France.* Nov. 1740.

justice : le vasseur ou bas justicier connaissait de tous les *mefets*, à l'exception des cas de haute justice.

A ce titre de vicomté, le roi établit un prévôt à Montreuil, et dans la suite un lieutenant du bailli d'Amiens. Ce prévôt eut d'abord un ressort considérable en ce qui concernait les *cas royaux* seulement. Sa juridiction s'étendait sur la ville de Montreuil, le comté de Boulogne et de Guînes, les villes et châtellenies de Saint-Omer et Hesdin, la ville et comté de Thérouanne, la ville et cité d'Aire en partie.

Les seigneurs postérieurs de Maintenay ont conservé longtemps dans Montreuil plusieurs de leurs droits vicomtiers dépendants de leur terre de Maintenay, ferme du comté de Ponthieu, les fief et vicomté de Fauquemberg en étaient une partie considérable qui tenait les deux tiers de la ville de Montreuil sortie de leurs mains par inféodation sans doute [1].

M. Louandre dit, d'après un mémoire sur la coutume de Ponthieu, que les démembrements de cette province unis au bailliage d'Amiens « opérè- » rent un mélange de ressorts et de coutumes si » grand que la coutume d'Amiens pénétrait dans

---

[1] Notes manuscrites de M. DEVÉRITÉ.

» Abbeville et sa banlieue; que celle de Ponthieu
» entrait dans Oisemont, siège de la prévôté royale
» la plus étendue de ce bailliage; dans Montreuil,
» l'un des sièges principaux de ce même bailliage;
» motif qui donna lieu à l'établissement de deux
» sièges en cette ville pour chaque ressort [1]. »

Quant aux principes, le premier de tous était celui-ci : nulle terre sans seigneur, quoiqu'il ne fût
peut-être écrit nulle part, du moins ne le trouve-t-
on pas dans les chartes accordées aux communes,
qui sont véritablement le seul code civil et pénal
de ces siècles et leur code de police principalement. Rien d'écrit sur les droits de succession des
aînés aux fiefs, des aînés aux quatre cinquièmes des
biens de leurs parents, sur les dispositions qui empêchaient d'aliéner ces biens, sans le consentement
de ses héritiers apparents ou sans *nécessité jurée,
etc.* Ces dispositions du droit commun, qui étaient
admises dans tout le Ponthieu, existaient cependant;
elles étaient observées bien avant la rédaction de sa
coutume écrite.

Nous n'entreprendrons pas d'examiner comment
toute cette jurisprudence s'était établie et se conservait par sa seule tradition; sans doute que, à
Montreuil comme dans le comté de Ponthieu et

[1] *Histoire d'Abbeville et du comté de Ponthieu.* LOUANDRE, tome
I, page 444

ailleurs, les Germains et les Francs qui y pénétrèrent les premiers, avaient pris des Grecs et des Romains l'usage de s'y partager les terres des peuples vaincus et de faire des indigènes leurs esclaves. Mais en quelles mains s'était fait principalement ce partage, si ce n'est entre celles des chefs des armées? Et que partagèrent-ils au peuple sinon quelques marais, quelques bois laissés communs aux habitants pour la pâture de leurs bestiaux, ainsi qu'ils en jouissaient déjà dès longtemps par les lois des Gaulois? Tout avait dû se passer originairement à Boulogne et à Montreuil, comme lorsque Rollon, le chef des Normands, conquérant de la Normandie, fit tirer au sort par ses capitaines et ses soldats, les terres sur les bords de la Seine, qu'il avait fait mettre au cordeau par lots convenables, aux rangs, aux commandements sans doute et qui leur furent partagés à haute voix solennellement. Les capitaines, les soldats de Rollon devinrent alors les propriétaires inamovibles de ces petits lots, au même titre que leur chef conservait la grosse part de son armée. Mais quand les principaux de ces guerriers se dépouillèrent les uns les autres par la force et par la ruse; quand ils menacèrent jusqu'aux simples portions des soldats ou de leurs enfants et héritiers, alors tous ces propriétaires durent vouloir se réunir, se donner un protecteur plus puissant qu'eux, marcher personnellement en armes avec lui pour la conservation des fruits qu'ils tenaient du partage après la victoire. Et voilà, ce me semble, d'où sont procédés les possesseurs de fiefs, les hommages libres et les hommages liges, les reliefs, les censives, en majeure partie. La force avait fait la loi ; elle l'entretenait ; on dédaigna de l'écrire. On se battait donc avec la tradition, pour des possessions cédées, des mouvances, des droits de parcage et communaux, des droits de fiefs et arrière-fiefs, des censives, des reliefs, etc., etc. Le vicomte, pour statuer sur tous ces différends, dans ses assises, faute de titres, ne pouvait qu'avoir recours sans cesse aux conditions de témoins et aux gages de batailles. Aussi la possession des biens se prescrivait-elle par an et jour par le témoignage des voisins, et l'on sent combien il y avait d'avantages pour les puissants à s'emparer et conserver leurs usurpations pendant une seule année.

Mais comment s'était-il établi en Ponthieu, par la seule tradition et la force seule de l'usage, un droit d'aînesse si favorable qu'on n'en trouvait point ailleurs de plus fort, puisqu'il ne laissait qu'un seul quint et encore viager à tous les autres enfants réunis d'une même famille et dans toutes les successions, outre que l'aîné prenait les fiefs tout en entier qui lui appartenaient exclusivement ? Ce droit d'aînesse existait aussi dès avant la coutume écrite du Ponthieu : il était un de ceux que jugeaient les vicomtes.

Les règlements de police étaient très-sévères et par cela rigoureusement observés. Les officiers publics s'assuraient que les marchands ne vendaient pas à faux poids ; ils étaient tenus d'étaler leurs marchandises et d'opérer leurs transactions dans les halles et sur les étaux établis en grand nombre sur plusieurs points de la ville.

Les précautions sanitaires étaient aussi du ressort de la police ; il était défendu aux bouchers de mettre en vente des pourceaux achetés chez les barbiers, les maréchaux ou le bourreau, parce qu'ils auraient pu être nourris avec du sang d'animaux malades ou même du sang humain.

Les barbiers, qui étaient en même temps chirurgiens, saignaient presque tous les jours, car alors on n'avait guère d'autre thérapeutique. On leur enjoignait d'enfouir en terre, aux champs, le sang qu'ils auront tiré dans la matinée aux malades ; les statuts de la corporation disent, à cet égard : « Aucun barbier ne laisse son sang devant » son huys après-midi, sur peine de cinq sous ; » aucun barbier ne pœult tenir en sa maissn ou » ailleurs porcz, hazes et connins sur peine de » dix sous ; item, que aulcuns barbiers ne saignent

« *mezel* ne *mezelle* sur peine d'estre demis de leur
» mestier et perdre tous leurs outils. »

Les brasseurs étaient aussi très-surveillés ; les
échevins se rendaient fréquemment chez eux pour
goûter la bière sortant de cuve et, quand ils la
trouvaient mauvaise, le brasseur était rigoureusement puni et privé de sa licence s'il récidivait. Cette
peine se conserva et était encore appliquée six siècles
après.

L'affranchissement des communes créa l'industrie, mais si celle-ci fit quelques progrès elle ne
les dut point aux encouragements du pouvoir : la
noblesse, fière de ses armes et de ses prérogatives,
satisfaite de sa condition et de son ignorance,
voyait avec regret le reste des citoyens cultiver les
arts, s'instruire et s'enrichir. Le commerce se fit à
Montreuil et il s'établit à la basse ville, l'ancienne
Braium, à Saint-Josse, à Etaples, à Hesdin ; les
marchands transportaient leurs denrées par eau de
l'un à l'autre de ces ports. Mais à peine ce trafic,
fruit du travail, fut-il établi, que l'orgueilleuse
oisiveté songea à inquiéter, à rançonner la pauvreté
laborieuse ; les seigneurs riverains pensèrent qu'il
fallait que cette nouvelle activité tournât aussi à leur
profit : ils imaginèrent donc de barrer le passage
aux marchandises, ils établirent sur les rivières et
sur les routes des chaînes de distance en distance

et on ne les franchissait point sans y avoir livré quelque argent à leur avidité. Ils s'étaient obligés de faire garder les chemins depuis le soleil levant jusqu'au soleil couché, à raison du droit de péage qu'ils y percevaient. Un arrêt condamne le comte d'Artois à dédommager un marchand qui, allant sur la route de Hesdin, avait été volé en plein jour [1].

. Les seigneurs, s'ils se faisaient payer les droits de garde sur les routes, multipliaient les barrières sans aucune raison. Ils intitulèrent ces entraves, droits de travers ou de traverse; il y en avait une à Verton, près de Saint-Josse-sur-Mer, une autre à Beaurain. La bibliothèque de la ville possède trois chartes des seigneurs de Brimeux au sujet du droit de travers sur le pont et la chaussée de Brimeux, et le droit de tourber dans le marais; elles sont des années 1291, 1292 et 1299 [2].

Les souverains essayèrent plusieurs fois de lever ces entraves; mais leurs ordonnances n'étaient jamais suivies d'effet. En 1270, Henri III, roi d'Angleterre, à la sollicitation de sa belle-fille Eléonore, comtesse de Ponthieu, accorda aux bourgeois de Montreuil, le droit de trafiquer en toute sécurité dans l'étendue des ses terres, *debitis et antiquis acquietationibus persolutis*, sans qu'ils puissent être

---

[1] HÉNAUT, tome I, page 230.
[2] Note communiquée par M. Eugène DUVAL.

arrêtés pour dettes : « tous les habitants du Ponthieu jouiront également de ce droit ; si quelques-uns d'entre eux meurent dans ses Etats, Henri déclare que ni lui ni ses héritiers ne pourront confisquer leurs biens, et que ces biens reviendront aux héritiers naturels. »

Tous les habitants étaient tenus de prêter main forte aux officiers de police dans l'exercice de leurs fonctions et contre les ennemis de la tranquillité publique, afin d'assurer par leur concours l'exécution de la loi.

On donnait à son de tambour l'ordre aux bourgeois de se tenir en armes, prêts à marcher « qu'ils » aient à porter ou faire porter leurs bâtons, haches, hallebardes, javelines et autres bâtons » *invasibles* sitôt qu'ils vuideront de leurs maisons, » pour aller avant la ville, et eux retournés, laisser » et mettre leurs dits bâtons à leurs ouvroirs et » entrées de leurs dites maisons pour les trouver » plus prêts à aller sur la muraille, et *aussi pour* » *aider à ceulx de la justice* [1]. »

Il était commandé aussi à tous « ceulx qui ont » vaillant soixante livres que chacun ayt une es-» chelle à sa maison, pour porter au feu si mestier » est [2]. »

---

[1] *Edits de police de la ville de Montreuil.*
[2] *Edits municipaux de la ville de Montreuil.*

Le sceau de la commune représentait le mayeur à cheval, le casque en tête, tenant l'épée nue dans la main droite et portant au bras gauche un bouclier triangulaire avec cette inscription :

Sigillum majoris communiœ monsterolli.

Sur le revers ou contre-scel, on voyait une grande fleur de lys accompagnée de quatre petites et cette légende :

Sigillum secretum monsterolli.

Les armes de Montreuil qui, dans cette ville, comme ailleurs ne remplacèrent qu'assez tardivement les emblèmes du sceau de la commune, étaient d'or à deux faces d'azur, au chef de même, chargé de trois fleurs de lys d'or.

VII

Bien que la ville de Montreuil ait été séparée par
sa charte de commune du comté de Ponthieu, nous
voyons cependant ces comtes y exercer encore
l'autorité; on voit aussi des seigneurs continuer à
porter le titre de comtes de Montreuil [1].

[1] Hugues II, comte de Ponthieu, mort en 1052, eut un fils qui
porta le nom de Fouques de Montreuil, lequel souscrivit une charte
à Guillaume le Bâtard, roi d'Angleterre, pour le monastère de Fé-
camp;

Lui succéda, Enguerrand de Montreuil, en 1107;

Guillaume de Montreuil, 1167-1174;

Confirmation à l'abbaye de Saint-Josse de quelques vœux faits à
ce monastère par Eustache Hugues de Montevis, qu'il prétendait
être de son fief;

Enguerrand de Montreuil, 1177;

Vautier de Montreuil, surnommé Tyrel, chevalier seigneur de
Maintenay, 1213;

Guillaume de Montreuil;

Clémence de Montreuil. 1232.

(*Monasterium anylicanum*, tome II; page 972.)

En 1209, Guillaume II, comte de Ponthieu, donne à ses bourgeois des garanties et des franchises nouvelles en déterminant d'une manière invariable les limites de la banlieue [1]. Ces limites s'étendaient du côté du Boulonnais jusqu'à la rivière de Canche, qui passait au haut de Neuville, jusqu'au marais d'Austrehem hors de ladite banlieue, vers Brimeux, ce qui se voit par un compromis fait entre de Belhone, sénéchal de Ponthieu, au nom et comme procureur du roi d'Angleterre et la reine sa femme, comtesse de Ponthieu, et les maire et échevins de Montreuil, touchant la tourberie, l'an 1290, au mois d'avril.

[1] *Copie authentique d'une charte de Guillaume, comte de Ponthieu et de Montreuil, en date de 1209, qui fixe la banlieue de Montreuil.*

Moi, Guillaume, comte de Ponthieu et de Montreuil, je fais savoir, à tous ceux qui ce présent acte verront, que j'ai accordé à la commune de Montreuil une banlieue :

1° Jusqu'à la Croix, entre Calotterie et Monthuis ;

2° Jusqu'à l'Épine, entre Sorrus et (Bogne-Selve) Bonne-Selve ;

3° Jusqu'à la fosse de Trèse-Sols (13 sols), entre les deux Campigneulles ;

4° Jusqu'à l'Épine, au-delà d'Ecuires ;

5° Jusqu'à la Laie Furnier (derrière l'Hôtel-Dieu, Saint-Nicolas) ;

6° Jusqu'au buisson, entre Beaumerie et Tansol (Mont-Tauflot près Brimeux).

Qu'on sache que telles sont les limites de la banlieue de Montreuil, et qu'elles furent telles anciennement, pour que ce fait soit avéré et se perpétue, moi, Guillaume, comte de Ponthieu et de Montreuil, j'ai apposé mon sceau sur le présent acte, comme garantie de son authenticité.

Etait attaché à ladite pièce le sceau dudit seigneur.

Pour copie conforme, ont signé le 20 février 1751, les notaires, maire et echevins. Contrôlé le 5 mars même année.

(*Communiquée par M. Eugène Duval.*)

Elle s'étendait aussi jusqu'au marais de Cate-bronne en Boulonnais, dans lequel marais ce même Guillaume avait donné pouvoir aux habitants de Montreuil de faire tourber [1].

Par un traité avec Renaut, comte de Boulogne, le même comte de Ponthieu décide que dorénavant la Canche sera la limite entre les deux comtés; puis il accorde aux habitants de Montreuil de pouvoir *tourber* un franc marais qui était dans cette vallée en se réservant le comté et domaine, et le partage des bénéfices [2]. Le roi Philipp-Auguste, de son côté, accorde le droit de tourbage dans ses marais, « les habitants prendront telle quantité de tourbes qu'il sera nécessaire pour leur ménage, s'ils ne la consomment pas, ils pourront la vendre. » Nos annales ne nous disent pas qu'on eût tourbé auparavant, elles remarquent seulement cette excavation de prés tourbeux faite par les habitants de Montreuil-sur-Mer [3].

Ce comte Guillaume était d'une grande sévérité,

[1] Les bourgeois d'Ecuire, de Campigneules et de Beaumery étaient bourgeois du roi et de la commune de Montreuil, quoique censitaires de l'abbaye de Saint-Saulve. (*Histoire d'Abbeville et du comté de Ponthieu*, LOUANDRE, tome I, page 179.)

[2] L'usage de tourber est de la plus haute antiquité. On a retrouvé dans les tourbières d'anciennes tourbes sèches mêlées dans la tourbe nouvelle et ne faisant par corps avec elle; on les trouve quelquefois a côté de glands, de noisettes, d'arbres bien conservés à 3 et 5 mètres et plus de profondeur.

[3] *Notes manuscrites de* M. DEVÉRITÉ.

et Ducange prétend qu'il s'occupa surtout à réprimer les désordres auxquels s'adonnaient ses sujets; les homicides étaient fréquents à Montreuil, ainsi que dans les environs ; on en accusait les ecclésiastiques aussi bien que les laïcs : Guillaume jura d'en avoir raison et de punir sévèrement quiconque l'aurait mérité ; mais les clercs, à raison de leurs privilèges, ne voulaient pas déférer à ses ordonnances ; il en écrivit au pape Honorius III, qui chargea l'évêque d'Amiens d'enjoindre aux clercs de se soumettre comme les autres, aux ordonnances du comte contre les homicides.

Il fit encore une autre plainte au même pape, dit encore Ducange, et lui exposa que plusieurs clercs qui fréquentaient les tavernes, non contents de leurs bénéfices, s'adonnaient à des trafics défendus par les constitutions ecclésiastiques, et qui n'appartenaient qu'aux séculiers, et au lieu de vaquer au service divin, s'adonnaient à toutes sortes de négociations, ce qui causait un grand scandale. Le pape ordonna à l'évêque de faire cesser ces abus et que si, avertis trois fois, ils ne se soumettaient pas, ils fussent privés de la cléricature [1].

Guillaume II étant décédé, le roi fit saisir toutes les villes de ses domaines, y compris Montreuil,

---

[1] *Chroniques du Ponthieu.* DUCANGE.

et y établit des gardiens, parce que Simon de Dammartin, en qualité de mari de la fille du comte, Marie de Ponthieu, en devait être possesseur et parce qu'il était en état de désobéissance et de révolte ouverte contre le roi. Marie intercéda en vain la jouissance de ses biens, le roi Philippe-Auguste, qui était son oncle, ne consentit à lui payer sur ses revenus qu'une faible somme pour sa subsistance.

La ville de Montreuil était dès lors une ville des plus importantes de la Picardie, et on conçoit qu'il tînt à la conserver, les bourgeois lui fournirent pour son armée cent quarante sergents et trois chariots. Différentes fois ordre leur fut donné, par une charte, de se faire remplacer près de leur seigneur dominant, et de consacrer sans réserve le service personnel au roi de France et au pays ; ils obéirent chaque fois et ils rendirent des services signalés à la cause royale.

Philippe-Auguste étant mort, Marie renouvela, directement et par l'entremise de ses amis, ses instances auprès de son successeur, Louis VIII ; celui-ci promit d'y consentir mais il voulut qu'on lui vendît la forteresse de Montreuil [1]. Il en résulta

---

[1] Le roi achesta, en ce temps-là, une forteresse de Monstreuil de Guillaume de Maisnières, seigneur de Maintenay. (*Invent.* tome III, Amiens, pièce 4 ; registre 31, fol. 93 v.)

un traité conclu à Chinon, au mois de juin 1225,
par lequel la comtesse reconnut que, selon l'usage
et la coutume de France, le roi avait droit de tenir
en sa main toutes les terres et la seigneurie que le
comte son père avait possédées jusqu'au jour de son
décès, tant que Simon son mari vivrait. Peu de
temps après, le roi accorda la paix audit comte et
celui-ci promit, pour lui et ses héritiers, de ne fortifier Montreuil ni aucune autre place de ses domaines sans le consentement du roi, de ne point
marier de deux ans ses deux filles aînées sans sa
permission et celle de la reine, et de ne jamais
marier ni elles ni les autres à un ennemi déclaré
du roi et de l'Etat. Il fit jurer à la noblesse et aux
communes de ses terres que s'il contrevenait à ce
traité, ils prendraient le parti du roi contre lui et
donna des cautions qui répondirent de sa fidélité et
s'engagèrent, s'il y manquait, à payer dix mille
marcs d'argent [1].

Le traité fut confirmé, en mars 1230, par
Louis IX, successeur de Louis VIII, qui stipula que
la forteresse de Montreuil resterait dans l'état où
elle se trouvait sans rien ajouter à ses fortifications,
à moins du consentement exprès du roi et de ses
héritiers [2]; puis il prit le serment de fidélité des

[1] *Histoire du Perche*, page 235.
[2] *Chroniques de Ponthieu*. Ducange.

habitants. Les magistrats de la ville jurèrent de suivre le parti « du roy, de sa mère et de ses frères » contre tous sans exception, et de défendre de » tout leur pouvoir leurs corps, leurs membres, » leur vie et leur honneur temporel [1]. »

Marie de Ponthieu affectionnait beaucoup la ville de Montreuil; elle y avait fait construire une résidence d'été, sans doute sur l'emplacement du château bâti par Helgaud Ier et qui avait été plusieurs fois réparé.

Par une transaction de 1237 et par convention avec son époux Simon de Dammartin et le prieur de Maintenay, les marais à tourber de la vallée de la Canche, qui avaient été cédés par son père aux habitants de Montreuil, furent partagés entre eux pour les faire exploiter à leur profit, ce qui témoigne que si la comtesse aimait Montreuil, elle ne ménageait guère ses habitants. Vers cette époque aussi, elle vendit à Robert Ier, comte d'Artois, plusieurs hommages attachés au comté de Ponthieu.

Une anecdote assez scandaleuse, racontée par Pierre d'Oudegest, dans ses *Chroniques de Flandres*, se rapporte à une comtesse Marie, fille de Guillaume, comte de Boulogne, qui aurait été abbesse de Sainte-Austreberthe, en 1165. On avait cru

---

[1] *Vie de saint Louis*, par LENAIN DE TILLEMONT, tome 1, page 529.

qu'il s'agissait de la comtesse Marie dont il est ici question, mais il y aurait anachronisme; la comtesse Marie ne fut d'ailleurs point abbesse de Sainte-Austreberthe [1].

[1] L'an mil cent soixante-cinq, au mesme temps ou environ, Mahieu de Flandre, fils du comte Thiery, ravit et print par force madame Marie, fille unique et héritière de Guillaume, comte de Boulongne, hors du monastère de Monstreul, duquel elle était abbesse; mesme se maria et coucha avec elle, soy portant au moyen de ladicte Marie, pour comté et seigneur de Boulongne, duquel ravissement le comte Thiery et Philippe, son fils, furent grandement indignez, et le privèrent pour ceste occasion, de toute sa succession, luy ostant entre autres terres, le chasteau de Lens, que on lui avait assigné par forme de partage. Et outre ce fut ledict Mahieu, excommunié par Sampson, archevêque de Rains, dont néantmoins ledict Mahieu ne tint aucun compte, ains demoura avec ladicte Marie vivant en inceste, six ou sept ans continuels, de sorte qu'il en eut fille nommée Yde, laquelle, par succession de temps, devint royne de France.

Comment l'empereur Frédéric vint en la ville de Quesnoy aux noces du comte d'Hainault et de madame Marguerite de Flandre, et comment Mahieu de Flandre renvoya madame Marie à son abbaye, dont il l'avait ravie.

Peu après le décès du comte Thiery de Flandre, la feste et solennité des noces de Baudouyn de Hainault, et de madame Marguerite de Flandre, sœur du comte Philippe, fut tenue en la ville de Quesnoy, où se trouva merveilleusement grande noblesse et entre autres l'empereur Frédéric en équipage, et compagnie digne d'une majesté impériale, lequel empereur, en pleine table, et en présence de plusieurs grands princes et barons, lors illec assistants, blasma bien brusquement à Mahieu de Flandre, l'outrage par lui commis, au ravissement de madame Marie de Boulongne, qu'il avoit prins à femme, et laquelle il avoit prins par force du monastère de Monstreul où elle estoit abbesse, luy reprochant entr'autres propos, qu'à raison de ce il n'estoit digne et ne méritoit d'estre revu en compagnie de gens de bien; au moyen de quoy, et mesmes, renonçant en mémoire, ce que son père touchant la même affaire lui avoit dict estant en son lict mortel, ledict Mahieu se repentit grandement de susdicte faute, et après en avoir demandé pardon à madame Marie, sa femme, la renvoya de son consentement en son cloistre, et depuis ledict Mahieu de Flandre se remaria en l'an mil cent septante et un

Il ne fut pas aussi facile d'accommoder les différends des comtes avec la commune de Montreuil. Le parlement, saisi d'une question de préséance, jugea que le roi d'Angleterre, comme comte de Ponthieu, n'avait aucun droit d'exercer la justice sur cette commune ni sur les bourgeois comme il le prétendait, il fut dit que cela appartenait au roi de France; par arrêt du mois d'août 1286, lorsque Edouard et la reine étaient à Paris, le parlement jugea encore contre Edouard que le bailli d'Amiens avait le droit de tenir ses assises dans Montreuil et qu'il était en possession d'y exercer sa justice au château du roi : ce qui fait voir, dit Ducange, que l'anglais prenait occasion, non seulement d'éclaircir les droits du comté de Ponthieu, mais encore d'en augmenter la justice, aussi bien que le domaine, car il acquit encore de Jean de Nesle, étant au Gard près de Rue, tous les hommages, seigneuries, cens ou rentes, et tous les droits généralement qu'il pouvait avoir au comté de Ponthieu, à cause de la reine de Castille, sa femme, moyennant 314 livres parisis de rente annuelle [1].

à madame Aliénor, velve du comte de Nevers. (*Chroniques et an nales de Flandres*, par Pierre D'Houdegest, docteur-ez-lois. Imprimé à Anvers en 1561, avec privilège, pages 132 et 137. Communiqué par M. Henri Papegay.)

[1] *Chroniques de Ponthieu*. Ducange.

Philippe-le-Bel, en arrivant au trône de France, confirma la charte octroyée aux habitants de Montreuil et leur accorda en outre une charte pour l'exercice de divers droits[1]. Il y organisa un service militaire pour la défense de la place, et lorsqu'en mai 1297, il passa à Arras, pour aller prendre possession de la Flandre, il voulut que les bourgeois de Montreuil vinssent en armes dans cette capitale de l'Artois, et il leur témoigna publiquement la satisfaction qu'il éprouvait de les voir et qu'il comptait sur eux s'il avait besoin de leurs services.

La trève de deux ans, qui avait été conclue entre la France et l'Angleterre, étant sur le point d'expirer, et le mécontentement des peuples que la guerre accablait, commençant à se prononcer d'une manière inquiétante, les ambassadeurs des deux rois se rendirent à Montreuil où ils signèrent la paix le 12 juin 1299, en présence de l'évêque de Vicence, délégué du pape. Les représentants de la France étaient : Gilles, archevêque de Narbonne; Guy, comte de Saint-Pol; Pierre Flotte, si célèbre peu de temps après, et Pierre Belleperche, chanoine de Bourges; il fut convenu que le roi d'Angleterre épouserait Marguerite, sœur du roi

---

[1] Voir à l'appendice la note 3.

de France, et son fils Edouard, la jeune Isabelle de France [1], que Philippe-le-Bel conserverait ses conquêtes en Guienne; et, pour ce qui concernait le roi d'Ecosse, Jean de Bailleul, qui s'était réfugié dans le Ponthieu où il avait une terre, il fut dit que ce prince serait remis à la disposition de l'évêque de Vicence, légat du pape pour ordonner de son sort comme il le jugerait à propos [2].

Le roi Edouard Ier étant décédé le 7 juillet 1307, Edouard II, son fils, lui succéda au royaume et vint à Boulogne, au mois de janvier suivant, où il fit hommage à Philippe-le-Bel et y épousa, comme il était convenu, le 25 du même mois, Isabelle de France, fille du roi, dont le douaire convenu de 18,009 livres, fut augmenté de 2,000 et consigné sur les comtés de Ponthieu et de Montreuil.

Les habitants de Montreuil, qui avaient toujours témoigné peu d'inclination pour la domination anglaise, ne se montraient pas accommodants; ils se soulevèrent contre Edouard et refusèrent de lui prêter le serment de fidélité, lorsqu'il y fit sa première entrée, ce qui donna au roi Edouard sujet de porter sa plainte à Philippe, son beau-père, qui écrivit tout aussitôt au bailli d'Amiens et lui enjoi-

[1] Am. D. pages 5 et 6.
[2] *Histoire d'Abbeville et du comté de Ponthieu* LOUANDRE, d'après RAPIN THOMAS. *Histoire d'Angleterre*, tome I, page 210.

gnit de sommer les maire et échevins, de prêter serment à Edouard, à moins qu'ils n'eussent des raisons pertinentes pour le contraire. Le serment fut prêté, mais avec des réticences qui amenèrent des troubles fréquents dans la ville. Edouard et sa femme se voyant devenus tranquilles possesseurs du comté, y firent plusieurs acquisitions ainsi que des échanges et des augmentations de droits particuliers qu'ils réunirent à leur domaine; mais Philippe-le-Long étant monté sur le trône de France, crut devoir saisir le comté de Ponthieu à cause que Edouard ne lui en avait pas encore fait hommage.

Jeanne de Ponthieu, fille de la comtesse Marie, fut mère d'Aliénor de Castille, qui épousa Edouard, fils de Henri III, roi d'Angleterre. Ce mariage, en donnant aux rois d'Angleterre des droits sur le Ponthieu, prépara les maux dont ce pays souffrit pendant près de trois siècles.

La reine Jeanne avait laissé deux fils, outre sa fille Aliénor, dont l'aîné se nommait Ferdinand de Ponthieu, et l'autre Louis. Cet aîné Ferdinand, revint ensuite en France et dans le comté dont il portait le nom; on le voit, comme héritier apparent en Ponthieu, y donner son consentement légal et nécessaire à plusieurs donations ou fondations faites par la reine d'Espagne, pour le rachat de son aîné *pro remedio animæ*, et à celles de son père, de sa mère, et du roi de Castille son mari. D'après ces actes, on ne voit pas comment, ce Ferdinand de Ponthieu, ne réclamait pas le comté qui lui revenait et le laissa passer en dot à sa sœur Aliénor épousant surtout un héritier du trône d'Angleterre? Cette question était d'un haut intérêt, puisque la raison fut cause du passage du comté de Ponthieu aux mains des rois d'Angleterre.

La ville de Montreuil, bien qu'elle fût distraite, dit-on, du comté de Ponthieu, en suivait cependant les vicissitudes, et les comtes de Ponthieu se disaient encore comtes de Montreuil. Jeanne de Castille ayant épousé, en 1260, Jean de Nesle, seigneur de Falvy-sur-Somme, celui-ci ajouta aussitôt à ses titres celui de comte de Montreuil et d'Aumale, et fit en effet en cette qualité, nombre d'actes que Ducange rapporte. Le même chroniqueur cite même un sceau du comte de Nesle et de sa femme, de 1272, bien authentique, où on lisait : *Sigillum Joannis de Nigella, comitis pontivi et domini de Falvi*, et dans un autre original, scellé du même sceau, on lit, au lieu de *domini de Falvi*, ces mots : *et Monstroli*. Comment donc, le comté de Ponthieu et de Montreuil ayant été donné en dot à Aliénor, son beau-père en prend-il encore le titre? Nous devons croire plutôt, comme le dit Rumet, que ce fut par le décès de ses deux frères, que Jeanne en étant devenue l'héritière, l'apporta à Edouard, son mari, qui l'ajouta à la couronne d'Angleterre. Nous n'avons pas l'époque de la mort de ces deux frères.

Edouard Ier vint en 1272 prêter serment à la commune, et afin de disposer en sa faveur l'esprit des habitants qui ne paraissaient pas être très-sympathiques à l'Angleterre, il s'enquérit des besoins de la ville et des désirs des habitants. A l'instigation des municipaux, il s'empressa d'octroyer divers impôts dont le produit serait affecté à l'entretien des remparts et aux urgentes nécessités municipales. En 1283, une charte royale autorisa les habitants à lever, par chaque tonneau de vin vendu en détail, dix sous parisis au profit de la ville. Six ans après, en considération des charges qu'ils ont encore à supporter, les mayeurs et échevins sont autorisés par le roi à prélever un droit de douze sous parisis pour tous les actes qui seront passés devant eux.

Ces actes de souveraineté impliquent bien que les rois d'Angleterre étaient comtes de Ponthieu, et cependant, d'après Ducange, Jean de Nesle aurait encore porté ce titre dans divers actes de 1283, 1287 et 1290. Après sa mort, le roi d'Angleterre vint à Montreuil et à Abbeville, comme s'il s'agissait pour lui d'y recueillir une succession pour le compte de sa femme Aliénor, qui en était l'héritière légitime. Ducange, expliquant ce fait, dit que la reine Jeanne, mère d'Edouard, étant décédée, la succession des comtés de *Ponthieu et de Montreuil* lui échut à l'exclusion de Jean, son neveu, fils de Ferdinand de Castille, surnommé Jean de Ponthieu, qui était mort du vivant de sa mère, à cause que, par la coutume du pays, la *représentation n'avait pas lieu.*

Edouard étant venu en France pour prendre possession de sa succession, en 1286, et y faire hommage des possessions qu'il tenait de la couronne, s'arrêta à Montreuil [1] dont il inspecta les moyens de défense; il régla avec l'abbaye de Saint-Saulve diverses contestations au sujet de la haute justice que ces moines réclamaient sur quelques villages, du Quesnoy et autres, et le souverain ne tomba d'accord d'en jouir qu'en consentant aussi qu'on ne pourrait ouvrir les cours et manoirs attenants à leurs églises, en aucune manière de justice. Le roi, à bout de tracasseries, et afin de terminer au plus vite un différent qui détournait son attention d'affaires plus sérieuses, dut reconnaître que la justice vicomtière leur appartenait dans ces

---

[1] Dès 1279, Edouard avait établi Thomas de Sandwich comme sénéchal et gardien de toutes les terres du comté de Ponthieu et de Montreuil-sur-Mer et avait donné à ce sénéchal tout pouvoir d'agir pour lui. *(Note de M. H. Duseval.)*

mêmes villages de Verton, d'Airon, de Canchy, de Vis, etc. [1]

Les habitants de Montreuil virent à peine Edouard éloigné que, par haine du nom anglais, ils se rangèrent aussitôt sous l'obéissance du roi de France et refusèrent de recevoir le roi d'Angleterre, lorsque celui-ci revint en Ponthieu pour faire valoir ses droits et entrer en possession. Edouard ayant rendu ses hommages de vassal, à Amiens, la paix fut faite de nouveau, et les Montreuillois, en punition de leur désobéissance, furent plus sévèrement tenus.

Le nouveau comte de Ponthieu resta quelques jours à Montreuil, parce qu'il avait à cœur de terminer le différend relatif à la haute justice et au ressort de la ville de Saint-Josse-sur-Mer, pour nous servir des expressions de Ducange. Edouard et l'abbé de Saint-Josse élevaient de nouveau leurs prétentions et se les disputaient comme de puissance

[1] *Registres du Ponthieu.* DUCANGE.
Il existe des lettres en date du 14 octobre 1285 (1286) du même prince qui expliquent ce que dit ici M. Lefils. On y voit qu'à l'occasion du débat qui s'était élevé entre le monarque anglais et hommes discrets et religieux, l'abbé et le couvent de Saint-Saulve de Montreuil, touchant la haute justice que Thomas de Sandwich soutenait qu'Edouard avait aux environs de Montreuil, notamment à *Lunapré* (sic), à *Ayron, Verton, Cancy, Arry* et au *Val* des malades et aussi à l'occasion du droit de vicomté, en plusieurs desdits lieux, le roi d'Angleterre et Aliénor, sa femme, donnèrent à perpétuité et en pure aumône, audit abbé, au couvent et à l'église de Montreuil la vicomté en question, et se réservèrent la justice souveraine dans les lieux et terres ci-dessus désignées.   (*Note de M. H Dusevel.*)

à puissance. Un arrêt du parlement ordonna qu'il en serait fait une enquête. On s'arrangea sans doute.

A chaque changement de règne, les mêmes exigences se renouvelaient à l'égard des rois d'Angleterre, comtes de Ponthieu. Charles-le-Bel saisit à son tour ce domaine et le mit sur un pied de défense; par ses ordres, la ville entretint à ses frais une petite flotte chargée d'agir sur le littoral. Le roi donna à cette occasion aux habitants des lettres de non préjudice. Le roi Edouard, pour sortir d'embarras, céda ce fief à son fils aîné, le comte de Chester, qui n'avait encore que douze ans, et qui seul alors devait être tenu de rendre hommage. L'acte de donation porte qu'Edouard concède pleinement au jeune prince, à ses héritiers, et à ses successeurs les rois d'Angleterre, tout le comté de Ponthieu et de Montreuil, les libertés, juridictions, fiefs, arrière-fiefs, cités, châteaux, villes, bourgs, revenus, hommages, obéissances, domaines, droits et toutes les autres appartenances du comté, présentes et futures; que le jeune prince en jouira, comme son père et ses prédécesseurs, pleinement et librement, et que les droits, devoirs, et tous les actes qui appartenaient au roi d'Angleterre, lui seront cédés [1].

---

[1] Rymer, tome II, pars. II, page 141.

Après la mort de Charles-le-Bel, Philippe-de-Valois, son fils, mit aussitôt la main sur le comté de Ponthieu, se refusant à le faire si Edouard III ne venait point en personne lui faire hommage. Pendant ce temps il eut aussi des contestations avec les moines de Saint-Josse, qui ne voulaient rien céder de leurs droits honorifiques. Ils réclamaient du roi la justice vicomtière sur toute la terre de Saint-Josse, puis les poissons dits *royaux*, comme les saumons, les esturgeons; ils abandonnaient au roi les épaves et les aubaines; ils consentaient même à lui offrir un *past,* c'est-à-dire un repas une fois l'an, en sa qualité de comte de Ponthieu, ou à son sénéchal ou son gouverneur au même comté; il pouvait avoir des greniers dans leur monastère pour les avoines à lui dues; mais ils ne voulaient point lâcher les saumons ni les esturgeons; et le roi confirma enfin le jugement de Baudry, son maître-d'hôtel, et du bailli de Senlis, commis-parties pour juger ce débat et qui avaient prononcé en faveur des religieux [1].

Peu de temps après, Edouard III consentit à venir prêter l'hommage demandé; le jeune roi partit de Londres avec une suite nombreuse et débarqua à Wissant. Le roi Philippe en ayant eu avis, se

---

[1] Notes manuscrites de M. Devérité.

rendit à Amiens d'où il envoya son connétable,
Gaucher de Châtillon et beaucoup de chevaliers,
au-devant du roi d'Angleterre « qu'ils trouvèrent
» à Montreuil-sur-la-mer et eut grandes recon-
» naissances et approchements d'amour [1]. » Le roi
partit en la compagnie du connétable pour rejoin-
dre Philippe-de-Valois à Amiens.

La paix semblait être faite. Le Ponthieu appartenait définitivement à l'Angleterre, bien que l'esprit
des habitants fût à la France; mais l'obéissance était
forcée et la meilleure intelligence ne régnait pas
toujours entre ses habitants et les sénéchaux anglais. Edouard III envoya à Montreuil un renfort
de garnison pour faire observer ses volontés. Les
deux rois paraissaient être réconciliés en apparence,
mais la bonne harmonie ne pouvait régner longtemps entre eux; Edouard débarqua au Tréport et
prit quelques châteaux. A la suite d'une trève convenue de part et d'autre, Philippe, à son tour, se
dispose à reprendre le Ponthieu, dont les habitants haïssent les Anglais; il y est déterminé par
un soulèvement qui a lieu à Abbeville, en 1345,
et, après s'être rendu maître de cette ville, il marche sur Montreuil, qui, ayant chassé la garnison anglaise [2], lui ouvre ses portes, Edouard III n'avait,

---

[1] *Grandes Chroniques de France.* Froissart, tome I, page 136.
[2] Manuscrits de M. Fromentin.

dès ce moment, plus rien à soutenir féodale-
ment comme comte de Ponthieu ; il arma hâtivement une flotte, la monta de 30,000 hommes et
descendit sur les côtes de la Normandie qu'il ravagea jusqu'aux environs de Paris ; puis, évitant
une rencontre avec les troupes du roi de France,
qui s'avançaient vers lui, il rétrograda sur la Picardie, avec l'intention de venir s'embarquer à
Calais. Il arriva ainsi à Oisemont et se trouva dans
une position très-critique, ayant la mer devant lui,
sur sa droite la rivière de Somme dont les passages
étaient gardés, et se sentant poursuivi par l'armée
de Philippe-de-Valois. Le bruit se répandit à Montreuil que les Anglais tenteraient de passer la
Somme au gué de Blanquetaque, situé au-dessous
d'Abbeville, près du château de Noyelles ; aussitôt
les habitants se réunirent, s'armèrent et, se joi-
gnant à ceux de Rue et des campagnes voisines, ils
se portèrent sur la rive droite du gué pour en défendre le passage si les Anglais tentaient d'y venir.
Là, dit Froissart, se trouvaient environ dix mille
hommes sous le commandement de Godemard du
Fay, gentilhomme normand.

Au petit jour, les ennemis parurent sur la rive
opposée, la mer était encore montée et il fallut
qu'ils attendissent qu'elle fût entièrement baissée
pour s'engager dans le passage, ayant de l'eau jus-

qu'à la ceinture. Les Français, impatients de combattre et de repousser les Anglais, se précipitent au-devant, mais sans ordre. Les Anglais plient d'abord, mais ils se resserrent, redoublent d'ardeur et font à leur tour plier les Français ; Edouard est des premiers à la tête ; il aborde ainsi, suivi des siens, le rivage de Noyelles, et, suivant le récit de Froissart, Godemard du Fay prit la fuite[1], ce qui mit le désordre et la terreur parmi ses soldats. Le passage était forcé ; les Français, après deux heures de résistance, furent écrasés par le nombre. « Là y eut grand foison de ceux d'Abbeville, de » Montreuil, de Rue et de Saint-Riquier, et dura » la chasse plus d'une grosse lieue[2]. » Il en revint très-peu à Montreuil, car beaucoup y perdirent la vie, et la ville se trouva dans une grande consternation.

A la suite de cette déplorable affaire, on vit arriver à Montreuil tous les gens du pays qui fuyaient devant les soldats d'Edouard, lesquels brûlaient les villages après les avoir pillés et avoir enlevés les bestiaux et toutes les provisions dont ils pen-

[1] C'est à tort, selon M. Dusevel (*Etudes sur l'histoire de Picardie*), que l'on a avancé que Godemard du Fay aurait pris la fuite sans combattre. Une *Relation de la marche d'Edouard III de Passy à Calais, et de la bataille de Crécy*, par Michel NORTHBURGH, prouve qu'un sanglant combat eut lieu au passage de Blanquetaque et qu'il y périt plus de deux mille gens d'armes.

[2] *Grandes Chroniques de France*. FROISSART, tome II, page 341.

saient devoir se ravitailler. On était dans l'anxiété de ce qui allait arriver et on formait des vœux pour que l'armée française s'avançât promptement afin de venger cette défaite. Mais deux jours après, la nouvelle qu'on apprit fut celle de la perte des Français à la journée de Crécy. Le comte de Savoie arriva à Montreuil suivi de son frère et de quelques troupes; on vit alors de loin la marche triomphale des Anglais qui brûlèrent tout sur leur passage; ils s'arrêtèrent un instant devant la place de Montreuil qu'ils dédaignèrent de prendre : Froissart dit qu'après la bataille, « Edouard chevaucha outre vers Montreuil-sur-la-mer; il paraît qu'il brûla Waben et Sorrus, puis *la ville de Saint-Josse* et le Neuf-Châtel, et puis Etaples. » Ainsi donc, l'armée anglaise aurait passé la Canche sous Montreuil qu'elle aurait respecté, sans doute par impuissance de s'en rendre maître ou de la détruire; les pillards se contentèrent de brûler les faubourgs et la banlieue, puis l'armée continua sa marche sur Calais.

La journée de Crécy fut désastreuse pour la France, qui y perdit l'élite de sa chevalerie et dont les suites eurent des conséquences déplorables et de longtemps irréparables; Villani dit qu'il y eut vingt mille hommes, cavaliers et piétons, qui périrent, et, dans le nombre, plus de mille six cents comtes ou barons, chevaliers bannerets ou de parage et plus de quatre mille écuyers à cheval, sans compter les prisonniers et les fugitifs. Quelques-uns des principaux chefs furent apportés à Montreuil pour y être inhumés.

A quelque temps de là, en 1354, les Anglais débarqués à Calais projètent une excursion dans la Picardie; ils vinrent sur Boulogne dont ils brûlèrent les faubourgs, puis ils arrivèrent près de Montreuil; mais cette position élevée et bien fortifiée de murs les effraya, ils passèrent outre et se dirigèrent par la Canche sur Hesdin.

Les succès remportés par Edouard III ne lui rapportèrent que de la gloire; il avait ruiné la France sans y rien gagner que la ville de Calais dont il s'empara à la suite de la bataille de Crécy.

Philippe de Valois mourut en laissant à son fils Jean un royaume prêt à lui échapper des mains. Ce règne ne fut qu'une suite de calamités qui aboutit à la funeste bataille de Poitiers où le roi fut prisonnier des Anglais.

Pendant ce temps, le Ponthieu fut en proie aux brigandages des gens de la campagne qui, étant privés de tout, par suite des ravages causés par la guerre dans leurs champs, se portèrent sur les villes pour les piller. Cette guerre civile prit, dans la basse Picardie, le nom de Jacquerie; les maux qu'elle causa furent incalculables, ils n'étaient que le prélude des calamités plus grandes qui allaient résulter de la captivité du roi Jean. Charles-le-Mauvais, roi de Navarre, profita de cette circonstance pour se déclarer contre le Dauphin, depuis Charles V, et régent du royaume pendant la captivité du roi. Dans l'espoir d'usurper la couronne de France, Charles-le-Mauvais s'allia aux aventuriers qui ravageaient le royaume et rechercha l'appui des Anglais ; Edouard ne demandait pas mieux, car il espérait recouvrer les belles provinces que Henri II avait possédées en France et que Philippe-Auguste avait ravies à son fils ; il voulait qu'elles lui fussent rendues, non plus comme des fiefs, mais comme souveraineté indépendante, il réclamait non seulement le Ponthieu, dit Froissart [1], « mais aussi la » vicomté de Monstereul-sur-la-mer, en la manière » que du temps passé aucuns des rois d'Angleterre » l'ont tenue ; et si, en ladite terre de Monstereul, » ont été aucuns débats du partage de ladite terre, » notre frère de France nous a promis qu'il le nous » fera éclaircir le plus hâtivement qu'il pourra, » lui revenu en France. » Mais le roi Edouard ne pouvait arriver à ce résultat que par une nouvelle campagne et il méditait en France une seconde invasion que la rébellion de Charles-le-Mauvais lui

[1] *Grandes Chroniques de France*. Froissart, tome IV, page 60

facilita. Les Navarrois s'étaient déjà emparés de la place de Saint-Valery-sur-Somme. Maîtres de cette forteresse, Guillaume Bonnemare et Jean de Ségure, qui en prirent le commandement, se répandirent dans les campagnes et les dévastèrent : les environs de Montreuil furent tellement dépouillés, que la ville, mal approvisionnée, se trouva réduite à la famine.

Depuis quatre ans, le roi Jean était captif à Londres. Le désir de recouvrer sa liberté lui fit signer, le 27 mai 1360, le funeste traité de Brétigny près Chartres, qui restituait en toute souveraineté aux Anglais les provinces qui avaient autrefois appartenues aux Plantagenets, et un petit territoire autour de Calais, composé des comtés de Ponthieu et de Guines et de la vicomté de Montreuil, le roi de France devant renoncer expressément à tout droit sur ces provinces, à tout ressort et à toute souveraineté, et le roi d'Angleterre devant les posséder comme voisin et non comme feudataire [1].

A ces conditions, auxquelles était ajoutée une rançon de 3,000,000 écus d'or pour la liberté du roi Jean, ce malheureux prince put rentrer en France : « il ne séjourna guère à Boulogne-sur-la-

---

[1] RYMER, tome VI, page 175.

mer; mais il s'en partit tantôt après la fête de la Toussaint et vint à Monstereul [1], » où il reçut les félicitations des habitants, heureux de le revoir, malgré le changement qui allait encore résulter pour eux de l'exécution du traité. Il se dirigea de là sur Hesdin pour se rendre à Amiens. Peu après, ce malheureux roi revint encore à Montreuil, mais les larmes aux yeux : il était accompagné, dit Froissart, de Louis de Flandres, qui n'avait pas voulu le laisser partir seul; ce dernier le quitta à Montreuil pour retourner dans ses Etats : l'infortuné roi Jean allait reprendre ses chaînes afin de ne point manquer à sa parole.

L'année suivante, un sénéchal anglais vint recevoir le serment de fidélité des habitants du Ponthieu; mais à ce sujet un différend assez sérieux s'éleva entre le roi de France et celui d'Angleterre, relativement à la place de Montreuil, qui faisait partie du comté de Ponthieu et où Edouard réclamait tous droits de souveraineté. Le roi de France mettait en avant qu'il avait un château de son propre domaine à Montreuil, qu'il avait bailli, prevôt, sergents dans la ville; que le ressort du siége de Montreuil, tant en ville, église que sei-

---

[1] Le roi avait une grande et brillante suite : Philippe, duc d'Orléans, duc d'Anjou, duc de Berry, ses neveux duc de Bourbon, comte d'Alençon, Guy de Blois, comte de Saint-Pol, comte de Harcourt, le seigneur de Montmorency, etc., etc.

gneurie, s'étendait jusqu'à la rivière d'Authie, qu'il avait droit de régale à l'abbaye de Saint-Saulve, que les moines ne pouvaient élire un abbé sans son consentement, qu'il avait pareil droit en l'église de Sainte-Austreberthe, et enfin que le roi d'Angleterre n'avait à Montreuil que la justice vicomtière et ressortissait sans moyens devant les maire, échevins. Les procédures durèrent long-temps. Edouard, par ses lettres données à cet effet à Westminster, le 24 novembre 1367, avait nommé des commissaires qui vinrent à Montreuil et qui, à dire d'arbitres, terminèrent enfin l'affaire [1]. Edouard s'occupa aussitôt de faire réparer les fortifications de la ville.

Les franchises communales donnaient aux habitants du Ponthieu le droit d'appeler au parlement de Paris des jugements de leurs seigneurs. Le roi d'Angleterre, qui venait de rentrer dans le comté de Ponthieu comme souverain et non plus comme vassal, dit M. Louandre, et qui d'ailleurs ajoutait chaque jour à ses prétentions, fit publier que l'appel à la justice royale de France n'aurait plus lieu, et que son sénéchal, en vertu du septième article du traité de Brétigny, jugerait seul en dernier ressort. Les habitants protestèrent; mais loin de faire droit à leurs réclamations, on exerça contre

[1] *Recueil des chartes de Londres.*

eux de nouvelles rigueurs, et le pays fut bientôt prêt à la révolte [1].

Abbeville, secondé par Hugues de Châtillon, grand-maître des arbalétriers de France, et le comte de Saint-Pol, commença par secouer le joug. Les Montreuillois, enhardis par ce succès, se soulevèrent à leur tour et forcèrent les Anglais à déloger de la citadelle et à abandonner la ville. Puis, afin de se mettre à l'abri d'un retour, ils se hâtèrent de réparer leurs murailles et d'y faire bonne garde. La précaution n'était pas hors de propos, car le duc de Lancastre étant débarqué sur les côtes à la tête de troupes nouvelles, il se présenta devant Montreuil ; mais à la contenance des habitants, il ne tarda point à reconnaître que la ville était en bon état de défense et qu'il perdrait son temps à vouloir s'en emparer. Il passa outre pour se porter sur le Crotoy dont il désirait se rendre maître. Il fut prévenu d'ailleurs que le duc de Bourgogne avançait sur la route d'Abbeville avec quatre mille chevaliers d'élite et qu'il pourrait avoir à compter avec lui.

Charles V, en récompense de la conduite des habitants de Montreuil, leur accorda, par lettre patente de 1372, divers privilèges et entre autres

[1] *Histoire d'Abbeville et du comté de Ponthieu.* LOUANDRE, tome I, page 263.

l'autorisation pour huit ans de rentrer les foins et les récoltes avant le lever et après le coucher du soleil. On peut juger, d'après cela, des entraves sans nombre et incompréhensibles qui, dans ces temps, venaient gêner toutes les industries aussi bien que le commerce.

Froissart, rapporte dans ses *Grandes Chroniques de France*, qu'en 1373, un traité secret fut passé à Montreuil, entre les Anglais et les Français; du côté des Français étaient les sires de Coucy, de La Rivière, Nicolas Bracque et Nicolas Lemerchier, et du côté des Anglais, messires Guichard d'Angle, Richard Sturi et Joffroy Cauchies; on convint du mariage du jeune Richard d'Angleterre avec Marie, fille du roi de France; une trève de trois mois fut stipulée [1].

[1] A ces parlemens et secrés traictiés qui furent assignés en le ville de Monstrueil furent envoyés, de par le roi de France, li sires de Coucy et messire Guillaume des Dormans chancelier de France. Si s'en vinrent tenir à Monstrueil. De le partie des Englés furent envoyés à Calais li contes de Salsiberin, messire Guichars d'Angle, li evesques de Halford et li evesques de Saint David chancelier d'Engleterre. Et estoient la li traicteur qui alloient de l'un à l'autre et qui portoient les traictiés, li archevesques de Ravane et li evesques de Carpentras. Et furent toudis leur parlement et leur traictié pour le mariage devant dit, et offroient li François, avoec leur dame fille dou roi de France, douze cités ou royaume de France; ch'est a entendre en la duché d'Acquitaine, mais il voloient avoir Calais abatu. Si se desrompirent chil parlement et chil traictié sans riens faire; car onques pour cose que li traicteur sceussent dire, prier, ne requerir, ne remonstrer, ches parties ne se veulrent ou osèrent onques assegurer sus certaine place entre la ville de Monstrueil et Calais pour ieux comparoir li un devant l'autre. Si demorèrent les

Les Anglais cherchaient d'ailleurs tous les moyens de nuire à la prospérité de la province qu'ils avaient perdue. Ils occupaient Calais, et il n'était point de jour où ils ne tentassent quelque expédition contre les pays soumis au roi de France. Pendant un jour de foire, à Étaples, le 6 décembre 1378, ils tombent à l'improviste sur la place, s'emparent des marchandises et emmènent prisonniers bon nombre de négociants de Montreuil et d'autres villes voisines.

Il n'était guère possible, au milieu de semblables désordres, que le pays pût progresser : la misère la plus affreuse pesait sur les campagnes presque abandonnées; les historiens de l'époque rapportent que l'herbe croissait partout dans les champs, que les paysans qui s'étaient retirés dans les bois et dans les carrières, en sortaient furtivement pour arracher quelques racines à la terre et les plantes

coses ensi et ne furent les triewes plus ralongies; mais la guerre renouvelée; et retournèrent li François en France. Quand li dus de Bretaigne vei ce, qui se tenoit à Bruges dales son cousin le conte de Flandres, et li legat furent la retournes, qui disent qu'il ne pooient riens faire; si escripsi devers le conte de Salebrin et monseigneur Guichart d'Angle qui estoient à Calais que à tel jour, atout gens d'armes et archiers il fussent contre lui, car s'il en voloit raler en Engleterre, et il se doubtoit des embusches sus les frontières de Flandres et d'Artois : siques li dessusdit, li contes de Salsiberich et messire Guichars d'Angle se partirent de Calais atout cent hommes d'armes et deux cens archiers et vinrent requerir bien avant en Flandres le duc de Bretaigne, et le ramenèrent sauvement jusques à Calais. (*Grandes Chroniques de France.* FROISSART, tome VI, page 306.)

qui avaient crû sans culture dans les endroits où précédemment on avait récolté des légumes ou des grains. Ces gens faisaient pitié à voir , ce n'étaient plus des êtres humains en apparence. Les habitants des villes n'étaient guère plus heureux ; ils se nourrissaient de bêtes immondes; chaque jour on en relevait de morts dans les rues. Et cependant les plus rudes épreuves n'étaient point passées ; la France allait retomber dans de nouveaux malheurs et le Ponthieu devait encore en être le principal théâtre.

VIII

Les ducs de Bourgogne. — Soumission de Montreuil. — Mort
d'Henri V. — Retraite des Anglais.

La démence dans laquelle tomba le roi Charles
VI, vers les années 1396 et 1397, mit l'administration du royaume entre les mains de ses deux oncles,
les ducs d'Orléans et de Bourgogne, lesquels,
jaloux et envieux l'un de l'autre, se firent la guerre
et divisèrent la France en deux camps, les Arma-
gnacs et les Bourguignons.

Les hostilités, à peine interrompues par des
trèves partielles, continuaient avec les Anglais sur
le sol français même, livré à une longue et profonde anarchie. Le Ponthieu, qui était toujours le
théâtre de ces actes d'hostilité, était à bout de ressources. Le duc de Bourgogne, qui désirait paraître
convenablement à une réunion projetée à Sens

avec le roi, avait fait une levée de toute la chevalerie du Ponthieu. Le roi, apprenant que les Anglais
devaient revenir en plus grand nombre dans ce
pays, avait donné ordre au comte Walleran de
Saint-Pol d'y lever ce qu'il pourrait d'hommes
pour tenir tête à cette attaque. Mais le comte n'y
trouva plus de sujets valides. Néanmoins il parvint, avec le peu de chevaliers qu'il avait amenés
avec lui, à arrêter la marche de l'ennemi et à le
faire rétrograder.

Henri V, roi d'Angleterre, aurait bien voulu
obtenir de Charles VI le comté de Ponthieu et de
Montreuil pour la dot de sa fille, Catherine de
France, qu'il devait épouser. C'était une position
inappréciable que ce comté, près de la mer, à vingt
lieues des côtes d'Angleterre, avec des ports à
Abbeville, à Saint-Valery, au Crotoy, à Etaples et
à Montreuil, et sur la route de Paris éloigné seulement de quarante lieues. Mais l'alliance et le
comté lui furent refusés, quoique demandés par
un héraut d'armes de Harfleur dont il s'était emparé par composition. Ce refus blessa profondément la dignité du monarque ; il résolut de se
rendre à Calais où il faisait arriver un corps de
trente mille hommes, et, à cet effet, il traversa le
pays de Caux, le comté d'Eu, le Vimeu, afin de
passer la Somme à Blanquetaque, comme avait
fait précédemment Edouard III.

Les habitants de Montreuil ne redoutaient rien autant que de retomber sous la domination anglaise. Aussitôt qu'ils apprirent que Henri V s'avançait du Vimeu, ils s'armèrent pour aller empêcher le passage à Blanquetaque ; l'insuccès et le revers éprouvés lors de l'invasion d'Edouard III, en 1346, ne les effraya point[1] ; on était au mois d'octobre 1415, ils partirent au point du jour, de manière à arriver vers deux heures du soir au gué ; ils prirent, en passant, la milice de Rue, et ils trouvèrent déjà arrivées des milices de Crécy et d'Abbeville, ainsi que trente arbalétriers et vingt pavoisiers amiénois. Ils se retranchèrent sur le côteau en face du rivage, et protégèrent leur campement par une barrière de palissades et de canons.

Henri V parut sur les côtes opposées du Vimeu, mais, prévenu par des prisonniers de l'existence de ces formidables préparatifs de défense, il arrêta sa marche et rétrograda, renonçant à acheter, au prix d'un combat sanglant sur ce point, une issue à sa fuite[2]. Les milices de Montreuil rebroussèrent chè-

---

[1] Loin de là, on se livrait encore à Montreuil à ces jeux guerriers qui attiraient alors la foule dans les villes, et nous voyons, dans une délibération de l'échevinage d'Amiens du mois de mai 1410, que cette année-là les arbalétriers de la ville d'Amiens obtinrent de l'échevinage « VIII écus d'or, pour aler *du jeu de l'arbalestre à* » *Montreul sur la mer*, là où il devoit estre fait un moult notable » jeu de l'arbalestre et y donner plusieurs beaux et notables prix. »

(*Note de M. H. Dusevel.*)

[2] *Délibérations de l'échevinage d'Amiens*, du 13 octobre 1415.

min et rentrèrent le lendemain dans la ville, qu'ils s'empressèrent de fortifier afin de la mettre, le cas échéant, à l'abri d'une surprise.

Henri V ayant remonté la Somme fut la passer près de Saint-Quentin, d'où, poursuivi par l'armée française, il vint camper non loin de Hesdin, au village d'Azincourt. Les Français arrivèrent, et là, les mêmes fautes qu'on avait commises à Crécy, nous furent aussi funestes et nous firent perdre la victoire. .

Charles VI eut regret alors de n'avoir point accédé à la proposition du roi d'Angleterre; il désira renouer les relations, et, à cet effet, il envoya à Londres une ambassade qui passa par Montreuil et y séjourna; elle était composée du comte de Vendôme, Guillaume Bouratier, archevêque de Bourges; M⁶ Pierre Franel, évêque de Lisieux; M⁶ Gauthier Col, secrétaire du roi, et maître Jean Adrieu, « avec aucuns aultres du grand conseil, dit Monstrelet, en tout trois cent cinquante chevaucheurs, ce qui fut un spectacle admirable pour la population montreuilloise. »

Ces passages étaient continuels, puisque peu après, en 1416, Sigismond, empereur d'Allemagne, se mit également en route pour l'Angleterre, sur les instances de Charles VI, afin d'y traiter de la paix. Il était accompagné d'une nombreuse suite, parmi laquelle se trouvaient beaucoup d'Anglais, ennemis de la France. Cette raison le détermina à ne point entrer à Montreuil où les Anglais n'étaient point aimés et où l'on soupçonnait une trahison. Sigismond se rendit à Saint-Josse ; mais, en effet, au lieu de négocier la paix, il forma contre le roi de France une ligue secrète.

Peu de temps après, les ambassadeurs du roi d'Angleterre, Thomas Esquinghe, évêque de Norwich, accompagné de soixante-dix chevaucheurs, obtint un sauf-conduit du roi de France et passa à Montreuil ; il avait pour mission de traiter d'une trêve de quatre à cinq ans ; mais il ne put s'entendre avec le roi de France et la guerre continua.

Jean-sans-Peur, duc de Bourgogne, par vengeance contre le duc d'Orléans, de qui il avait reçu un affront, abandonna le parti du roi et fut à Calais signer un traité d'alliance qu'il dissimula d'abord afin de conserver son influence et son pouvoir et pour se ménager les moyens d'ouvrir à l'armée anglaise les portes de la capitale. Encore enveloppé du voile du mystère, il envoie ses gens dans les provinces pour les inviter à se liguer à lui ; d'Humbercourt, Philippe de Morvillers et le sire de Fosseux se présentent aux habitants de Montreuil chargés de lettres patentes qui les engagent à se liguer avec Jean-sans-Peur, duc de Bourgogne.

« Comme les habitants étaient indécis, dit Mons-
» trelet, sur ce qu'ils avaient à faire, arriva un
» ambassadeur du duc de Bourgogne, alors à Doul-
» lens, qui ayant fait assembler les principaux de
» la ville, leur démontra que les intentions de son
» souverain étaient de donner, autant que possible,
» satisfaction à toutes les exigences reconnues justes
» et acceptables, qu'il priait les notables de se joindre
» à lui pour faire comprendre ses vues au peuple.
» Cette proposition fut bien accueillie, et les maire
» et échevins promirent tous leurs concours à ces
» excellentes intentions, assurant par lettre qu'ils
» aideraient le duc de Bourgogne à mettre le roi en
» sa franchise, et le royaulme en justice, afin que
» marchandise y pust avoir cours, et que le roy et
» le royaulme soient bien gouvernés ; et mecteront
» le duc de Bourgogne en leur ville et ses gens
» aussi ; pour parler et venir parmi eulx, par
» payant leur dépens, et sans faire injure à per-
» sone, sur peine d'estre punis selon le cas et que
» les habitants polraient aller dehors ès pays du
» duc de Bourgogne sauvement [1]. »

Le duc de Bourgogne répondit qu'il promettait
d'aider les habitants de Montreuil de tout son pouvoir ; qu'il s'engageait à respecter leurs franchises,

[1] *Grandes Chroniques de France.* MONSTRELET, tome VIII, p. 59.

à supprimer d'onéreux impôts et à faire cesser les
affreux ravages que les troupes et les Anglais, ses
alliés, commettaient dans le Ponthieu [1] et de les
défendre contre qui tenterait d'attenter à leurs
droits ou de leur faire violence. Les Montreuillois
souscrivirent aussitôt à cette proposition et ouvrirent
ainsi la voie aux autres villes du Ponthieu, qui suivirent leur exemple.

Jean-sans-Peur eut bientôt regret de son alliance
avec les ennemis de la France ; car il s'était donné
un maître plutôt qu'un allié ; il se souvint qu'il
était français et il accepta une entrevue avec le
Dauphin de France, entrevue qui eut lieu sur le
pont de Montereau et dans laquelle il fut traîtreu-
sement assassiné. Son fils, Philippe-le-Bon, résolut de le venger ; il se ligua aussitôt avec la reine
de France, Isabeau, contre le Dauphin, et, sans
égards pour les droits de ce jeune prince, reconnut
Henri V, roi d'Angleterre, pour régent et héritier
de la couronne de France. La guerre se ralluma
plus violente que jamais dans le Ponthieu. Jacques
d'Harcourt qui commandait au Crotoy, ne voulut
point abandonner le parti du Dauphin, il ravagea
tout le pays jusqu'aux alentours de Montreuil dont
la garnison, par suite de ces expéditions, avait de
la peine à trouver de quoi se sustenter.

[1] *Mémoires de* J. LEFEBVRE DE SAINT-REMY, chap. LXXVII.

Le comte de Saint-Pol, accompagné de quelques chevaliers, vint de Paris à Amiens et de là à Montreuil où il fit prêter aux habitants serment d'être fidèles à la cause du duc de Bourgogne. Néanmoins, grâce aux efforts de d'Harcourt, secondé par quelques autres officiers, tels que Lahire, Rambures, Quiéret, Saveuse, Poton de Xaintrailles et d'autres, plusieurs châteaux furent reconquis à la cause du Dauphin ; Gamaches et Saint-Valery tombèrent à leur tour entre leurs mains ; il ne restait plus qu'Abbeville et Pont-Remy à reprendre, lorsque le roi d'Angleterre débarqua à Calais, le 10 juin 1421 ; son intention était de se rendre à Chartres qui était assiégé par les troupes du Dauphin. Il suivit les bords de la mer et « de là chevaucha à Montreuil [1], à l'hôtel *de la Couronne*, dit Monstrelet, pendant que ses gens logèrent aux environs de la ville. »

Le duc de Bourgogne, qui séjournait alors à Domvast, avait été la veille jusqu'à Montreuil avec l'intention d'aller plus loin à sa rencontre, mais surpris par un fort accès de fièvre, il envoya Jean de Luxembourg à sa rencontre avec mission de lui présenter ses excuses ; le roi d'Angleterre le trouva encore au lit. Néanmoins ils restèrent ensemble pendant trois jours à Montreuil, conférant sur la

---

[1] *Grandes Chroniques de France.* MONSTRELET, 4 vol., page 253.

direction qu'ils devaient donner à leurs opérations, puis ils partirent pour Domvast[1], ou pour Abbeville, selon Pierre de Fenin, et brûlèrent, en passant à Maintenay, la tour, la maison et le moulin de leur ennemi commun, Jacques de Harcourt; sacagèrent la forteresse de Dourrier, « pour laquelle » prise, la ville de Montreuil et les manses à l'en- » viron furent moult troublées [2]. »

Mais à peine les Anglo-Bourguignons furent-ils éloignés, que Jacques de Harcourt et ses Dauphinois reprirent les châteaux de Drugy et de la Ferté. Philippe-le-Bon se hâta de revenir dans le Ponthieu avec l'argent qu'il avait reçu de Henri V pour y lever des troupes; il s'empara des places fortes du pays, puis défit complètement les Dauphinois dans une bataille donnée à Mons en Vimeu, près de Saint-Valery. La nouvelle de ce succès causa une grande frayeur à Montreuil et dans les environs. Messire Jean de Blondel, capitaine de la ville, assembla aussitôt des gens de bonne volonté qu'il réunit à des volontaires amenés par Olivier de Brienne, et alla faire le siége de la forteresse de Dourrier, « chastel plein de Doffinois qui estoient à Poton de » Sainte-Traille et faisoient assz paine au païs vers

<hr>

[1] *Mémoires* de Pierre FENIN. Edition de Mlle DUPONT, in-8. Paris, 1837, page 155.　　　*(Note de M. H. Dusevel.)*

[2] *Mémoires de* Pierre FENIN, page 155.

» Monstereul et vers Hedin [1], » qui se rendit à lui, après avoir parlementé.

Henri V mourut en France, le 31 août 1422, dans le cours de ses succès. Ses restes furent transférés en Angleterre. Le convoi qui était accompagné des princes du sang royal et d'un grand nombre de de chevaliers anglais, traversa les villes d'Abbeville et de Montreuil. Le char funèbre traîné par quatre chevaux, offrait l'image du feu roi *en cuir bouilli, peint moult gentiment, bien paré, couché sur un lit de parade,* une couronne d'or sur la tête, un sceptre et une pomme d'or à la main, recouvert d'un drap de soie vermeil, enrichi d'or [2]. Le corps du défunt s'arrêta à Montreuil et fit station devant l'église Notre-Dame où on lui donna l'absoute; puis, le cortége reprit son chemin sur Calais où il devait être embarqué pour l'Angleterre.

Le 28 mai 1426, Philippe de Bourgogne, à son passage à Montreuil, s'était rendu à l'abbaye de Saint-Saulve, où il avait fait présenter seize sols à à l'offrande de la messe, célébrée en sa présence et remettre soixante-quatre sols aux reliques, seize sous pour la pitance du jour, huit sous à la fabrique [3].

---

[1] *Mémoires de* Pierre Fenin, page 162.
[2] *Archives du Nord.* Bibl. de Lille.
[3] Voir à l'appendice la note 4.

Pendant ce temps, cependant, tout le pays de la Canche et de l'Authie était plongé dans les horreurs de la guerre civile ; les campagnes étaient redevenues incultes, faute de bras pour les cultiver ; la famine s'était mise dans le pays et aussi dans la ville qui ne savait plus où se ravitailler. Dans cette extrémité, en 1429, la ville envoya une députation au duc de Bourgogne, ceux d'Abbeville et de Saint-Riquier se joignirent à eux, et, d'un commun accord, ils demandèrent une réduction d'impôts et « la menue justice des gabelles. » Cette réclamation ne fut point agréée, mais on leur dit que le duc, dans un bref délai, appuierait leur demande auprès du roi d'Angleterre.

Philippe-le-Bon, traité injustement par le roi d'Angleterre, sentit enfin que la vengeance l'avait entraîné trop loin ; Jeanne d'Arc venait de reconquérir une grande partie de la France à son souverain légitime ; le duc de Bourgogne revenant à des sentiments plus généreux, se détacha de ses anciens alliés les Anglais et fit sa paix avec Charles VII ; le traité fut signé à Arras, le 21 septembre 1435, en présence des ambassadeurs de tous les princes de la chrétienté ; la ville de Montreuil y avait aussi trois députés. Philippe-le-Bon, qui en avait lui-même dicté les conditions, auxquelles Charles VII fut trop heureux de se soumettre, redevint le paisible possesseur du comté de Ponthieu, excepté Montreuil qui resta au roi de France.

Cette réconciliation fut funeste aux Anglais qui tenaient encore quelques places fortes telles que Rue, le Crotoy et qui avaient des garnisons à Crécy, à Etaples et autres lieux. Le pays en était très-inquiété ; on désirait vivement en être débarrassé. Quelque temps après la paix d'Arras, des aventuriers français, conduits par Bressai, de Braquemont et Longueval, vinrent surprendre Rue qu'ils enlevèrent aux Anglais ; beaucoup de ceux-ci furent tués, les autres parvinrent à s'échapper et à se réfugier dans la forteresse du Crotoy. Les aventuriers, maîtres de cette forteresse, se répandirent dans le pays où ils causèrent autant de mal aux Français qu'aux Anglais ; ils ravagèrent plusieurs fois les environs de Hesdin, de Montreuil et de Boulogne, et Monstrelet dit qu'un jour, à leur retour de Boulogne, ils « ardirent la ville et le port » d'Estaples où il y avait grand nombre de belles » maisons et édifices[1]. » Dans une de ces sorties, Bressai tomba avec tout son monde dans une embuscade près de Montreuil et y fut fait prisonnier après y avoir perdu une grande partie des siens.

[1] *Grandes Chroniques de France*. Monstrelet, tome VI, p. 147

Les habitants de Montreuil s'étaient toujours fait remarquer par leur haine de la domination anglaise; en 1440, il y eut sans doute quelque manifestation en faveur des Anglais, car, à cette époque, est-il dit dans l'*Histoire d'Abbeville*, plusieurs Montreuillois, se réfugient à Abbeville pour n'avoir pas voulu se soumettre aux Anglais, et on leur permet de travailler en draps pour l'usage de leur ville.

Les hostilités ou plutôt le brigandage continuait ainsi dans le pays de Ponthieu, au grand détriment de ses habitants; Montreuil est surpris et incendié; en 1448 une franchise est accordée aux marchands de grains allant vendre en cette ville pour aider à réédifier les habitations.

Les Anglais, chassés peu à peu de toutes les villes du Ponthieu, ne tenaient plus qu'au Crotoy d'où le duc de Bourgogne avait tenté plusieurs fois, mais en vain, de les déloger; il y parvint cependant en 1450. Cette même année on voit figurer, parmi les dépenses du duc, « vingt-quatre » sous accordés à plusieurs bateliers qui avaient » passé mondit seigneur, madame la duchesse et » leur compaignie à certain *lez* la ville de Mon- » treul, en allant en pélerinage de la ville de Hes- » din à Notre-Dame de la ville de Boulongne, y » compris, il est vrai, l'aumône faite à *certains*

» *soyeurs d'aiz, que mondit seigneur trouva en al-*
» *lant audit pélerinage* [1]. » Est-ce avant ou après
la reddition du Crotoy? C'est ce que nos annales ne
disent point.

[1] *Archives du Nord.* Biblioth. de Lille.

IX

Décadence de Montreuil. — Désastres. — Louis XI.

Dès l'instant où Montreuil cessa d'être la capitale du Ponthieu, son importance décrut. Les comtes de ce petit Etat, à commencer par Hugues Ier, gendre d'Hugues-Capet, portèrent toutes leurs faveurs à Abbeville, ville nouvelle qu'ils avaient élevée au milieu de marais d'une approche difficile pour les ennemis. Les rois de France de la seconde race affectionnèrent cependant encore assez Montreuil où ils avaient un château et un atelier monétaire. Rymer dit que leur principale résidence était à Abbeville, à l'endroit connu depuis sous le nom de cour de Ponthieu ; mais que lorsqu'ils étaient menacés d'un danger sérieux, ils se retiraient dans le château de Montreuil, qui présentait une défense plus sûre [1]. Mais les guerres de la Succession avec les Edouard d'Angleterre, et les troubles suscités par la défection des ducs de Bourgogne, lui devinrent funestes; le château fut presque abandonné, il n'était que ruines, et les fortifications de la ville qui tombaient de vétusté, laissaient un accès facile à l'ennemi. Au xve siècle, dit M. Louandre, Montreuil était très-mal fortifié; la ville, dépeuplée, était difficile à garder; elle avait, comme les autres places de guerre, souffert de maux sans nombre par la peste et par la guerre, car, au dire d'un contemporain, il y avait eu, dans ces temps malheureux, en Picardie, « tant de gens morts et occhis,. tant de filles pucelles et vierges violées, polluées, souillées, tant de religieuses ostées de leurs églises, que c'était pitié à dire et à recorder. »

Montreuil qui, avant le xe siècle, avait reçu une population considérable de gens attirés par la vénération de ses reliques, ou bien qui venaient y cher un refuge contre les attaques ennemies, était devenu presque désert lorsque Louis XI, voulant maintenir la tranquillité dans la ville, afin que les habitants fussent plus enclins à la garder, la mit, ainsi que leurs biens, sous sa sauvegarde. Il les autorisa en outre à se défendre par voies de fait

[1] *Titres de Picardie*, mss. histoire. Bibl. de l'arsenal, n° 332, f° 216.

dans le cas où de pareilles gens viendraient dans leur ville, à crier : *bourgeoisie!* et à s'aider les uns les autres sans pouvoir encourir aucune peine, si aucun de ces hommes était blessé ou lui [1].

La ville était endettée, ses dépenses excédaient ses recettes de près de treize cents livres; elle devait au roi douze cents livres parisis de rente, et mille livres tournois à la recette des aides. Les habitants, accablés d'impôts, désertaient la ville et allaient s'établir ailleurs. Louis XI, qui tenait au recouvrement de ses finances, envoya des commissaires à Montreuil pour visiter les registres et s'enquérir auprès des notables habitants des réformes devenues indispensables. Sur le rapport des commissaires, le roi rendit une ordonnance qui régularisa les élections et régla d'une manière plus sévère l'administration des finances. L'ordonnance royale, entre autres dispositions, défendit aux échevins de dépenser en dîners aucune somme excédant douze livres parisis. Louis XI se réserva en outre, pendant trois ans, la nomination de douze conseillers chargés de surveiller en son nom l'administration locale [2].

---

[1] *Histoire d'Abbeville et du comté de Ponthieu.* LOUANDRE, tome I, page 369.

[2] C. F. *Ordon*, tome XVI, pages 234, 241 et suivantes.

Louis XI eut encore, à cette époque, à intervenir au sujet des élections municipales contre lesquelles il y eut des plaintes et des réclamations formulées. On avait nommé, disent les anciens titres, des gens mécaniques, *à petite façon et de petit état*, qui n'avaient su ni se conduire eux-mêmes ni gérer convenablement les affaires publiques. Il établit dans la ville un capitaine à ses ordres, à qui les habitants furent tenus de payer annuellement cent livres tournois pour son traitement [1].

On voyait dans le compte des argentiers de cette ville que le 12 avril 1477, Baude Salempin et Jean Daullé, frères du couvent des Carmes, furent arrêtés par ordre de Louis XI et transférés à Abbeville, pour y *être gardés, jusqu'à son bon plaisir*, dans les cachots de l'échevinage. Ils y restèrent quatre cent soixante-dix jours, nourris tous deux aux frais de la ville, au prix de deux sous par jour. On ignore le motif de cet acte de rigueur.

Cependant, dans ses règlements pour la ville, le roi n'oubliait pas ses propres intérêts : par une ordonnance de 1480, il permet aux bourgeois d'imposer des droits sur les marchandises qui seront vendues dans la ville ou dans la banlieue, à condition qu'on lui paiera mille livres tournois et qu'on em-

[1] C. F. *Ordon.* tome X, page 80.

ploiera le reste à l'entretien des fortifications de la ville.

Louis XI ne perdait point son temps à Montreuil. Après la mort du dernier duc de Bourgogne, comme il venait de réduire sous son obéissance, non seulement Hesdin mais aussi Arras et les autres villes voisines, il voulut encore laisser ces juridictions séparées et, par une déclaration particulière, il ordonna que Hesdin et Saint-Pol seraient du ressort de Montreuil comme auparavant : ce roi soucieux et inquiet, tentait ainsi de réunir entre ses mains les mille réseaux des coutumes qui enlaçaient la France dans des replis de chicanes et d'interprétations aussi incompréhensibles que désastreuses pour ceux qui y avaient recours ; mais c'était pour tenir dans une de ses mains toute la justice du royaume.

Il régla aussi d'une manière positive la position de Montreuil : « Montreuil, qui nous appartient de notre domaine ancien, dit-il, est enclavé de toutes parts, entre les comtés d'Artois, Boulonnoys et Ponthieu, sans avoir pays appendant à elle [1]. »

Voilà donc la condition de cette ville bien définie : elle n'appartenait point au Ponthieu et ne fut, par conséquent, point livrée au duc de Bourgogne avec les villes de ce comté et les places de la

[1] *Ordonnances des rois de France,* tome VI, pages 108 et 234.

Somme; elle avait son existence propre et ne dépendait que de la couronne. C'est peut-être ce qui la fit négliger et abandonner, car souvent les rois de France eurent des embarras tels qu'ils purent oublier la petite ville qu'ils possédaient à l'embouchure de la Canche.

Louis XI, dans sa haine contre la féodalité, cherchait, par tous les moyens possibles, à ruiner les grands vassaux et surtout le duc de Bourgogne; il avait, à cause de ces dissentiments, quelque peu de rancune contre la ville de Montreuil, que les sires de Fosseux et d'Humbercourt avaient rangée contre lui. Quand elle rentra sous sa domination, il se fit représenter une requête de ses habitants au chancelier, qui demandaient d'être exempts d'aller aux *montres* (revues), à Amiens, la plupart d'entre eux étant *gens anchiens, débilités et point accoustumés de monter à cheval*, et il s'y refusa. Cette raison fut cause sans doute que les Montreuillois se rallièrent au parti de Charles-le-Téméraire. Mais après la mort de ce prince, Louis XI s'étant emparé de leur ville, ils jugèrent qu'ils n'avaient rien de mieux à faire que de se soumettre au monarque français, et ils le firent par l'entremise du comte de Torcy, qui les obligea à cet effet à jurer qu'ils resteraient attachés à son service, contre et envers tous jusqu'à la mort. Louis XI oublia sans doute ses griefs contre eux, car, plus tard, il leur délivra des lettres de sauvegarde [1].

Voici au reste un fragment du curieux document dans lequel M. H. Dusevel a puisé les détails de cette soumission : « Jehans d'Estouteville, seigneur de Torcy, etc., maistre des arbalestriers de France et capitaine-général du roy au bailliage d'Amiens. Comme par la charge et mandement du roy nostre sire qui avoit esté adverti du (trespas) de feu monseigneur de Bourgogne, nous ont été escript nous tirer en la ville de *Montreuil* possédée par le feu duc de Bourgogne durant sa vie pour ladite ville remectre en sa main et obéissance et en prendre possession à son prouffit, en vertu de quoi nous feuissions transporté au-devant de ladite ville et commandé aux mayeur, eschevins, bourgeois, nobles et aux manans de ladite ville, qu'ils nous feissent ouverture et délivrance d'icelle, pour et au prouffit du roy en vertu du pouvoir à nous donné... En obéissant auquel commandement yceulx mayeur, eschevins, bourgeois, manans et habitans et nobles, estons en ycelle, eulx desmontrons vrays et loyaulx subjects, nous aient fait ouverture et délivrance de ladite ville en laquelle estoit messire Jacques, seigneur de Rambures et de Dompierre, requérons en ce faisant, que lesdits bourgeois, manans et habitans

---

[1] Ordonnance promulguée à Abbeville le 21 novembre 1463.

de ladite ville, tous gens d'église, nobles comme
de tous estats, fussent entretenus et asseurez de
demourer tant en corps comme en biens mœubles
et héritages entiers et paisibles sans aucune dimi-
nution, intérests et domaige, et aussi maintenir en
leurs droits, priviléges, franchises, libertéz et usages... en nous faisant les serments d'estre bons et
loyaulx subjets : savoir faisons que, aprez ce qu'ils
ont et ledit messire Jacques *fait le serment d'estre
bons et beaulx et faire tout ce que vrays subjects
doibvent faire envers leur souverain, de eulx acqui-
ter en son service contre et envers tous jusques à la
mort;* nous, pour le roy, avons reçu lesdits sieurs
comme *purs, nets, bons et beaulx subjects,* etc. [1].

En travaillant pour ses propres intérêts, ce roi
superstitieux et égoïste avait rendu, sans y songer
et sans le vouloir, un grand service à la civilisation ; animé d'une haine tenace contre les possesseurs de fiefs, il leur arracha, autant qu'il fut en lui,
le droit de justice qui entre leurs mains était l'ins-
trument de leur vengeance et de leur cupidité ; il
porta le dernier coup à la féodalité qui, si elle poliça
les mœurs des seigneurs, causa de grands maux dans
le Ponthieu et dans toute la France en y orga-
nisant la guerre civile. A Montreuil particulièrement son séjour fut utile. Si ce ne fut point un roi

---

[1] *Titres du château de Rambures.*

qui pût être aimé, à cause de ses défauts et de sa cruauté, on lui doit un souvenir parce qu'il fraya la voie de la liberté.

Après la mort de ce roi, le calme se fit autour de la ville de Montreuil, et nos annales nationales n'en parlent guères. M. Dusevel rapporte cependant qu'en 1492, onze ans après sa mort, les Anglais étant descendus à Calais, la ville d'Amiens se hâta de ravitailler Montreuil et Boulogne, afin d'éviter que ces places ne vinssent à tomber en leur pouvoir. Au mois de mai 1500, le maire et les échevins de Montreuil écrivirent à ceux d'Amiens une lettre curieuse pour les prévenir que dans une réunion qui avait eu lieu précédemment, et où se trouvaient entre autres grands personnages, le seigneur de la Gruthuze, le bailli d'Amiens et le sénéchal du Boulonnais, il avait été décidé qu'une assemblée aurait lieu à Amiens, afin de députer vers le roi de France, pour obtenir la permission d'user de la monnaie de Flandre en Artois et dans les autres pays soumis à l'archiduc, ce qui serait fort utile au commerce; mais le maire et les échevins d'Amiens répondirent à ceux de Montreuil, qu'ayant déjà un député à Paris, ils attendraient son retour pour aviser à ce qui serait à faire[1].

---

[1] *Souvenirs des villes de Picardie*, par M. DUSEVEL. MONTREUIL, page 12.

16.

Cependant, en dépit des entraves apportées au perfectionnement des institutions humaines, le progrès avait marché, lentement sans doute, mais enfin la Providence préparait déjà les voies par lesquelles les esprits sortaient peu à peu des langes du passé, et en cinq siècles, la ville de Montreuil avait changé d'aspect et progressé tant au point de vue moral qu'au point de vue physique.

X

Montreuil au xve siècle. — Eglises. — Commerce. — Industrie. —
Usages

La ville de Montreuil, si on en excepte le château, l'échevinage, les églises et quelques maisons
particulières, était composée de maisons bâties en
terre et bois et recouvertes de paille ou chaume.
Ce ne fut que vers le milieu du xvie siècle qu'on
commença à les construire plus solidement et à les
recouvrir en tuiles; les étages avançaient sur les
rues, ce qui interceptait l'air et les rayons du soleil; les municipaux durent faire un règlement qui
défendait de donner aux saillies plus de deux pieds
et demi, de manière qu'un homme à cheval dût
passer librement dessous. Il fallait également que
« aucune maison n'ayt fenestre par dehors qu'on ne
» puisse aller à cheval par dessous à peine de cent
» onze sous [1]. »

[1] *Edits de police de la ville de Monstreul.*

Les rues n'étaient point pavées, et ne le furent que longtemps après. Il existait déjà, dès le xve siècle, la rue du Paon, nommée ainsi d'un hôtel du même nom, habitée par des charrons et par les *aleresses* ou nourrices chargées par les échevins de nourrir et soigner les orphelins. Au xvie siècle, la ville acheta dans cette rue une maison située près du *refuge de Valloires*, pour y loger les femmes chargées du soin des enfants devenus orphelins par suite de la contagion; ses prolongements reçurent dans la suite les noms de rue des Carmes, du couvent de ce nom, et rue de Valloires.

Les rues de Claquenbas et de Claquenhaut furent ainsi nommées par corruption de *Clap-en-bas* et de *Clap-en-haut* leur premier nom, qui provenait de ce qu'elles étaient habitées uniquement par des forgerons. Les selliers demeuraient dans la rue du Rincheval, ancien nom d'un objet de sellerie : une maison de cette même rue, qui portait encore, avant la révolution de 1789, l'enseigne du *Riche-Cheval*, servait, au moyen âge, de lieu de réunion de la confrérie des selliers.

Plusieurs rues tiraient leur nom des artisans qui les habitaient, telles que la rue des Bouchers, la rue des Cordonniers, la rue des Barbiers; la rue du Change était occupée par les changeurs; celle du Tripot par des maisons de jeu.

La rue du Plat-d'Etain vient de l'enseigne d'une auberge qui représentait une énorme assiette de ce métal. Les charpentiers étaient établis à la basse ville, au lieu dit le *Val-Saint-Josse*. Les drapiers occupaient la rue des *Galices* (Galitium), qui signifiait, au moyen âge, un moulin à foulon, et une autre rue qui ne fait plus partie de l'enceinte actuelle. Les sergers avaient, dit-on, leurs usines à l'Est de la ville, dans le marais même où s'élevait le vieux manoir *d'Escingnecourt*. La rue de la *Pie* était ainsi nommée des tireurs d'arc qui s'y exerçaient.

La rue Saint-Pierre, Saint-Firmin, la rue Saint-Wulphy, qui s'est effacée sous les remparts, tiraient leur désignation des paroisses de ce nom. La rue de la Citadelle se nomme aujourd'hui rue *Butinoise;* la rue des Juifs vient du séjour des Israélites. La rue du grand et du petit *Coq-en-Pot,* était ainsi nommée parce qu'on suppose que les arbalétriers se réunissaient en ce lieu pour y faire leurs exercices; les buts étant figurés par des coqs empaillés.

On ne commença à paver ces rues, ou du moins les principales, que dans le commencement du xviie siècle. Il en résultait auparavant que, dans la saison des pluies, c'étaient de véritables cloaques d'une boue argileuse, ce qui, malgré la position élevée du sol, engendrait des maladies pernicieuses, comme en 1523 et 1596, où une épidémie ravagea la ville et fit périr la moitié des habitants.

Il y avait encore au xv° siècle un château nommé *Del' porte*, qui appartenait aux Boort Kieret, dont le joug pesa, dit-on, longtemps sur la commune, mais qui plus tard furent obligés de plier sous ses lois. Ils avaient un autre château-fort à Esquincourt, dans le marais Saint-Martin, mais ils furent tenus de l'abattre.

On signale aussi, à cette époque, l'existence de fumiers dans les rues, sur lesquels croupissaient les animaux de basse cour, vaches, veaux, porcs et volailles. Ces animaux allaient paître dans les communaux de la vallée concédés à la ville par les premiers comtes de Montreuil. Ces pâturages étaient encore soumis aux inondations de la mer, car aucune digue n'avait été élevée pour les en préserver. Dom Grenier, qui en parle dans ses notes, dit qu'elles étaient submergées pendant neuf mois de l'année, ce qu'il ne faut cependant point prendre à la lettre, car ces submersions provenant de la mer, l'eau ne pouvait les couvrir qu'à l'heure du plein, ce qui devait arriver environ cinq ou six jours sur quinze.

Nous ne comprenons pas que Dom Grenier ait signalé ces pâturages comme étant d'une qualité médiocre qui contribuait à rendre d'une maigreur excessive les bestiaux qui y puisaient leur nourriture, ce qui serait hors des conditions ordinaires des terres alluviennes, même de celles qui se forment habituellement à l'embouchure de la Canche et qui sont remarquables par leurs principes fertilisants. Linguet, qui écrivait un siècle après sur la possibilité de rendre la Canche navigable pour les bâtiments de mer jusqu'à Montreuil, et pour les bateaux plats jusqu'à Hesdin, disait, au contraire, que « la nature de ces terrains était » estimée, avec raison, la meilleure de toutes, et » qu'en calculant les richesses que devait produire un pareil terrain, l'imagination était accablée de l'abondance où elle les suppose [1]. »

Les monuments religieux, à cette époque, étaient nombreux et remarquables par leurs constructions, nous en avons déjà parlé; mais les dons des souverains, des princes et des riches particuliers les avaient considérablement embellis. Au xve siècle, les églises et les couvents, à Montreuil, étaient dans toute leur splendeur. L'Hôtel-Dieu était un des plus beaux du Nord de la France, il avait été construit en l'an 1200, par la piété de Gauthier de Montreuil, seigneur de Maintenay, qui, sentant sa

---

[1] *Mémoire sur un objet intéressant pour la province d'Artois.* Abbeville, 1765, page 42.

lin approcher, avait voulu fonder un lieu de refuge et de tranquillité pour les pauvres malades. Suivant l'usage, ce pieux établissement, qui s'était considérablement enrichi, était desservi par des religieuses de l'ordre de Saint-Augustin, sous la conduite d'un maître ou directeur tout à la fois spirituel et temporel; à côté de la maison étaient placés des frères laïcs de l'ordre hospitalier de Saint-Nicolas. Ce voisinage ayant donné lieu à des suppositions scandaleuses, les frères de Saint-Nicolas furent supprimés dans le courant du xvᵉ siècle.

Il existait aussi à Montreuil une maladrerie qui était située au milieu des champs, à peu de distance de la ville; le nombre des lépreux ayant diminué et n'y ayant plus de malades, les bâtiments restèrent inhabités et déserts. La possession des biens de cet établissement fut, pendant longtemps, un sujet de discorde entre les religieux de Saint-Saulve qui le gouvernaient, et l'échevinage qui les réclamait comme appartenant à la couronne. Ils furent, au xvᵉ siècle, réunis à ceux de l'Hôtel-Dieu, en même temps que les biens de la léproserie de Waben. Le revenu, peu considérable d'ailleurs, était en grande partie affecté sur le domaine des comtes de Ponthieu. L'Hôtel-Dieu de Montreuil rendait ses comptes à l'évêque d'Amiens.

En 1545, un comte de Lannoy, gouverneur de la ville, fonda un hospice des orphelins [1].

Entre autres églises, dont était ornée à cette époque la ville de Montreuil, on voyait la riche Notre-Dame de Darnetal, remarquable par le luxe de son portail sculpté; Saint-Wulphy; Saint-Pierre, située à la Maladrerie et qui joua, dit-on, un grand rôle dans les miracles de saint Wandrille; cette église était petite, mais jolie, au portail élancé, aux légères ogives, à la voûte élégamment découpée, à laquelle étaient appendus les cuissarts, les brassarts, la bannière et la cotte de mailles de l'un des chevaliers de Forceville [2]; Saint-Walloy, contiguë à l'abbaye de Saint-Saulve, où les femmes stériles allaient faire des neuvaines pour avoir des enfants. Saint-Jacques, petite église rebâtie après la destruction de 1537. Elle appartenait à cette époque à une confrérie dite des pèlerins Saint-Jacques, qui s'engageait à faire, pour les malades ou pour les morts, le voyage de Saint-Jacques en Galice : les testaments de l'époque sont remplis de legs en sa faveur.

Le couvent des Carmes était resté debout après le sac de la ville. Cet établissement ne remontait guère au-delà des dernières années du XIIIe siècle.

[1] Note de M. Henri PAPEGAY.
[2] *L'Interdit.* Chronique montreuilloise, par M. BRAQUEHAY. 1840.

Les Carmes étaient tenus d'enseigner gratuitement le latin aux enfants.

L'église de Saint-Saulve se remarquait entre toutes par sa richesse. Ses revenus étaient immenses, ils s'accrurent encore par la réunion des biens de Saint-Josse[1]. Le 15 mai 1377, l'abbé permit aux officiers municipaux de placer une horloge dans une des tours[2] ; mais en 1467 cette église était, dit-on, entièrement ruinée, et les religieux, afin de se procurer de l'argent pour la rebâtir, imaginèrent de promener, dans tous les environs, les reliques de leur monastère; ces reliques étaient, outre celles de saint Saulve, des fragments des corps de saint Ingaud, saint Walloy, saint Mâlo[3] et saint Wul-

[1] Voir le procès-verbal des rentes et revenus divers de l'abbaye de Saint-Saulve, ordre de Saint-Benoît, congrégation de Saint-Maur, du 10 février 1790. (Henri PAPEGAY.)

[2] Le portail de cette église était, avant le siège de 1537, accompagné de deux tours plus élevées de beaucoup que la tour actuelle qui sert de clocher. (Note de M. Henri PAPEGAY.)

[3] Au sujet de ces reliques, don Ducroq, moine de Samer, raconte que la Bretagne, pour sauver de la profanation des barbares les reliques des sains bretons qu'elle vénérait, entre autres celles de saint Walloy et de saint Maclou, s'appliqua à les tirer de leurs mains sacriléges, confia ce dépôt à l'évêque Clément et à l'abbé Benoît, qui, après l'avoir embarqué sur mer, arrivèrent au port de Montreuil. Ces deux hommes illustres par leur sainteté, qui avaient dessein de conduire leurs saintes reliques en Angleterre, furent tellement charmés des manières généreuses et bienfaisantes du comte Helgaud, qu'ils résolurent de s'arrêter dans les terres de sa dépendance. « Helgaud, maître des reliques, se les appropria et les déposa dans l'église Saint-Saulve. » Il dota même cette église de la belle terre de Cavron-Saint-Martin, fit reconstruire l'église et l'abbaye, qui prit dès-lors le nom de saint Walloy, qu'elle porta près de deux siècles, tout en reprenant quelquefois son ancien nom. Saint Maclou devint le patron de la ville.

phy, puis la châsse de saint Maxime qui, perdue en 373, fut retrouvée en 1164 à Montreuil, où elle avait été cachée pour la soustraire aux ravages des Normands; les manchettes de sainte Austreberthe, etc.

Avec tant de reliques, Dieu sait ce qu'il se faisait de miracles dans les églises de Montreuil, qui s'enrichissaient des dons sans nombre que les fidèles y venaient verser. Ce fut pendant plusieurs siècles la gloire et la fortune de Montreuil; on y venait de loin les adorer et y apporter des aumônes; dans les grandes circonstances de calamités publiques, fréquentes à cette époque, telles que sièges, pestes, famines, on les portait en procession, et les plus nobles seigneurs de la ville briguaient à l'envie l'honneur de les porter sur leurs épaules; ils étaient précédés dans leur marche par le clergé au grand complet, puis le mayeur et les échevins et les autres officiers municipaux.

La lettre suivante, dont nous devons la connaissance à l'obligeance de M. Dusevel, prouve toute l'importance qu'on attachait alors à la possession des reliques. En 1452, les religieux du monastère de Saint-Saulve, ayant résolu de mettre le corps de leur patron dans une nouvelle châsse, plus riche que l'ancienne, ils présentèrent aux maire et échevins d'Amiens la supplique suivante, pour en obtenir un secours :

*¹ A nos très-honorés seigneurs, maire et échevins de
la ville et cité d'Amiens.*

« Nos très-honorés seigneurs,

» Nous nous recommandons humblement à
vous et vous plaise savoir : que en notre église et
abbaye sont de très long et ancien temps plusieurs
corps saints et reliquaires ; et, entre autres, avons
dans notre dite église, en une châsse ou fierte, les
os du benoit corps de monsieur *saint Saulve* qui,
en son temps, fut évêque d'Amiens. Et pour ce
que la châsse où est ledit corps saint n'est que de
bos, sans estre enrichie d'or ni d'argent, ni de quelconques pièces précieuses, qui est chose mal séant,
nous avons conclu de faire translater ledit corps
saint ; et pour ce, avons fait faire une nouvelle
fierte et commenchier à la couvrir d'or et d'argent,
mais il y a encore grant ouvrage et grant despense
à parfaire, et nous est impossible de la finir, sans
l'aide de vous et autres bonnes gens.

» Pourquoi, nos très-honorés seigneurs, vous
supplions et requerrons, au nom et en la remem-
brance de Dieu, notre créateur, et au regard que
ledit monsieur *saint Saulve* fut en son vivant évêque résident en votre ville d'Amiens, donner au-

---

¹ *Souvenirs des villes de Picardie.* Montreuil. H. DUSEVEL, p. 10.

cune portion de vos biens pour ce employer à la perfection de ladite châsse ou fierte. »

Le maire et les échevins, ajoute M. Dusevel, accueillirent favorablement cette supplique, et donnèrent aux religieux de Saint-Saulve un marc d'argent pour les aider dans leur pieuse entreprise.

Il existait sur la place Verte une église dédiée à Notre-Dame, dont le portail était admirable de statues et de sculptures. On ignore à quelle époque elle fut construite. On sait seulement qu'elle fut détruite par accident vers la fin du xvᵉ siècle, et que, reconstruite peu après, elle fut bientôt ruinée de nouveau, lors de la prise de cette ville, en 1537, par les Impériaux.

L'église Saint-Wulphy avait été bâtie vers la fin du ixᵉ siècle, sur l'emplacement d'une masure dans laquelle les habitants de Rue étaient venus déposer les reliques de leur patron, pour les mettre à l'abri des ravages des Normands qui menaçaient à chaque instant l'existence de leur ville. Cette église, que le siège de 1537 avait ruinée comme celle de Notre-Dame, fut donnée au couvent des Carmes lorsque la peste eut, en 1596, totalement dépeuplé le quartier où elle était située.

Avant le siège de 1537, la paroisse de Saint-Josse-aù-Val avait trois nefs, dont les chœurs étaient tournés au levant, où se trouve actuellement la porte d'entrée. La tour du clocher et le principal portail étaient situés au lieu où est aujourd'hui le chœur. Cette église, ainsi que son clocher, ayant éprouvé des dommages considérables pendant le temps que dura le siège meurtrier dont il est question, on ne fit qu'un seul toit pour abriter les trois nefs. L'édifice reçut, dit-on, peu 'à peu les modifications qui le firent ce qu'il est maintenant [1].

L'abbaye de Saint-Josse, voisine de Montreuil, brillait alors de toute sa splendeur, et ses richesses étaient très-grandes. Les rois et les princes venaient y prier et y déposer maintes offrandes. Elle reçut de grandes aumônes du roi Louis XI, et les ducs de Bourgogne y offrirent à plusieurs fois des dons considérables. En 1457, le comte de Charolois quitte Bruxelles avec la comtesse sa femme, tout exprès pour venir en pèlerinage à Saint-Josse. « A son arrivée, il fait acheter des ymages » d'argent dudit saint, dorées et blanches, les- » quelles coûtent 54 sous et quatre enseignes d'or, » qui, à raison de quatorze sous pièce, reviennent » à cinquante-six sous [2]. »

Le calice de Saint-Josse était un objet tenu en grande révération dans l'église de l'abbaye ; on l'adorait, et personne n'aurait osé y toucher. « Et

[1] Note de M. Henri Papegay.
[2] *Archives du Nord*.

» ne peut oncques, disent les *Archives du Nord*,
» depuis ne cardinal, ne legat, ne evesque y faire
» benedïçon et est gardé en grant révérence. »

Le révérend père Dom Martenne nous a donné une description de ce calice tel qu'il le vit au commencement du xviiie siècle : il était de fonte, peu élevé ; mais la coupe était fort large et garnie de deux anses. On y lisait cette inscription :

† CVMUINOMIXTA FIT XPLSANOVIS GANDA
TALIBVS HS SUMPTIS SALVATVR QUISQ : FIDEES

« Sur la coupe est représenté un christ dans son siège, entre saint Pierre et saint Paul, et de l'autre côté un agneau entre deux anges. Sur le pied du calice se trouvent quatre figures de saints ; l'un revêtu en prêtre avec cette inscription..... *S. sacerdos christi et confessor*. L'autre en habits pontificaux, mais sans mître, avec ces mots : *Hic est sanctus Martinus archiepiscopus*. Le troisième, en habits sacerdotaux, tenant la crosse en main, sans mître, avec ces mots : *Pater monachorum benedictus abbas*. Enfin, le quatrième, revêtu d'habits pontificaux, tenant la crosse en main, mais aussi sans mître, avec cette inscription : *Hic est S. vedastus episcopus* [1]. »

---

[1] *Voyage littéraire de deux religieux bénédictins de la congrégation de Saint-Maur*, par les révérends pères D. MARTENNE et don URSIN DURAND, in-4, 1717. Paris, tome II, page 78.

La ville de Montreuil était convenablement située pour le commerce, cet élément nécessaire à
la vie des nations; ses habitants ne demandaient
que la tranquillité pour pouvoir s'y livrer; nous
avons vu plus haut qu'ils faisaient partie de la hanse
teutonique et que leur port faisait des armements
pour des expéditions commerciales et pour défendre les expéditions marchandes contre les corsaires
ennemis, lorsque vers le xve siècle, les alluvions
ne permirent plus aux navires d'arriver jusqu'au
pied des murailles de Montreuil, ils s'arrêtèrent à
Étaples, qui devint alors le seul port de la Canche.
Néanmoins, bien que les alluvions se fussent accrues dans la vallée, au lieu où avait été le port,
il n'y avait point encore de pont pour aller de
Montreuil à l'autre côté de la vallée. Nous voyons,
en 1450, figurer parmi les dépenses du duc de
Bourgogne, 24 sous payés à plusieurs bateliers qui
avaient passé mondit seigneur, madame la duchesse
et leur compaignie à certains lez, la ville de Monstreul, en allant en pèlerinage de la ville de Hesdin
à Notre-Dame de la ville de Boulogne, y compris,
il est vrai, l'aumône faite à certains *soyeurs d'aiz*
que mondit seigneur trouva en allant audit pèlerinage [1].

---

[1] *Archives du Nord.*

Le port de Montreuil, qui était situé sur le chenal de la rivière, à la basse ville, portait le nom de port de la *Poulie*. Des négociants de diverses marchandises y avaient leurs magasins ; les marchands de vins surtout y étaient nombreux ; ils approvisionnaient toute la Flandre par le port franc d'Etaples. Ce port fut détruit en 1537, lors du sac de la ville par les Impériaux.

Les marchés y attiraient non seulement les habitants de la contrée, mais aussi beaucoup d'étrangers : celui du samedi était considérable ; sa fondation est inconnue, mais les traces existent dans tous les titres les plus anciens : c'était au moyen-âge une véritable foire où l'on étalait une foule d'objets qui ne se vendent plus aujourd'hui. On y exposait toute espèce de bestiaux. Le marché aux moutons avait lieu dans une rue adjacente à la grande place, qui a conservé le nom de rue des *Brebiettes*, ou des *Clochettes à brebis*. La foire, dite de *Saint-Maclou*, date de la translation des reliques de ce saint à l'abbaye de Saint-Saulve, c'est-à-dire au temps d'Helgaud ; elle fut établie par l'abbaye, et à son profit, à la porte de l'église [1]. Une ordon-

---

[1] Dans les temps modernes on défendit la tenue des foires devant les portes des églises et surtout dans les *cimetières*. Voyez, à cet égard, l'ouvrage de l'archidiacre Boudon, intitulé : *Du respect dû à la sainteté des églises et des profanations qui s'y commettent*, in-24 ; Paris, 1752, page 147. — Malgré toutes les raisons données

nance du 6 mai la confirma pour huit jours et en établit une autre de trois jours, le 28 novembre.

Il y avait encore à Montreuil, outre cette foire, le *landit* de Saint-Maclou, qui se tenait à Beaumerie, dans un champ de l'abbaye nommé *le markiet Saint-Maclou*. L'origine est la même sans doute, mais la foire dure encore, et l'on ne saurait assigner d'époque à la suppression du *Landit* [1].

Le commerce de Montreuil se divisait en sept ghildes ayant chacune pour chefs deux prévôts qui étaient tout à la fois chefs militaires de la corporation, gardiateurs des priviléges et officiers de police industrielle.

Sous Philippe-Auguste, les ghildes de Montreuil reçurent du roi de France d'importantes prérogatives, et voici à quelle occasion : On sait qu'Alix, sœur de Philippe-Auguste, fut séduite pendant son séjour en Angleterre par le roi Henri II, et qu'elle eut à subir d'indignes traitements de la part du prince qui l'avait outragée. Des marchands de Montreuil, que le commerce des laines avait appelés dans la Grande-Bretagne, vinrent généreusement à son aide, et la tradition rapporte que la sœur du

par l'auteur de cet ouvrage, l'usage de faire les marchés devant quelques églises et de tenir des sortes de foires dans les cimetières existe encore à Doullens (Somme) et à Sentelie, village du même département. (*Note de M. H. Dusevel.*)

[1] *Histoire de la ville d'Abbeville et du comté de Ponthieu*. Louandre, tom. II, p. 385.

roi de France n'eut, pendant quelque temps, d'autres moyens d'existence que les secours qui lui furent donnés par ces marchands. Alix, à son retour, se montra reconnaissante. Le roi, son frère, et le comte de Ponthieu, dont elle fut depuis la femme, accordèrent aux gueuldons de Montreuil des priviléges qui ne furent proscrits qu'en 1789.

Les titres des ghildes étaient conservés à l'échevinage dans un registre intitulé le *Livre aux noires aisselles*. Il résulte d'une sentence du bailli d'Amiens, en date du 13 octobre 1389, que la connaissance des causes de la ghilde appartenait en premier ressort aux officiers royaux et non à ceux de l'échevinage de Montreuil. C'est qu'en effet la ghilde, et Charles V le déclare expressément dans un édit, était de fondation royale; et, en reconnaissance de la suzeraineté de la couronne, les marchands qui en faisaient partie devaient présenter aux rois de France, à leur première entrée dans la ville, un drap d'or ou de soie ou cent sous parisis.

Les gueuldons, dans le xive siècle, étaient au nombre de soixante-dix, et comptaient au premier rang des habitants notables; ils se réunissaient pour les affaires du commerce dans une maison nommée la guyhalle qui appartient encore à la ville et dans laquelle se vendaient les laines et d'autres marchandises.

L'organisation de la ghilde de Montreuil est tout à fait exceptionnelle. Cette ghilde n'est point, comme les corporations, accessible à tous les bourgeois par l'apprentissage, les droits de maîtrise et sous la simple garantie de la capacité et de la moralité. Elle forme une sorte d'aristocratie qui paraît s'être occupée du commerce et non de la fabrication. Le titre de gueuldon ne peut être ni aliéné ni vendu ; il se transmet par succession héréditaire, de mâle en mâle, à l'exclusion des femmes, et il est dévolu de préférence au dernier né des enfants. A défaut de descendant direct, le titre de gueuldon passait en ligne collatérale au plus ancien cousin. Le nouveau gueuldon payait quarante sous de relief au profit de la ghilde, et cette association percevait dans la ville et la banlieue de Montreuil, pour se défrayer de ses charges, des droits de pesage sur toutes les marchandises.

Les familles des gueuldons tombées dans l'indigence étaient soutenues par tous les membres de la ghilde sur les biens communs ; et, en cas d'insuffisance, au moyen d'une taille imposée par les prévôts.

Souvent entravée dans ses priviléges, soit par les officiers royaux, soit par les magistratures urbaines, la ghilde de Montreuil les défendit toujours avec obstination, et ses priviléges se maintinrent jusqu'en 1789 [1].

Malgré les maux des guerres étrangères et des luttes civiles, les communes s'affermissaient dans leur autorité; on semble enfin vouloir sortir de la barbarie. La bourgeoisie, déjà guerrière, s'enrichissait par le commerce, la ville de Montreuil faisait des efforts pour s'étendre et ouvrir des relations avec les principales villes commerciales, avec Rouen, Anvers.

On faisait du sel sur plusieurs parties des terres alluviennes de l'embouchure de la Canche et à Waben. C'était, pour la ville, dans les temps de paix, une grande source de revenus; aussi quand, en 1523, on lui annonça qu'un impôt venait d'être créé sur le sel, ce fut une explosion de murmures et presque un soulèvement. On résolut de députer au roi pour réclamer fortement contre cette innovation ruineuse. On a lieu de croire, disent les notes manuscrites de M. Devérité, que, vu les circonstances, la réclamation réussit et que cet impôt ne fut pas levé.

Plusieurs habitants de la ville étaient brasseurs.

---

[1] Notes communiquées par M. Ch. HENNEGUIER à M. Louandre pour l'*Histoire d'Abbeville*. Voir *sentence de Bertrand des Bans, bailly d'Amiens, 1356; sentence du bailly de la même ville, 1383; arrêt du Parlement* du 14 août 1386; *arrêt de la cour des Aides* du 14 août 1682.

Des brasseries étaient aussi établies dans les couvents : les moines préparaient eux-mêmes la bière et avaient, à cet effet, dans leur enclos, des fourneaux, des cuves et des moulins [1]. Les échevins s'étaient réservés le droit d'aller chez les brasseurs goûter chaque cuve de bière nouvelle et de la faire répandre si elle ne leur paraissait pas de bonne qualité.

En 1522, les municipaux commencèrent à taxer la bière, malgré l'opposition des brasseurs. Le maximum de leur bénéfice fut calculé, sur leurs dépenses et débours, par brassin de bière, après épreuves faites en présence du procureur d'office.

Dans les temps prospères, quand la ville avait des ressources à sa disposition, elle faisait la banque et prêtait aux communes voisines : en 1272, elle prête au seigneur de Vignacourt onze livres parisis, et c'est pour les Montreuillois une occasion d'étendre leurs priviléges commerciaux, car le même seigneur, reconnaissant du service rendu, leur accorde franchise pleine et entière pour eux, leurs valets et leurs bêtes de somme à Vignacourt, Flixecourt, l'Etoile, Favières et Villers-Bocage. Il leur suffira de déclarer par serment que les marchandises ou denrées sont à leur usage. Il s'engage

---

[1] *Le Moyen-âge et la Renaissance*. FERDINAND SERÉ. *Nourriture et cuisine*, tom. I.

à ne les molester en rien, et s'ils souffraient par hasard quelque avanie, il les dédommagera sur leur première demande [1].

Les comptes municipaux étaient rendus devant le commun et le corps de ville. Le bailli d'Amiens venait les contrôler.

Malgré les guerres, les invasions, les discordes civiles, les bouleversements sociaux n'empêchaient point les habitants de s'amuser. M. Dusevel nous a cité un passage où les arbalétriers d'Amiens vinrent, en 1410, passer douze jours en plaisirs pour y tirer de l'arc. Ce plaisir se renouvelait souvent, et les villes d'Abbeville, Doullens, Arras, Saint-Pol et autres y envoyaient leurs députations ; les arbalétriers de Montreuil allaient à leur tour aux invitations qui leur étaient faites dans l'une ou l'autre de ces villes, et ils y remportaient des prix dont ils étaient justement orgueilleux : c'était à Montreuil, dans la rue de la Pie, et plus tard dans la rue Coq-en-Pot, qu'était dressé le mât au haut duquel étaient juchés les oiseaux empaillés qu'il s'agissait d'abattre.

Ce plaisir n'était pas le seul, il y avait aussi celui des représentations dramatiques. Montreuil avait sa société de comédiens, qui jouaient devant les rois et

[1] *Manuscrit de* Dom Grenier, 50ᵉ paquet, nᵒ 4, 1279.

les princes quand ils faisaient à la ville l'honneur
d'y stationner. Au temps de Louis XI, les comédiens
de Montreuil furent invités par la ville d'Arras à
venir jouer dans leur ville, et ils reçurent en prime
une rose d'argent pour être venus du lieu le plus
éloigné.

Ces comédiens étaient sans doute *les enfants de
la Lune*, société qui avait le droit, dans les jours
de réjouissance, de plaisanter les autorités et même
le clergé dans l'église : c'était ce qu'en d'autres
lieux on appelait la fête des fous.

M. Dusevel, dans une étude *sur les Joueurs de
farces d'Amiens*, pense que c'est la *Fête des Sots* et
la fête des *fous* que faisaient les *enfants de la Lune*.
Il établit une distinction entre ces deux fêtes qui a
paru assez rationnelle : la première, dit-il, était
une fête à laquelle présidaient des *laïcs*, tels que
des clercs de procureur, etc.; la seconde, au con-
raire, semblait être le partage exclusif des vicaires
et bas-officiers des *églises*.

M. Louandre dit que, dès 1547 ou 1548, la ville
de Montreuil eut des représentations scéniques ré-
gulières, mais que les renseignements obtenus à
cet égard se bornent à l'énonciation de diverses
sommes payées aux acteurs qui avaient figuré dans
les représentations.

Il résulte de ces comptes que chaque année, à

l'époque du renouvellement de la loi, le jour de Saint-Simon-Saint-Jude, *les enfants de la grande eschole jouaient ung moral* en l'échevinage et qu'ils recevaient pour leur peine quarante sous tournois. On retrouve des traces de cet usage au xiiie siècle. Les pèlerins de Saint-Jacques, dont la confrérie était instituée à Montreuil, dans la paroisse de ce nom, figurent également comme auteurs dramatiques dans les comptes de l'échevinage. Au xvie siècle, les écoliers jouent encore des mystères sous la conduite d'un nommé Jean de Sains, directeur des études, que l'échevinage avait chargé de la mise en scène [1].

Montreuil avait non seulement ses acteurs, ses *farceurs*, mais aussi ses auteurs et ses poëtes, et l'on a gardé le souvenir de Gilbert de Montreuil, menestrel de Marie de Ponthieu, qui écrivit le roman de *la Violette*, ou *Gérard de Nevers* [2].

Les jours du dimanche et du mardi-gras, les officiers municipaux, à la tête des habitants, se livraient au jeu de la *cholle* [3], qui consistait à lancer en l'air un ballon de cuir gros comme la tête,

---

[1] *Histoire d'Abbeville et du comté de Ponthieu.* M. Louandre, tom. I, page 325 et 326.

[2] Voir, sur ce roman, *le journal des Savants*, juillet 1831. Page 385.

[3] Le jeu de la *cholle* avait également lieu à Amiens. Voir l'*Histoire* de cette ville, par M. H. Dusevel, tome Ier.

18.

rempli de mousse ou de son, *peint d'azur* et semé des armoiries du roi et de la ville. Il était présenté au maire par le procureur de l'échevinage. A la suite de ce jeu, qui durait vingt-quatre heures, il y avait un banquet où l'on servait invariablement des canards aux œufs.

Les réjouissances publiques, les festins, les pourboires se faisaient aux frais de la ville, et souvent avec des divertissements où les libations avaient une grande part. Les archers, les arbalétriers, les sergents-de-ville allaient boire, même au retour des processions, au retour du supplice des criminels. Tout était sujet à récréation. Les hauts fonctionnaires de l'échevinage, dans leurs plaisirs, n'avaient pas plus de dignité que leurs sergents ; ils dînaient et festoyaient aussi en toute occasion aux dépens de la commune, même au retour des funérailles de leur collègue ou de tout autre fonctionnaire, après avoir reçu du plus proche héritier du mort un écu d'or pour boire ensemble ; à Montreuil surtout, la consommation de vin était excessive.

A cette époque, les mendiants étaient nombreux et on les redoutait, car ils volaient et incendiaient les lieux par lesquels ils passaient. Les gardiens des portes à Montreuil étaient tenus de leur refuser l'entrée de la ville, et les habitants devaient prêter main-forte dans les cas d'attaque, ce qui avait fréquemment lieu. A l'appel du portier, tous les habitants du quartier en armes accouraient pour repousser ces bandits, et souvent il y avait des tués et des blessés de part et d'autre.

Ces rigueurs n'avaient lieu que pour les pauvres de l'extérieur : dès le xvie siècle l'autorité municipale commença à s'occuper des pauvres de la ville et à leur distribuer des secours provenant de collectes; mais il leur était défendu de mendier aux portes, sous peine d'être rayés des registres de l'aumône, et même d'être bannis [1].

Dans ce siècle, en 1427, les coutumes de la prévôté de Montreuil furent révisées [2]; le 20 septembre 1500 elles furent écrites, en présence des trois états, au château de cette ville, et publiées le 15 janvier 1509. Elles consacrent les dispositions

[1] *Edits de police de la ville de Montreuil-sur-Mer.*

[2] A tous ceulx que ces présentes lettres verront, Anthoine, seigneur de Crevecœur.... conseiller et chambellan de mon très-redouté seigneur, monseigneur le comte de Charolois, bailly d'Amiens pour le roi notre sire, par mondit seigneur le comte, salut. Savoir faisons que pour mettre et tenir la prévôté royale de Montreuil et le pays à l'environ en bon ordre et justice, et adfin de relever la prévôté de exactions et charges extraordinaires, nous, par l'advis et délibération des conseillers et advocats du roi, notre dit sire, et de mon dit seigneur de Charolois et autres conseillers et practiciens notables, assisteurs avœuc nous és assizes dudit Montreuil, tenues par nous ce mois d'apvril et de may l'an IIIe LXVII, après Pasques, avons renouvellé et fait, faisons et renouvellons les ordonnances et statuts d'assizes cy-après déclariés..... suivent soixante-neuf articles. (*Britisch museum.* Mss. ARUNDEL, n° 12, in-f° parvo. xv, siècle, f° 9 à 15.)

fondamentales de la coutume générale de Ponthieu;
le droit d'aînesse et de masculinité; mais ce droit
n'a pas lieu pour toutes sortes de biens. Les héritages *cottiers* ou roturiers se partagent également
entre les frères et sœurs, entre les neveux et nièces.
Les mêmes coutumes admettent la communauté
conjugale, le retrait lignager et rejettent la représentation. Divers droits féodaux y sont aussi réglés,
et on y voit qu'on peut donner au fils aîné, en
avancement d'hoirie, ses héritages ou acquêts féodaux ou cottiers.

Parmi les redevances qui se payaient encore à
cette époque, on remarque que les tanneurs de
Montreuil étaient tenus de fournir, chaque année,
à l'abbaye de Saint-Josse, trois cuirs de génisses
vierges. Le vicomte allait faire l'inspection des
maisons où se tannaient les peaux jusqu'à ce qu'il
eût trouvé ces trois cuirs. En 1415, Jean de France,
comte de Ponthieu, convertit cette redevance en
une rente de soixante sous parisis. Les villageois
de Saint-Josse devaient, de leur côté, le jour de la
fête patronale, donner au comte de Ponthieu une
vache écorchée. Si cette fête arrivait un jour où
l'usage des viandes n'était pas permis, ils rempla-
çaient la vache par un cent d'œufs et une livre de
poires.

Lorsque le comte de Ponthieu faisait la guerre

au comte de Boulogne, l'abbé de Saint-Josse était obligé de conduire à son service, entre la Canche et l'Authie, les vassaux de son église.

Les coutumes particulières de la prévôté de Montreuil fixent les sommes dues au seigneur en certains cas, les obligations des vassaux, et divers points de jurisprudence féodale sans intérêt. Elles règlent la voierie, les successions des bâtards, les dons entre vifs ou par testament, quelques dispositions du droit civil, et prononcent la confiscation pour les crimes d'hérésie et de lèze-majesté.

Les comtes de Ponthieu s'étaient réservés à Montreuil une partie des droits de justice et y avaient établi une vicomté pour la perception de leurs droits et leurs plaids sur la *motte du comte*, dont les appellations ressortissaient par devant le sénéchal de Ponthieu [1].

Le propriétaire d'un fief sis à Montreuil, et tenu du seigneur de Maintenay, avait le droit de prendre le *hanap*, c'est-à-dire la coupe où buvait l'abbé de Saint-Saulve le jour de son élection. Il avait en outre la tenderie aux oiseaux sur tout son fief, les

---

[1] Cette vicomté de Ponthieu dans Montreuil relevait du comté de Ponthieu; elle fut aliénée en 1570, à faculté de rachat perpétuel au profit de M. Jean Carpentier, sieur de la Vicogne, lieutenant-général du siège royal de Montreuil; elle subsistait encore au temps de Dom Grenier dans des mains particulières, et consistait en plusieurs cens, profits, revenus et émoluments à percevoir dans la ville de Montreuil et aux environs.

fruits d'un arbre à son choix dans le jardin de Saint-Josse et la dépouille d'un pommier au jour de Saint-Josse dans les mêmes jardins.

Lorsque l'hommage n'était pas rendu après quarante jours et quarante nuits, le seigneur pouvait faire saisir le fief. La saisie avait également lieu lorsque l'aveu n'était pas servi dans le délai voulu.

La connaissance du duel, dans la seigneurie de Saint-Josse appartenait à l'abbé; mais les droits de haute justice s'y trouvaient partagés entre lui et le comte de Ponthieu. Les cas non criminels étaient de la juridiction des moines.

L'abbé de Saint-Josse prenait le titre d'abbé et de comte; il s'appelait comte de Saint-Josse, et il était dans son territoire seigneur haut justicier. Les habitants de Beaumerie, vassaux en l'abbaye de Saint-Saulve, fournissaient à cette abbaye tout ce qu'elle devait au roi pour droit de gîte. Ils veillaient les moines après leur mort et les enterraient à leurs dépens; et, soumis au servage dans toute sa rigueur, ils ne pouvaient marier leurs enfants sans le consentement de leurs parents. Par charte du 27 octobre 1220, Aimeric, abbé de Saint-Saulve, fit remise aux habitants de Beaumerie de toutes les redevances féodales, moyennant cinquante livres au profit de l'église. Il leur permit, en outre, par la même charte, de faire partie de la commune de Montreuil [1]. L'abbaye de Saint-Saulve avait obtenu du comte et de la comtesse de Ponthieu toute justice haute et basse, dans ses murs et enclos, et sur la place Saint-Saulve.

Montreuil était au xve siècle au bailliage du Ponthieu; le lieutenant du bailli d'Amiens y résidait. Les appellations allaient directement au parlement de Paris, excepté les cas présidiaux qui allaient à Amiens. Les habitants du comté de Saint-Pol ressortissaient à Montreuil, ou bien, à leur choix, à Abbeville ou à Amiens.

Vers le milieu du xviie siècle, les bailliages de Crécy, de Rue et de Waben furent transférés à Montreuil. Avant le démembrement de l'Artois, ce même bailliage avait dans son ressort Saint-Omer, Hesdin, Saint-Pol, Guînes, Boulogne, Aire, Thérouanne. Les officiers élevaient ainsi des prétentions jusque sur les châtellenies de Lille, Douai et Orchies; mais ces prétentions trouvèrent une résistance invincible dans les officiers du Boulonnais et des châtellenies de Flandres [2].

---

[1] Collection particulière de M. Ch. HENNEGUIER, communiquée à M. LOUANDRE.

[2] *Histoire d'Abbeville et du comté de Ponthieu.* LOUANDRE, tome II, page 413.

XI

A l'avènement de François Ier au trône de France, le 1er janvier 1515, l'état se réveillait d'une anarchie profonde ; la nationalité française avait failli périr dans les guerres avec l'Angleterre rendues plus cruelles par les défections des ducs de Bourgogne ; la France était un vaisseau désemparé sortant d'une mer orageuse, mais dont le corps était encore vif et solide ; il ne fallait qu'un bon nautonnier pour le remettre à flot et le bien guider au milieu des écueils vers lequel il pouvait encore être entraîné.

La société, fatiguée de ces luttes, renaissait à l'espérance et cherchait à se reconnaître ; la civilisation commençait enfin à sortir des entraves où

elle avait été si longtemps retenue par la barbarie
et la féodalité; l'imprimerie venait d'être découverte et l'intelligence humaine, entrevoyant le progrès, cherchait à dissiper les ténèbres que d'igno-
bles intérêts essayaient encore d'épaissir. Le siècle
de François Ier fut appelé *siècle de la renaissance*.
L'instruction, si rare sous les premiers Valois, s'é-
tait répandue; la jeunesse de Montreuil, excitée par
l'exemple de quelques docteurs dont le brillant
savoir était remarquable, allait étudier à Bourges
et à Orléans. Ces jeunes gens se réunissaient à
ceux d'Abbeville et d'Amiens et formaient une
espèce de corporation qui avait son règlement, ses
assemblées solennelles, sa bannière espèce de
guidon de taffetas jaune arboré dans les jours de
solennité; les Flamands, les Hollandais et les Wallons faisaient partie de leur association, qui avait
pris le nom de *nation de Picardie*. Ils avaient
chacun leur verre déposé chez le gouverneur de la
nation et ils s'en servaient aux repas de corps.
Certains habitants de Beaugency étaient tenus de
venir leur présenter une maille d'or du poids de
deux deniers dix-sept grains dans la ville d'Orléans,
le jour de la Saint-Firmin. Dom Grenier donne
en partie leurs statuts et les noms des gouverneurs et écoliers, parmi lesquels figurent des étudiants de Montreuil qui, dans les cérémonies

publiques, suivaient les cortéges, montés sur de fringants chevaux [1].

Un homme de cette époque, qui illustra Montreuil par son savoir, Denis Lamblin, avait fait partie de ces étudiants [2]. François Ier, qui honorait les arts et le mérite, ayant entendu parler des excellentes dispositions de ce jeune savant, le fit venir à Paris et fonda pour lui une chaire de professeur royal dans laquelle il acquit une réputation qui conserva son nom à la postérité.

François Ier était venu en 1517 à Montreuil, où une belle réception lui fut faite ; il visita la ville, ses fortifications, son vieux château [3], et témoigna son regret de voir l'abandon dans lequel on avait laissé ces moyens de défense ; il donna des ordres pour que des réparations urgentes fussent faites.

---

[1] *Histoire d'Orléans.* Guyon, 1646, in-fol., page 129.

[2] Lamblin, né à Montreuil-sur-Mer, se rendit habile dans les belles-lettres et les cultiva avec succès. Il demeura longtemps à Rome avec le cardinal de Tournon, et s'y fit d'illustres amis. De retour à Paris, il fut fait professeur royal en langue grecque et s'acquit une grande réputation par ses ouvrages. Il apprit avec tant de douleur la mort de son ami Ramus, égorgé au massacre de la Saint-Barthélemy, qu'il mourut de chagrin en 1572, à 56 ans. On a de lui des commentaires sur Plaute et sur Lucrèce, sur Ciceron et sur Horace, et d'autres ouvrages. On estime surtout ses commentaires sur Horace. Il laissa un fils très habile qui fut précepteur de M. Arnault-d'Andilly. (*Histoire des patriarches, des princes hebreux, des empereurs et des rois,* etc., par l'abbé LADVOCAT, 1784.)

[3] On l'appelait *château Royal.* Voir le procès-verbal de la révision des coutumes de la prévôté de Montreuil-sur-Mer, dans le *Coustumier général de France.* (Note par DUMOULIN, in-fol. Paris, 1567, tome Ier, fol. 542.)

Pendant son séjour il régla, par une ordonnance générale du 30 juin 1517, le service de la gabelle qui, à Montreuil surtout, laissait beaucoup à désirer.

Malheureusement, si François Ier avait le goût des arts et des sciences, il avait également celui de la guerre; ayant essayé d'être législateur, il voulut aussi être conquérant; les évènements ne secondèrent point son courage, il ne fut point heureux et se fit des ennemis. Il avait alors affaire à Charles-Quint, qui ne souffrait point facilement de rivalité : les deux souverains vécurent presque toujours en guerre. Charles, seigneur des Pays-Bas, était alors maître de l'Artois, qui confinait à la place de Montreuil : ce fut une des raisons qui déterminèrent François Ier à rétablir les fortifications de cette place et à la mettre en bon état de défense. La précaution n'était pas inutile, car bientôt le roi d'Angleterre s'unit à ces ennemis de la France, et le Ponthieu fut de nouveau en proie à de terribles ravages.

François Ier paraît être revenu à Montreuil en 1520[1], sans doute au retour de l'entrevue avec le roi d'Angleterre au camp du drap d'or près de

---

[1] Le 22 mai 1520, dit M. Dusevel, Montreuil fut témoin d'un crime qui fit alors grand bruit. Le secrétaire Lachesnaye, sans propos et sans raison, eut la main coupée par un lansquenet auquel jamais il n'avait fait déplaisir. « Pour ce eut ledit lansquenet le poing tranché et la teste coupée, puis fut pendu honteusement. » (*Journal de Louise de Savoye*, tome V, page 91).

Guines. Pendant ce second séjour en cette ville, il créa des greffiers dans toutes les juridictions du royaume. « Ce fut à l'occasion de la guerre d'Italie » que commença à s'introduire la vénalité des » charges, plutôt par le fait que par le droit, dit le » président Hénaut, car nous ne connaissons point » de loi à ce sujet de ce temps-là, et même longtemps, » depuis François Ier, on faisait encore serment au » parlement de n'avoir pas acheté son office, ce » qui fut sagement aboli par arrêt du parlement, » en 1597 [1]. » L'établissement des greffiers dans toutes les juridictions, et non à Montreuil seulement, semble cependant indiquer l'existence sinon d'une loi duement enregistrée, du moins d'une ordonnance bursale quelconque plutôt que l'œuvre du seul fait.

Pendant ce temps, François de Bourbon, qui avait pris Hesdin en 1521, ravagea l'Artois, alors aux Autrichiens, et retourna à Montreuil après avoir démantelé Doullens. Le duc de Guise et le comte de Saint-Pol étaient venus camper sous les murs de la ville avec un corps de six mille hommes pour observer les mouvements des ennemis ; mais nos recherches ne nous ont pas appris s'ils eurent l'occasion de se signaler dans une rencontre.

[1] *Abrégé chronologique.* Hénaut.

A ces maux de la guerre, vinrent se joindre ceux de la peste : une épidémie dont on attribue la cause à la malpropreté, fit périr les habitants du pays par milliers. On défendit de tenir dans les habitations et leurs dépendances les pourceaux, lapins et autres bestiaux qui courent les rues; on obligea les gens infestés de ce mal à porter, comme les lépreux, de longues verges blanches pour être reconnus de loin, on exigea qu'ils ne communiquassent point avec les gens sains et n'allassent dans les rues que pour les affaires les plus indispensables, à peine d'être bannis. Ils devaient aussi faire une grande croix blanche à leurs *huis* et fenêtres afin que les voisins fussent avertis que la maladie y était; et comme on soupçonnait les environs d'être aussi pestiférés, on défendit d'en faire venir ni marchandises ni denrées jusqu'à nouvel ordre. On établit deux porteurs spéciaux pour le transport des pestiférés au cimetière [1]. » François Ier y perdit son fils, le jeune duc d'Orléans, qui, atteint du fléau à Forest-Montiers, ne put être sauvé [2].

---

[1] *Mémorial historique d'Amiens.* DECOURT, mss. de Dom Grenier.

[2] Ce jeune prince, qui était très brave, était la joie et l'espoir de son père. Étant au quartier-général à Forêt-Montiers et apprenant qu'il y avait dans une maison des gens atteints de la peste, il y entra par bravade, dit-on, ou pour porter des secours. Étant très-échauffé, il but un verre d'eau et sentit peu à peu les atteintes d'une fièvre brûlante. Il dit aussitôt qu'il était malade et qu'il en mourrait. En effet, François Ier prévenu, accourut, mais pour recevoir les derniers soupirs de son fils bien-aimé.

François Ier, qui avait fait commencer des travaux de réparation aux fortifications de Montreuil,
donna ordre au duc de Vendôme, son lieutenant-
général en Picardie, de pourvoir aux moyens de
défendre cette place contre l'attaque probable des
ennemis. Mais les troupes dont pouvait disposer le
duc de Vendôme étaient disséminées dans les différentes places de la Picardie, qu'il ne pouvait
dégarnir; il enjoignit donc au comte de Saint-
Pol, son frère, au duc de Guise et au seigneur
de Lorges, de garder Montreuil avec quatre
cents hommes de pied, leur promettant d'arriver
à leur secours à la tête de forces supérieures si
l'ennemi se portait de leur côté. On était alors
en 1522.

Les choses restèrent ainsi pendant deux ans sans
que les impériaux osassent franchir la ligne de la
Canche; mais, dans les commencements de 1524,
pensant sans doute que la place de Montreuil n'a-
vait point été préparée pour la résistance, ils parurent tout-à-coup devant ses murs, avec six mille
hommes d'infanterie, huit cents chevaux et des
pièces d'artillerie. Leur quartier général était à
Ecuire, pendant qu'ils échelonnaient leurs troupes
le long des murailles. L'attaque fut vive, mais le
seigneur de Lorges ne s'était point endormi dans
une imprudente confiance; tout était préparé pour

repousser l'ennemi : le feu de la place riposta avantageusement et fit un tort considérable aux Allemands qui, ne s'attendant pas à cette réception, levèrent le siège aussitôt pour essayer s'ils ne viendraient pas plus facilement à bout de la ville de Rue.

Rue fut emporté, en effet, mais les vainqueurs ne purent passer la Somme ni forcer Abbeville ; à Saint-Riquier ils éprouvèrent un échec ; après avoir brûlé plusieurs villages, ils repassèrent près de Montreuil et descendirent dans la vallée de la Canche qu'ils traversèrent à Marles.

On craignait avec quelque raison qu'ils ne rétrogradassent que pour revenir avec des forces plus considérables. Ils avaient d'ailleurs annoncé que leur plan était de s'emparer de Montreuil et d'en faire leur place de ravitaillement. Le duc de Vendôme fit la plus grande diligence pour augmenter ses moyens de défense ; il fit venir du blé du Santerre qu'il y envoya en emmagasinement ; puis il doubla la garnison qu'il renforça de quelques canonniers amiennois. Tous les gens des environs, qui redoutaient l'invasion, s'empressèrent de venir se réfugier dans la ville dont ils augmentèrent d'autant le nombre des défenseurs. On mura la porte de France, et la nuit, de crainte de surprise, on tendit des chaînes dans les rues ;

les bourgeois les plus qualifiés montaient la garde; on creusa les fossés. Le parlement sacrifia généreusement six mois de ses gages et fit rassembler tous les blés qu'on put trouver pour augmenter les approvisionnements de la place.

Le duc de Vendôme écrivit au roi pour qu'il envoyât d'autres secours en hommes et en argent; mais le roi était occupé à son expédition d'Italie, il n'envoya point d'hommes et ses coffres étaient à sec. Le comte de Saint-Pol, qui était revenu s'enfermer dans la place avec quelques cavaliers, se trouvait fort embarrassé. Le premier président du parlement de Rouen était en ce moment à Montreuil; il s'ouvrit à lui pour le prier de le tirer d'embarras et il en obtint une somme de cinq cents livres qui lui suffit pour payer pendant quinze jours la solde de la garnison. Jusque-là, il espérait bien que les instances du duc de Vendôme obtiendraient les sommes nécessaires à la défense d'une place de si grande importance pour la sûreté du royaume sur les frontières du Nord.

Mais les quinze jours se passèrent et rien ne vint de la cour pour encourager la défense de la place de Montreuil. Une nouvelle terrible ne tarda pas au contraire à y jeter la consternation. Le roi avait été battu à Pavie et y était resté prisonnier. En

présence de ces faits déplorables, il n'y avait plus
de résistance possible et la ville de Montreuil se
serait rendue si, en ce moment, l'ennemi avait paru
devant ses murs. Les habitants, d'accord avec d'autres villes du Ponthieu, résolurent d'envoyer à
Paris une députation de l'échevinage pour invoquer
des secours sans lesquels il leur était impossible de
résister plus longtemps ; ils représentèrent au conseil municipal de Paris que leur ville était en première ligne sur la frontière et par conséquent
devant l'ennemi, qu'elle était défendue par une
faible artillerie, qu'il manquait surtout des canons
de petit calibre, et que depuis longtemps la garnison n'était plus payée ; que les campagnes autour
de la ville ayant été dévastées il n'y restait plus de
quoi subvenir aux aliments des habitants et des
gens de guerre, et qu'ils priaient donc le conseil
de leur venir en aide par des moyens de défense,
ainsi que de l'argent et des vivres.

Le conseil municipal de Paris qui avait déjà fait
de grands sacrifices pour venir au secours du roi
prisonnier, et pour aider plusieurs villes des frontières très obérées par la guerre, fit observer aux
députés de Montreuil qu'on avait envoyé chez eux
du blé, de l'avoine, et que leurs commettants en
recevraient encore, s'il y avait nécessité ; mais
qu'il fallait pour le moment qu'ils s'aidassent eux-

mêmes; tout ce qu'on put faire fut de leur prêter douze arquebuses à crocs [1].

Les craintes étaient prématurées; l'ennemi ne reparaissait pas, et peu après le retour des députés échevins à Montreuil, on apprit que le roi traitait de la paix avec Charles-Quint et que chaque ville de France était obligée à contribuer pour l'acquit de sa rançon. On ne nous dit pas quelle somme dut payer Montreuil; mais, par suite du traité de paix, Charles-Quint abandonna ses prétentions sur le Ponthieu, comme héritier de la maison de Bourgogne, et Montreuil se crut enfin sauvé.

Les villes et la noblesse de France contribuèrent au paiement de la rançon exigée pour la liberté du roi; tous les gentilshommes s'engagèrent pour le dixième de leur revenu. Dom Grenier cite entre autres le chevalier Mathieu de Cossette, tenant fief noble dans le bailliage d'Amiens, qui pour sa part versa quatre livres. La famille de Cossette avait donné des gouverneurs à la ville de Montreuil [2].

Mais la parole des souverains de ce temps-là

[1] *Bibliothèque de l'école des chartes*, tome v, page 557.

[2] La famille de Cossette est une des plus anciennes et des plus honorables de France. Raoul de Cossette était à Saint-Jean d'Arc en 1191, sous la bannière de Raoul sire de Coucy. Diverses chartes établissent qu'aux XIIIᵉ et XIVᵉ siècles ses descendants vivaient noblement dans le Soissonnais : en 1468, Pierre Cossette servait sous le bâtard de Bourgogne en qualité d'homme d'armes des ordonnan

était presque toujours lettre morte. François Ier sortant de prison, était bien décidé à ne point tenir les conventions qu'il avait forcément signées avec Charles-Quint. Celui-ci avait exigé la remise de la Bourgogne; mais les Etats convoqués à la fin de 1527, s'opposèrent à ce que le roi exécutât un traité arraché par la force lorsqu'il était dans les fers. François Ier, à peine libre, forme, avec le roi d'Angleterre, une ligue offensive et défensive

ces du roi. (*La Noblesse de France aux Croisades,* par M. ROGER, membre de la Société des Antiquaires de la Picardie.)

Claude de Cossette, seigneur de Sommereux, chevalier, seigneur du Coudray et de Herlot, gentilhomme servant de la chambre du duc d'Alençon, frère du roi, vivait en 1578. On a de lui des mémoires de ce qui s'est passé dans les Pays-Bas lorsqu'il y commandait le régiment du sieur de Combelles. (*Histoire civile, ecclésiastique du doyenné de Grandvilliers,* par l'abbé DAIRE.)

Henri de Cossette, député de la noblesse de son bailliage aux Etats de Normandie, nommé capitaine du château de Harcourt par le roi Henri IV, en 1604.

En 1645, François de Cossette, chevalier, seigneur de Beaucourt, de Sommereux et de Sainte-Colombe, fut aussi gouverneur de Montreuil en 1650.

Henri de Cossette, son fils, lui succéda en 1671 comme gouverneur de cette même ville; il fut nommé en 1674 capitaine d'une compagnie de soixante hommes de guerre à pied de nouvelle levée, de celles qui devaient tenir garnison à Montreuil. Nous trouvons, au sujet de ce seigneur, une sentence de mise de fait, en date du 15 août 1687, ainsi conçue : « Sentence du grand bailly d'Amiens, » entre messire Henri de Cossette, chevalier, seigneur de Beau- » court, lieutenant et commandant pour le roi dans la ville de » Montreuil, et Henri Postel, écuyer, sieur de Ruisseauville, capi- » taine d'infanterie. Cette sentence a été donnée et expédiée à Mon » treuil, le 15 août 1687, par François Enlart, seigneur de la Salle- » Gambier, conseiller du roi, et son lieutenant-général au bailliage » d'Amiens, établi audit Montreuil. »

Charles-Louis de Cossette, son fils, né à Montreuil le 11 juin 1728, était page du roi à la bataille de Fontenoy, capitaine de cavalerie.

Cette famille existe encore dans la personne de M. Jean-Eugène de Cossette, licencié garde-du-corps du roi Charles X, en 1830.

contre l'empereur. Le cardinal Volsey, duc d'York, accompagné d'une suite de six cents gentils-hommes, passa à Montreuil pour aller à Amiens stipuler lui-même les moyens de faire la paix; en 1529 il rend à François Ier ses deux fils qu'il conservait en ôtage jusqu'à l'entier paiement de sa rançon, et le roi de France lui cède la ville de Hesdin et tout ce qu'il possédait dans le comté d'Artois, à la réserve de Thérouanne. Il renonça seulement aux droits qu'il pouvait avoir sur les comtés de Boulogne, Guînes et Ponthieu, aux cités, villes et seigneuries assises sur la rivière de Somme, d'un côté ou d'autre, soit par titre de gagneries ou autrement. Montreuil resta donc frontière de la France du côté du Nord, et Hesdin devint la ville impériale la plus voisine.

François Ier parut encore à Montreuil en 1532; on lui fit une grande fête et on lui demanda de lever l'impôt sur le sel dont la ville était grèvée depuis neuf ans. Le roi promit de s'en occuper, mais l'impôt resta.

Quatre ans après, l'empereur Charles-Quint, revenant de son expédition glorieuse d'Afrique, crut avoir à se plaindre de François Ier et pénétra tout à coup en Provence. Le duc de Vendôme, qui était toujours gouverneur général de la Picardie, ne vit dans cette expédition qu'un moyen d'attirer vers le Midi du royaume toutes les troupes qui garnissaient les frontières du Nord, et de s'ouvrir par la Picardie une route facile jusqu'aux portes de la capitale; il réclame sur ce point l'attention du roi et lui demande des secours ou au moins quatre mille Suisses pour instruire et affermir les milices de ses villes frontières. Loin de là, le roi dégarnit Montreuil et lui retire Canaples, seigneur de Créquy, qui en était gouverneur; c'est ce même Canaples dont Brantôme dit, parlant de lui et du sire de Créquy : « Les deux plus rudes hommes d'armes » et fameux preux de leur siècle. » D'où est venu le proverbe : *Boutes, Canaples, le roi te regarde!* Le roi dégarnit également Boulogne. « La Picardie, dit-il dans sa réponse au duc de Vendôme, est suffisamment garantie par une double haie de places fortes dont chacune peut arrêter l'ennemi pendant des mois entiers. »

Comme le duc de Vendôme l'avait prévu, les Impériaux, profitant de la retraite des troupes françaises vers la Provence, se disposèrent à pénétrer dans le Ponthieu. Charles-Quint s'était allié aux Anglais; ceux-ci, aux ordres de Norfolk, tentèrent de passer la Canche; un capitaine allemand nommé Domitin, se jeta sur Saint-Riquier; le comte de Bures s'avance aussi à la tête de vingt-quatre mille lansquenets, six mille Wallons et huit mille che-

vaux et emporte la place de Saint-Pol où il passa
au fil de l'épée quatre mille cinq cents personnes
sans distinction d'âge ni de sexe. Après cet exploit
qui ne laisse à Saint-Pol qu'un monceau de ruines,
il s'avance vers Montreuil et l'investit le 5 juillet
1537. A ces forces formidables, la ville n'avait
à opposer que mille hommes d'infanterie de nouvelle
levée avec lesquels Canaples était revenu quatre ou
cinq jours auparavant, et environ deux cents chevaux de l'arrière-ban de Normandie. Les fortifications étaient en mauvais état; il eût fallu au moins
six mille hommes de pied et trois cents hommes
d'armes pour défendre avantageusement la place.

Le comte de Bures posa une partie de son camp
vers la porte de Hesdin, tenant à Beaumerie et à
Ecuires, une autre aux Célestins, tirant vers le
chemin de Thérouanne, s'appuyant sur Neuville et
la Chartreuse, et la troisième à la porte du grand
Marché qui mène vers Abbeville[1], en s'allongeant
sur Sorrus. Ces trois positions, garnies d'une impo-
sante artillerie, battirent aussitôt la ville en brèche;
la principale attaque se fit dans le front de la cour-

---

[1] Le comte de Bures « planta son artillerie contre le bas de la
ville, une bonde à l'endroit de la *Justice*, autre sur un petit hault
devers la porte du grand Marché, et une autre bonde sur un hault
où il y a une chapelle tirant le chemin qui va à Beaurain. » —
(*Mémoires de Martin Du Bellay*, édition Michaud et Poujoulat,
grand in-8ᵉ. — Paris, 1838, page 450.)

tine de la garenne, alors une des parties les plus importantes de la ville. Une brèche considérable ne tarda point à se faire entre les deux grosses tours, le long d'une grande courtine, depuis le *portail devers Hesdin*, en tirant vers la porte du grand Marché, tandis que le feu des pièces, foudroyant l'intérieur, incendiait l'hôpital ·et plusieurs églises. Aussitôt les impériaux, poussant de grands cris, se précipitent à l'assaut; la largeur des fossés qui, en certains endroits étaient pleins d'eau, arrête un instant leur élan. Les assiégés veulent en profiter pour venir à la brèche, mais les batteries ennemies battaient les remparts, et rendaient la position de plus en plus difficile, « même estant à leur défense, ils estoient décou-
» verts des deux côtés par les flancs et n'avoient
» l'opportunité de faire traverser pour se couvrir,
» joint que leur petit nombre n'estoit bastant pour
» défendre la moitié du bas de la ville, de sorte
» que l'ennemy venant à l'assaut avoit en sa dis-
» crétion tout le reste de la ville, lequel est de
» grand circuit [1]. » Néanmoins, les Montreuillois, qui avaient Canaples avec eux, se défendaient bravement et ne reculaient point d'une semelle sur les points les plus attaqués. Ils eussent résisté en-

---

[1] *Inventaire de l'Histoire de France,* par Jean de SERRE. Tome 1er, page 432. Communiqué par M. Henri Papegay.

core longtemps avec autant de courage et d'espoir; mais Norfolk parut sur ces entrefaites avec ses renforts pour venir achever la défaite de la place.

Froissart dit que Canaples défendit la place avec beaucoup de talent et qu'il s'y distingua par des actes d'un grand courage, quoiqu'il eût été blessé au siège de Hesdin, quelque temps auparavant. Les murs étaient écroulés, on fit une sortie, l'ennemi, surpris, fut culbuté, mais il était impossible de lutter plus longtemps contre le nombre.

Ces considérations portèrent Canaples à demander composition, et le comte de Bures, qui désirait arriver sur Thérouanne avant que cette ville fût ravitaillée, y consentit. Du reste, la capitulation était des plus honorables. La garnison devait sortir avec armes et bagages, cartouche en bouche et mèche allumée, le commandant en tête; les habitants avaient droit, de leur côté, à emporter tout ce qu'ils pourraient de leurs biens sur eux.

Mais à peine entrés en ville, le vainqueur la ravagea au mépris des conventions, enleva tout aux bourgeois et mit le feu aux quatre coins de la ville [1]. Le couvent des Carmes resta seul de-

___

[1] Une lettre de Philippe de Orlay, bailli du Brabant-Wallon, aux bourgmestres de Nivelles, parle ainsi de cette prise :... « Autres nouvelles : le xxiiie jour du mois de juing, commenchasmes à faire la batterye a la ville de Montroux, laquelle dura une bonne demye heure, et cela fait, ceulx de la ville demandèrent a parlementer,

bout avec quatre maisons, et les habitants, dénués de toute ressource, se réfugièrent les uns à Abbeville, les autres à Amiens et Boulogne, où on leur prodigua tous les soins que réclamait leur état.

Le port de *la Poulie*, situé au bas de la ville où arrivaient toutes les marchandises qui faisaient le commerce de la ville, fut détruit et comblé. L'industrie ne se releva pas de ce coup funeste.

On ne connaît pas précisément, dit M. Louandre, qui en avait eu communication de M. Ch. Henneguier de Montreuil, la cause qui porta le comte de Bures à ne pas observer la capitulation qu'il avait accordée. Voici ce que dit à ce sujet la chronique manuscrite de l'abbaye de Saint-André-aux-Bois :

« L'armée alla piller, ravager et brusler jusques
» aux portes d'Amiens, et de là tout le pays de
» Ponthieu ; puis s'en veinst camper devant la ville
» de Montreuil, qu'ils assiégèrent et pressèrent de
» tous costés, de telle sorte qu'ils l'emportèrent et
» prirent par composition, en peu de temps, et la
» bruslèrent et desmolirent entièrement ; là où

de sorte que ladicte ville se rendit. Et ont les chevaucheurs widiez avecque leurs chevaulx et harnes, et les piétons a leurs picques, sur leurs cols, avecque leurs enseignes ployez, et point de tamburins sonnans ; M. de Canaples estoit chief de ladicte ville, et avoit cent hommes d'armes et deux mille piétons ; ladicte ville sera rasée et bruslée, etc. » (*Bulletin de la commission royale d'histoire de Belgique*, tome VII, page 138.)

» mesme il y eust des églises qui n'eschappèrent
» pas le feu, tesmoing la belle église de Saint-
» Saulve, qui est demeurée ruinée.... L'on dit que
» toutes ces démolitions, ruines et ravages, tant
» de cette ville que du plat pays de Picardie,
» furent faicts et causés par Adrien de Croy, comte
» de Rœux, en vengeance de ce que les François
» de la garnison de Monstreuil avoient violé et
» mesprisé la sauve-garde qu'il avoit obtenue du
» roi pour son chasteau de Beaurain, et pour la
» personne de madame Lamberde de Brimeu, sa
» mère, et pour tous les gentilshommes, dames,
» damoiselles, varletz, servantes et domestiques,
» tous demeurants audit chasteau; et signament
» en punition de ce que lesdits François avoient
» esté sy impudents et sy effrontément impu-
» dicques et lascifs, qu'ils avoient violé les damoi-
» selles de ladite dame en sa présence, sans crainte
» ne respect de Dieu et des hommes; tellement
» que l'impudicité et paillardise, pire que brutale
» dans vilains et infàmes ribaulds, attira ces mal-
» heurs sur tant de pauvres gens qui furent ruinés
» et périrent sous les désastres de cette guerre.
» Le sieur de Lignon, gentilhomme françois, qui
» avoit esté page audit sieur de Rœux, vint, après
» que ces insolences furent faictes, à Beaurain,
» trouver madame Lamberde pour la consoler et

» appaiser ; mais elle en estoit si affligée, qu'il ne
» la peust induire à aulcune intercession envers
» ledit comte son fils, qui en estoit trop indigné. »

La malheureuse ville de Montreuil n'existait plus ; ses ruines restèrent pendant quelques mois fumantes sans que ses anciens habitants osassent y revenir. Cette position était toutefois une des plus importantes de la vallée de la Canche, qui restait encore la ligne de démarcation entre la France et l'Autriche. François Ier était malade, et cependant se préoccupant de la destruction de sa ville de Montreuil, il ne cessait de donner des ordres pour qu'elle fût resserrée dans des remparts. Le Dauphin, Henri de Valois, qui le suppléait, avisa aux moyens de remettre le Ponthieu en état de défense. Des négociations s'étant ouvertes au village de Bommy, dans le comté de Saint-Pol, une trève de dix ans fut conclue pendant laquelle on s'appliqua à rétablir les moyens de défense qui avaient été détruits pendant la dernière invasion.

Il importait surtout de relever les fortifications de Montreuil, de son château, et d'y faire retourner des habitants. Le Dauphin de France, qui y vint lui-même, donna des ordres en conséquence ; plus de quatre mille ouvriers y furent employés, et, en 1542, on y comptait environ deux cents maisons neuves et les murailles étaient dans un état parfait de solidité.

Les instances du roi et les faveurs et priviléges qu'il promettait, déterminèrent quelques personnes à venir habiter la ville restaurée, il en vint d'Etaples, de Boulogne, du Crotoy, d'Abbeville et même des campagnes, attendu que dans ces temps d'anarchie on se trouvait plus en sûreté derrière des fortifications que dans des lieux découverts; la ville eut bientôt quinze cents habitants qui, grâce à la protection du roi, essayèrent de relever son industrie et son commerce.

Mais la trève de dix ans fut bientôt violée. Charles-Quint, qui s'était allié avec Henri VIII, roi d'Angleterre, projeta de reprendre le Ponthieu qu'il n'avait toujours abandonné qu'à regret. Thomas Hawart, duc de Norfolk, descendit à Calais à la tête d'un corps de trente mille hommes, auquel vinrent se joindre dix mille lansquenets et trois mille reîtres aux ordres du comte de Bures et quelques troupes du comte de Reuss, chef de l'armée impériale des Pays-Bas.

La place de Montreuil était en état de défense et bien approvisionnée. Le maréchal Oudart du Biez s'y était jeté avec l'élite des généraux français et quelques bonnes troupes, parmi lesquelles La Guiche, à la tête de cent hommes d'armes, homme de grande expérience en art militaire, Genly, capitaine de quatre enseignes de gens de pied français,

le comte Berenger et Francisque de Chiaramont,
napolitain, commandant chacun mille hommes[1].
A l'apparition des ennemis qui vinrent prendre
leurs positions sur les routes de Hesdin et d'Abbeville, les Français firent usage de toutes leurs ressources[2]. Les ennemis restèrent néanmoins quatre
mois devant la place, faisant des tentatives toujours
inutiles. Voyant qu'ils n'en pourraient venir à
bout et que la saison s'avançait, et inquiétés d'ailleurs d'un autre côté par le duc de Vendôme, qui
avait son quartier-général à Abbeville, après trois
mois de siège inutile, ils se replièrent sur Boulogne, que le duc de Norfolk avait investi. Cette ville
ne pouvant plus résister, capitula. Les habitants ne voulant point prêter serment à Henri VIII,
abandonnèrent la ville, et, munis de sauf-con-
duits, ils firent route pour Abbeville. Les Anglais,
en dépit de la convention, les poursuivirent et les
attaquèrent avant qu'ils eussent passé la Canche.
Beaucoup de ces malheureux furent tués, d'autres
se noyèrent; le reste put gagner Abbeville, Montreuil, Rue et le Crotoy.

---

[1] *Inventaire de l'Histoire de France*. JEAN DE SERRE, tome Ier,
page 443. (Communiqué par M. Henri Papegay.)

[2] Oudart du Biez défendit la place de Montreuil en héros, faisant
souvent des sorties dans lesquelles il tuait bon nombre d'hommes
aux assiégeants. Les gentilshommes placés sous ses ordres rivali-
saient de courage pour ne pas laisser tomber Montreuil au pouvoir
de l'ennemi. (*Note de M. H Dusevel.*)

Pendant toute la durée de ce siège de Montreuil, les habitants secondèrent bravement les troupes ; ils firent de fréquentes sorties qui inquiétèrent souvent les Impériaux. M. Fourmentin rapporte qu'un jour s'étant postés en embuscade dans la forêt de Crécy, ils tuèrent, ou ramenèrent prisonniers, près de deux cents coureurs ennemis [1].

Montreuil étant délivré de ce nouveau siège, le maréchal Oudart du Biez sortit avec son corps de troupes et s'en fut investir Boulogne dans l'espoir d'en faire déloger les Anglais.

« Le roi, dit Martin du Bellay, ayant fait la paix avec l'empereur, fait promptement marcher son armée pour surprendre le camp des Anglais, qui estoit devant Monstreul, et trouver le roy d'Angleterre devant Boulogne… Mais le duc de Norfolk, qui estoit devant Monstreul, ayant entendu que nostre armée approchait de Hesdin, craignant qu'elle ne se jettast entre Boulogne et lui, pour empescher sa retraite, leva son camp et pria le comte de Bures de l'accompagner jusqu'en lieu de sûreté, ce qu'il fist [2]. »

Oudart du Biez voyant ses gens dépourvus de munitions et de vivres, ne jugea point devoir les poursuivre, il se replia sur Montreuil. « Tout le » pays entre Boulogne et Montreuil, dit Jean de

[1] *Mémoires de Martin Du Bellay* ; édition citée, page 530.
[2] Fourmentin, année 1544.

» Serre, était brousté, gagé, bruslé jusques à Mons-
» treuil et de Monstreuil à Abbeville, en tout dix-
» sept lieues. Point d'herbes, point de fourrages
» pour les chevaux. Ainsi le Dauphin ayant eu
» nouvelles du roy, licencia les Suisses et Grisons,
» laissa dans Monstreuil le maréchal du Biez avec
» les bandes italiennes et françaises, venues de
» Piedmont, puis se retira vers le roy son père à
» Saint-Germain-en-Laye. »

Charles-Quint et François 1er moururent à peu
de distance l'un de l'autre. Le Dauphin de France,
qui avait déjà fait ses preuves, monta sur le trône,
sous le nom de Henri II. Prévoyant que la guerre
ne tarderait pas à ravager de nouveau le Ponthieu,
il vint à Abbeville et Montreuil où il résida quelque
temps. Etant là il écrivit à M. d'Humières une lettre en date du 16 septembre 1549, dans laquelle il
lui annonce « qu'après avoir prins Ambleteuil,
» Blacquenetz, le Montlambert et tous les forts
» que les Anglois tiennent en Boullenois, réservé
» Boulogne et la Tour-d'Ordre, lesquelles se trou-
» veront dans peu de jours si bien bridées par terre
» et par mer, qu'avant que l'hiver soit passé, elles
» sont pour estre réduites en si grande nécessité,
» qu'il espère en avoir marché. » Il continue en
disant : « Que voyant les grandes pages qu'il fal-
» loit telles qu'il n'y avoit plus d'ordre de tenir

» une armée en campaigne et mesmes en pays si
» froid et humide, sans du tout la ruyner. Il s'en
» va de Montreuil à petites journées à Compiègne,
» etc. [1]. »

Pendant son séjour à Montreuil, Henri II s'occupa d'en faire réparer les fortifications ; il fit
aussi entourer Etaples de murs. M. Louandre
dit que douze mille ouvriers maçons, pionniers
et charpentiers y furent employés. L'intention
du roi était de reprendre Boulogne que les Anglais tenaient encore ; il n'y parvint qu'en 1550.
Mais à cette époque tout ce pays, le long de la
Canche par Montreuil, Hesdin et Doullens, était
ravagé par les troupes de Marie d'Autriche,
sœur de Charles-Quint, gouvernante des Pays-
Bas. Elle met le siège devant Hesdin et le duc
de Farnèse, garde du roi, est tué sur les remparts
d'un coup d'arquebuse ; la ville est rasée ; on la ré-
tablit plus tard un peu plus bas, à la jonction des
rivières de Canche et de Ternoise.

L'armée française, aux ordres du duc de Vendôme, obligée de rétrograder, s'était repliée sur la
Canche, où elle sentait la place forte de Montreuil,
pour l'appuyer. Après avoir renforcé cette garnison, et l'avoir approvisionnée, elle se retira sur

[1] *Cabinet historique,* tome II, page 7. (Communiqué par M. H.
DUSEVEL.)

l'Authie vers la forteresse de Dompierre que les Impériaux assiégeaient. La ville de Montreuil fut, pour cette fois, préservée des horreurs de la guerre dont elle n'avait que trop souffert, et le silence de l'histoire ne permet de relever aucun fait qui la concerne jusqu'à l'époque des troubles religieux qui affligèrent le xviie siècle.

A cette époque, Jean de Bournonville, seigneur d'Obsinghem, était gouverneur de Montreuil. Rumet, père du chroniqueur, en était maire et mourut en 1546. Nicolas, son fils, fut lieutenant-général du bailliage d'Amiens au siège de Montreuil en 1559 jusqu'en 1553.

XII

Guerres de religion. — La Ligue. — Ravages des Espagnols. —
Henri IV. — Insurrection contre l'évêque d'Amiens.

La réforme calviniste avait fait des progrès dans
certaines parties de la France. Au point de vue catholique, il y avait un danger contre lequel il importait de se mettre en garde. La majorité de la
nation française était pleine de zèle pour le catholicisme, mais le protestantisme faisait des efforts pour arriver à son but et cette longue lutte
aboutit à la fatale exécution de la Saint-Barthélemy,
qui donna Paris au pouvoir catholique, et qui
fort heureusement ne trouva point d'écho à Montreuil.

Charles IX mourut peu après et son successeur
Henri III monta sur le trône avec des intentions de
conciliation qui ne furent pas généralement goû-

tées : les ardents catholiques ne trouvant point qu'il marchât assez hardiment dans le sens de leur opinion, s'en formalisèrent, et quand la reine Catherine, forcée par les évènements de la guerre, crut devoir traiter avec les Huguenots à Champigny, ils levèrent le masque et déclarèrent qu'ils ne pouvaient suivre la royauté dans cette voie. Dès ce moment, ils songèrent à se créer un gouvernement eux-mêmes en dehors du roi, avec le duc de Guise pour chef ; ce fut l'origine de la Ligue dans laquelle entrèrent immédiatement la ville de Paris et successivement presque toutes les villes de la France.

Bien que le calvinisme eût fait peu de prosélytes en Picardie, Montreuil eut aussi ses réformés, on en comptait dans toutes les classes de la société, depuis les familles de haute noblesse jusque dans la bourgeoisie et chez les artisans ; ils voulurent établir un prêche dans la ville, mais le parti catholique, qui s'était affilié à la Sainte-Union, s'y opposa, et les réformés se trouvèrent dans l'obligation de s'abstenir. Cependant s'étant entendus avec ceux de Boulogne et des villages voisins, ils se réunirent au village d'Estréelles en Boulonnais, et à cet effet ils transformèrent une grange en temple et l'entourèrent d'une muraille crénelée avec un large fossé extérieur. Ils se livrèrent en ce lieu à la pratique de leur culte qui n'occasionna ainsi aucun trouble grave à Montreuil.

Les Ligueurs étaient de plus en plus mécontents du roi. Son incertitude dans toutes les questions de foi et d'intérêt religieux, son refus de recevoir le concile de Trente, base et charte de la grande église romaine, ses liaisons avec le roi de Navarre, qui était huguenot ; toutes ces raisons détachèrent de lui les zélateurs ardents du catholicisme, et une guerre religieuse, guerre toujours terrible, couvrit la France de nouveaux deuils.

Les habitants de Montreuil résistèrent cependant aux menées du parti royaliste ; ils restèrent fidèles au roi, malgré la propagande active que faisaient les partisans de la Ligue en l'accompagnant de processions et de pratiques religieuses qui exerçaient leur puissance sur les esprits timorés. On ne se prononçait pas contre le roi Henri III, mais on prêtait l'oreille aux raisons des unionistes, et elles avaient pour elles surtout le mérite de l'audace. Grâce aux raisonnements des plus fougueux partisans des Guise, les royalistes avaient été traqués, emprisonnés, proscrits ; on s'était emparé de leurs biens et les plus grands désordres avaient été commis en leur nom afin de les rendre odieux au peuple. On en vint au point que nul n'osait plus manifester son opinion : alors on dressa des bûchers où les royalistes trouvèrent leurs places aussi bien que les calvinistes. Voilà pourquoi, à Montreuil, nul n'osait être ouvertement royaliste. 21.

La Ligue, pendant ce temps, faisait des progrès; elle prenait des mesures pour faire diminuer les impôts et l'annonçait à son de trompe, afin que le peuple sut que c'était à elle et non au roi qu'il le devait. Telle était l'institution des finances : les impôts réduits devaient être versés entre les mains des receveurs de la Ligue et par le conseil général de l'union, qui statuait ce qu'il y avait à payer pour la garnison de Montreuil et des autres villes de la Picardie.

Néanmoins les Montreuillois se montraient peu disposés à entrer dans un parti auquel ils attribuaient tous les maux dont ils souffraient depuis le commencement de cette guerre civile. Les partisans du roi, de leur côté, les excitaient à faire leur soumission en leur représentant les torts que leur avait causé la ligue par les brigandages qu'elle avait organisés et qui s'étaient fait ressentir dans la ville aussi bien que dans les campagnes. L'invasion des Espagnols vint ajouter à la terreur qui pesait déjà sur les consciences; les esprits étaient disposés à la conciliation, mais les prédicateurs s'y opposaient. Henri III envoya des exprès pour tâcher de ramener ouvertement l'opinion à sa cause, et il promit de défendre l'exercice du culte réformé à Montreuil et dans ses environs. Il s'engagea même à faire restituer les biens qu'on avait enlevés aux ecclésiastiques. Cette circonstance décida le gain de la cause aux partisans du roi et cela sans que M. de Meigneux, gouverneur, s'y employât, comme on le prétendit dans la suite. M. de Sismondi a dit que Montreuil se donna au roi par le vœu libre des bourgeois, sans qu'aucun grand seigneur se fit payer leur retour à la fidélité.

La sagesse, la fermeté et, peut-être, mieux encore, la bienveillance du roi Henri IV, triomphèrent de toutes ces difficultés, les habitants de Montreuil se rangèrent à son obéissance. L'intention du roi, après la prise de Laon qui l'occupait, était de venir voir Abbeville et Montreuil, afin d'affermir ces deux villes dans leur devoir[1]. Il vint en effet les visiter en 1594; il logea dans un hôtel de la basse ville qui existe encore aujourd'hui, à l'exception de la façade qui a été modifiée; cette maison, transformée en magasin d'épiceries, est aujourd'hui occupée par M. Godfrin-Dufour.

Les Espagnols renouvelaient dans les campagnes les désolations dont le pays avait tant souffert dans les temps précédents, ils assiégeaient La Ferté et manifestaient l'intention de s'emparer de Montreuil. On prit des mesures pour conduire des secours à cette place si importante. On était alors

[1] *Mémoires de* Sully.

en 1596; la place fut mise en état respectable de défense, Autour de la ville, dans les campagnes, ces étrangers avaient tout ruiné, tout enlevé; les malheureux cultivateurs n'avaient plus rien ; le découragement les avait pris ; on conçoit que les marchés de Montreuil étaient déserts, que les denrées nécessaires à l'existence y étaient d'une cherté excessive et que le pays était menacé d'une nouvelle famine.

Le désordre s'était mis partout, le clergé s'y abandonnait également; rien n'était plus respecté : il semblait que Dieu s'était retiré du malheureux pays de Ponthieu pour l'abandonner à tous les maux. Les cahiers des Etats de Picardie aux Etats généraux de 1714, sont pleins de réclamations lancées contre des prêtres dont les mœurs accusent un dérèglement éhonté; ils courent les cabarets et les lieux publics, jouent aux dés et aux cartes jusque sur les places publiques ; en 1717, les mêmes accusations sont lancées avec non moins de force ; il est enfin fait défense aux membres du clergé de donner l'exemple du scandale en fréquentant les cabarets, buvant et mangeant dans les rues, d'entretenir des femmes, etc. [1].

Le religieux Dom Grenier rapporte que le

---

[1] *Cahiers des Etats de Picardie.* Bibl. de l'arsenal, ms. H, 332, in f°. — *Statuts synodiaux d'Amiens*, 1662, in-8°, page 14.

premier dimanche de l'Avent 1618, un moine de Saint-Josse, nommé Dom François Boulanger, fut tué d'un coup de fusil par un autre religieux de cette abbaye, au moment où il priait, agenouillé devant l'autel. Le meurtrier ne fut pas arrêté, et l'on ajoute que la victime resta plusieurs heures à deux genoux, dans la position où elle avait reçu la mort.

A la suite des calamités dont souffrait ce malheureux pays, les documents sur Montreuil font défaut pendant près d'un demi-siècle. Nous voyons seulement qu'en 1621, Emmanuel Cardon était échevin de la ville; qu'en 1624, M. François Guérard, époux de Jeanne Wargnier, était mayeur [1].

Louis XIII, compatissant à ces malheurs, résolut de s'emparer de la ville de Hesdin dont les Espagnols avaient fait le centre de leurs excursions dans le Ponthieu. Le siège dura environ un mois et le roi entra lui-même dans cette place, le 30 juin 1639. Toute l'artillerie de l'armée espagnole fut capturée

---

[1] On trouve dans une transaction passée le 31 mai 1627, devant Pierre Sareux, notaire royal à Montreuil : « Sont comparus en » personne Jacques Guérard, escuyer, sieur de Sorrus, lieutenant » sous M. de Caumesnil en la citadelle de Rue, fils aîné de *défunt* » *noble homme*, François Guérard, seigneur de Campigneulles. » Cet acte prouve que François Guérard, seigneur de Campigneulles, qui, suivant une retenue du conseil provincial d'Artois, en date du 30 mars 1624, expédiée sur parchemin, était à cette époque mayeur de la ville de Montreuil, n'existait plus au 31 mai 1627.

(Note communiquée par M. Eug. Duval.)

ainsi que soixante-dix cloches qu'ils avaient enle-
vées dans les villages auxquels elles furent resti-
tuées. Une partie des canons, au nombre de quatre-
vingt-dix pièces, fut amenée à Montreuil. La prise
d'Arras suivit de près celle de Hesdin et par ce fait
le pays fut délivré de ces ravageurs.

Les bourgeois de Montreuil se réjouirent de ce
résultat qui leur permettait de se livrer tranquille-
ment à leur commerce et à leur industrie, ils en
remercièrent leurs reliques par des neuvaines et
des processions auxquelles toute la population prit
part avec de grandes démonstrations de joie. Les
reliques étaient tellement vénérées qu'il en serait
avenu mal à celui qui aurait osé y toucher, témoin
ce qui arriva à l'évêque d'Amiens, François Lefebvre
de Caumartin qui, cédant aux intercessions des habitants de Rue, leur promit de rendre à leur église
les reliques de leur fondateur Wulphy, qui étaient
restées à Montreuil depuis l'invasion des Normands.

Ce prélat ayant, dans une tournée pastorale, en
1634, entendu les mêmes réclamations de la part
des habitants de Rue, se rendit aussitôt à Montreuil
et se trouvant dans l'église, il crut pouvoir, en présence des habitants, ouvrir la châsse et en tirer
quelques os qu'il destinait à l'église de Rue. Le
peuple, témoin de ce qu'il considérait comme une

violation, même de la part d'un évêque, commença
à murmurer; puis, l'orage grossissant, on demanda
de quel droit on prétendait frustrer les fidèles de
Montreuil d'une possession qui leur appartenait depuis de nombreuses années ; la réponse ayant paru
les satisfaire, l'évêque s'occupa alors d'administrer
le sacrement de la confirmation aux personnes réunies à cet effet. Mais les mécontents avaient quitté
l'église et avaient répandu dans les rues la nouvelle
de la soustraction que prétendait faire le prélat; la
populace s'ameuta ; on vit bientôt une foule armée
se précipiter dans l'église en vociférant contre l'é-
vêque et son entourage et jurant qu'on ne toucherait
point aux reliques.

M. de Caumartin, qui avait cru les esprits calmés,
voulut essayer de parler pour expliquer qu'il n'em-
porterait point la totalité du corps de saint Wulphy,
mais seulement quelques ossements, afin de satisfaire à la juste réclamation des habitants de Rue, dont
le saint avait été curé, et dont les restes n'avaient été
confiés à Montreuil que pour les mettre à l'abri des
dévastations des Normands. Mais la populace ne
voulut rien entendre ; elle franchit la grille du
chœur et se précipita sur le seigneur évêque, dont
elle déchira les habits pontificaux en le maltraitant
de la manière la plus indigne. On le traîna ainsi
hors de l'église, meurtri, sanglant, et là les ou-

trages recommencèrent. Fort heureusement, le commandant de la garnison et le sergent-major de la ville, qui avaient été avertis, accoururent et s'interposant avec des menaces, ils parvinrent jusqu'auprès de l'évêque qui était entouré et battu, et l'arrachèrent des mains de ces forcenés.

Ce fut très-heureux pour le seigneur de Caumartin, car toute la population de Montreuil, loin de se calmer, se mit du parti des perturbateurs ; toute la journée la foule stationna devant la citadelle où le prélat avait trouvé refuge, et des menaces de mort furent proférées ; il fallut qu'on fit partir l'évêque nuitamment par une porte secrète et déguisé.

M. de Caumartin étant de retour à Amiens, excommunia les habitants de Montreuil et les mit en interdit. Les églises furent fermées. Chose étonnante, ces gens qui s'étaient révoltés parce qu'on voulait leur soustraire quelques fragments d'une relique, objet de leur vénération, furent insoucieux à la peine ecclésiastique qui les retranchait de la communion ; ils se réjouirent, se livrèrent à des fêtes pour narguer l'évêque et son clergé. L'esprit de désordre s'était emparé des habitants ordinairement si pieux et si paisibles, de la bonne ville de Montreuil.

L'autorité civile ayant pris cette affaire à cœur,

une enquête fut faite, et les moteurs de la révolte étant connus, on les condamna à transporter eux-mêmes, processionnellement et en habits de pénitence, les reliques de Saint-Wulphy dans l'église de Rue et de venir ensuite à Amiens faire amende honorable [1]. Les Montreuillois s'indignèrent; ils se refusèrent à ce qu'aucun des leurs se soumît à cette injonction humiliante; le désordre dans la ville était à son comble; les officiers municipaux, qui avaient été condamnés à accompagner la procession, loin d'empêcher cette manifestation, l'incitaient; ils déclarèrent cependant qu'ils étaient prêts à obéir, mais que, vu l'état d'irritation des esprits, ils redoutaient les plus grands malheurs; que c'était exposer leur ville à être mise à feu et à sang, et qu'ils croyaient devoir réclamer l'indulgence des membres du tribunal.

Le comte de Lannoy, gouverneur de la province, s'exaspéra : il ne voulait rien moins que marcher sur Montreuil et réduire la ville en cendres; il avait donné des ordres à cet effet, plusieurs compagnies d'infanterie étaient commandées; l'évêque vint le trouver et le supplier de n'en rien faire. Le roi avait été averti, et une commission, sous la prési-

[1] On trouve, à ce sujet, dans Dom Grenier : *Interdit contre la ville de Montreuil-sur-Mer, à cause d'une révolte occasionnée par le transport de parties des reliques de saint Wulphi, curé de Rue, à Rue. Pièces authentiques à ce sujet, costées 1636. R. V. 2.*

dence de l'archevêque de Tours, fut nommée pour arranger l'affaire. On voulait retourner à Montreuil, et, sous la protection de forces suffisantes, enlever les reliques et les faire porter processionnellement par les auteurs du désordre, officiers municipaux en tête, tous en habit de pénitence, conformément au premier arrêté; mais on recula devant ce moyen parce que, alors, la paix n'était pas encore faite, les ennemis rôdaient entre Montreuil et Abbeville; on craignait qu'instruits de ce qui se passait, ils n'attaquassent la procession et n'enlevassent les reliques, objets de ce différent. Les prêtres, qui devaient en faire partie, furent les premiers à y renoncer; sur la proposition de l'archevêque de Tours, il fut convenu que la procession se bornerait à sortir de la ville, sur la route d'Abbeville, que là les reliques seraient offertes et présentées par les officiers municipaux à l'aumônier de l'évêque d'Amiens, qui se chargerait de les remettre à l'église de Rue.

Les choses ainsi convenues, les ossements de saint Wulphy furent processionnellement apportés au lieu dit; là, en présence du sieur Bouthillier, coadjuteur et successeur de l'archevêque de Tours, de Gabriel Beauran, prieur et religieux de Saint-Saulve, et de plusieurs autres ecclésiastiques de distinction, l'aumônier de l'évêque d'Amiens prit

ceux des ossements que l'évêque avait primitive-
ment désignés, et l'interdit fut levé.

La sentence de condamnation portait, en outre,
que la ville de Montreuil serait tenue d'assigner une
rente pour la fondation d'une grand' messe tous les
ans, le 7 juin, dans la cathédrale d'Amiens, en
expiation, et que, pour conserver le souvenir de la
satisfaction que l'église avait justement exigée d'elle,
les magistrats municipaux de cette ville feraient placer, dans ladite cathédrale, un marbre où seraient
gravées les lettres d'abolition accordées par le roi
aux habitants les plus coupables. Six d'entre ceux-
ci, arrêtés et traduits depuis longtemps devant
M. de Miromesnil, maître des requêtes et le prési-
dial d'Abbeville, avaient été condamnés à être pen-
dus en effigie, deux autres au bannissement pour
cinq ans, et quatorze autres à un an de la même
peine [1].

Heureusement, l'évêque d'Amiens était un prêtre
plein de douceur et d'humanité ; il fit des démar-
ches auprès de la cour et parvint à obtenir que
toutes ces peines seraient commuées, moyennant
une somme de six cents livres à prendre sur les
biens des coupables et dont deux cents serviraient
à orner la châsse de saint Wulphy, reposant dans

[1] *Collection des procès-verbaux des assemblées du clergé.*
Paris, 1768, in f°. Tom II, page 779 et suiv.

la chapelle saint Saulve ; que deux cents autres livres seraient données aux religieux dudit monastère, pour chanter à perpétuité un service solennel auquel seraient tenus d'assister ceux qui avaient été condamnés, et afin que le souvenir de ce jugement passât à la postérité, que les deux cents dernières livres seraient destinées à l'édification d'une table de marbre à l'entrée du trésor de ladite église Saint-Saulve, et sur laquelle seraient gravées ces grâce et abolition [1].

La tranquillité étant ainsi rétablie, on mit à Montreuil une forte garnison afin d'en imposer et d'empêcher le retour de ces scènes regrettables. Mais, dans ces temps de malheurs, il était aussi désastreux pour les habitants des villes comme de la campagne, d'avoir des troupes françaises ; elles faisaient autant de mal que les troupes ennemies : la garnison de Montreuil, qui était mal payée et mal nourrie, et qui ne trouvait rien en ville pour se sustenter, courait les campagnes pour trouver de quoi butiner et se livrait sur les habitants de la ville à des vexations de tous les genres. A l'intérieur on s'enfermait chez soi, on osait à peine sortir dans les rues ; les villageois, réduits aux abois, s'enfuyaient dans les forêts ou se cachaient dans de profondes

[1] *L'Interdit. Chronique montreuilloise.* M. BRAQUEHAY. 1860, in-8°.

carrières qu'ils avaient creusées sur certains points et dont l'entrée n'était connue que d'eux seuls.

Le sire François de Cossette, seigneur de Beaucourt, était alors gouverneur de Montreuil.

Le pays fut plusieurs années à se rétablir de ces désastres. Louis XIV monta sur le trône, et l'espoir revint aux habitants du Ponthieu. Ce jeune roi et sa femme Anne d'Autriche, suivis d'une cour brillante, avec le duc d'Anjou et le cardinal Mazarin, arrivèrent à Montreuil, le 25 mai 1657. On leur fit une réception magnifique, et par son allégresse, la population témoigna qu'elle espérait être enfin arrivée au terme de ses malheurs. L'année suivante le roi revint encore en se rendant à Calais, et les magistrats de la ville confirmèrent que la confiance renaissait et qu'on avait espoir en des jours prospères.

Pendant une trentaine d'années, on n'eut à signaler à Montreuil que les passages du roi et d'autres princes étrangers. Mais les désordres avaient cessé; la charrue s'était paisiblement remise à l'œuvre; on s'occupait de culture et d'agronomie; les bestiaux reparaissaient sur le marché, et on songeait à étendre les moyens de prospérité de la ville en projetant le rétablissement du port que les alluvions avaient entièrement comblé [1].

---

[1] M. G. Souquet rapporte, dans son *Histoire des rues d'Etaples*, qu'en 1581, « Claude Grumet et ses compagnons, formant l'équipage

22.

Quelques exactions féodales subsistaient encore [1],
mais combien d'autres étaient tombées. L'ignorance
disparaissait peu à peu ; les citoyens de Montreuil

» de la goëlette *Warade*, amarrée à la Poulie, se rendirent *par*
» *mer* à Montreuil, pour aller chercher un crucifix, une statue de
» la Sainte-Vierge et celle de saint Joseph, destinés à l'ornement de
» la chapelle du Saint-Sacrement. » (*La Picardie*, 6e année, p. 352.)
Donc, à cette époque, les relations maritimes de Montreuil n'étaient
pas encore entièrement perdues.

M. Dusevel, qu'on a surnommé l'infatigable historien de la Picardie, dans ses recherches à la bibliothèque impériale, a découvert la
note manuscrite ci-dessous qu'il veut bien nous communiquer :

Montreuil est une ville assise sur un costeau au bas de laquelle
passe la rivière de Canche. Elle est dite *sur la mer*, à cause que le
flux et le reflux vient jusques-là ; néant moings elle en est distante
de deux lieues. Cette ville est divisée en deux, assavoir *ville haulte*
et *ville basse*. Elle sépare le Boulonnais et le pays d'Artois, dont la
Pycardie estant située bien proche l'une de l'autre, pouvant des
murailles de la ville faire porter une arquebuzade en celuy d'Artois,
et le Boulonnais n'estant que au bout du pont qui traverse ladite
rivière de Canche pour aller sur la chaussée, le faubourg estant du-
dict Boulonnais. (*Théâtre des villes de France*, par Gabriel-Michel
de La Hache-Maillet, mss. de la bibl. imp., in-fol., page 127.)

[1] En 1698, le duc d'Elbœuf, en qualité de gouverneur de Montreuil, était encore en possession de faire payer au passage de cette
ville, trois livres sur chaque poulain acheté dans les foires du Boulonnais.

M. Dusevel, dans ses *Souvenirs des villes de Picardie*, dit que
les coutumes de Montreuil avaient été révisées au xvie siècle et ré-
digées par écrit, en présence du roi et dans le château de cette
ville et qu'elles servirent de règle pour l'administration de la justice de la prévôté, qui restait au bailliage d'Amiens. Alors encore
les chemins royaux devaient avoir soixante pieds de largeur et il
était défendu aux seigneurs des terres voisines de diminuer cette
largeur. Quiconque voulait vendre vin ou cervoise publiquement
et pendre l'enseigne à la porte de sa maison, devait en demander
permission au seigneur vicomtier, sous peine de soixante sous
d'amende. Celui qui était condamné à mort pour un crime perdait
tous ses biens : ils étaient confisqués, sans que ses héritiers pussent
en rien réclamer. Il n'y avait d'exception à cette disposition rigoureuse que dans le comté de Boulogne, où la confiscation générale
était admise seulement en deux cas ; savoir : pour crime d'hérésie
et pour crime de lèze-majesté.

commençaient à se distinguer, dans les arts, dans les sciences et par une solide instruction[1]; on pouvait enfin considérer l'avenir avec espoir.

L'industrie commençait à prospérer à Montreuil; le père Daire dit qu'on y fabriquait des serges, une autre étoffe grossière appelée *frocques*, et des fils de caret pour cordages et toiles à voiles[2]; mais cette industrie était pratiquée par des calvinistes, qui exerçaient paisiblement son culte. Le clergé ne cessait de réclamer contre la tolérance dont on usait à leur égard. L'édit de Nantes fut révoqué et, en vertu de cet acte, les calvinistes furent persécutés, on logea chez eux des dragons qui les molestaient de toutes les manières en se faisant servir à

[1] Il est des noms modestes que l'historien le plus exact oublie, parfois, de signaler à l'estime et à la reconnaissauce publiques. Tel est celui de Firmin Pollet, supérieur du séminaire de Saint-Nicolas-du-Chardonnet et de la communauté des Filles de Sainte-Geneviève de Paris; il naquit à Montreuil en 1652, et ni M. Harbaville, dans le *Mémorial du département du Pas-de-Calais*, ni madame Clément-Hémery, *dans la Biographie des hommes célèbres de ce département*, n'ont parlé de ce vénérable ecclésiastique. Son portrait gravé par Desrochers est orné de ces vers :

> Pollet ardent missionnaire,
> Zélé défenseur de la Foy ;
> Se montra dans son séminaire
> Digne interprète de la Loy;
> Docteur humble, dont la doctrine
> Fit admirer en lui l'Ecriture Divine.

Un prêtre aussi recommandable par ses travaux apostoliques n'aurait pas dû, ce nous semble, être ainsi oublié, sur la liste, d'ailleurs fort courte, des célébrités Montreuilloises. (*Histoire des villes de Picardie*. Montreuil. M. DUSEVEL.)

[2] *Tableau historique des sciences, belles-lettres et arts dans la province de Picardie*, par le père DAIRE, pages 39 et suivantes.

manger ce qu'il y avait de meilleur et vendant les meubles de la maison pour faire bombance ; ceux des calvinistes qui purent s'exiler quittèrent le pays et allèrent porter leur industrie à l'étranger, les autres se laissèrent convertir. L'intendant Bignon dit, que de son temps, il n'y avait à Montreuil que trois familles du culte réformé [1].

A la suite de tant de maux et de revers, une disette, aggravée encore par le rude hiver de 1709, causa des maux douloureux dans le Ponthieu. La récolte manqua et le peuple se trouva réduit à la plus affreuse misère. « Des troupes de bandits, dit M. Louandre, entouraient nuitamment les fermes, y pénétraient les armes à la main, et les dévalisaient ; souvent même *ces maraudeurs* y mettaient le feu, et tuaient leurs habitants sans que la justice se mit en peine de les poursuivre. »

A ces malheurs vinrent se joindre ceux de la guerre, qui se rapprocha de nos frontières après la funeste affaire de Malplaquet. La maison du roi, qui accompagnait l'armée française, vint prendre ses positions à Saint-Josse, pendant que des régiments occupaient Montreuil et les campagnes jusqu'à Hesdin d'une part et Abbeville de l'autre. Le paysan n'était pas maître chez lui ; il

---

[1] *Mémoire sur la province de Picardie*, par Bignon, intendant. 1698.

n'était point de maison où il n'y eût sept à huit soldats et plusieurs chevaux. L'ennemi harcelait ces positions ; le maréchal de Villars vint en personne construire des lignes qui s'étendirent depuis Montreuil jusqu'à la Meuse, ce qu'il appela le *non plus ultra* des princes coalisés. Les tourments, l'inquiétude et la disette se prolongèrent encore jusqu'à la paix d'Utrecht, qui fut promulguée le 18 juin 1713.

C'est alors que parurent à Montreuil des missionnaires qui venaient y combattre le jansénisme, dont on redoutait les progrès dans cette ville. On fit des processions afin d'émerveiller le peuple par les pompes du culte et le retenir dans la foi ; chaque jour la mission faisait communier des centaines de personnes qui désiraient profiter des indulgences plénières accordées par le Pape, et l'indulgence de quarante jours accordée par l'évêque. « Les *nouvelles ecclésiastiques*, du 17 novembre 1736, remarquent que cette indulgence de quarante jours ne devait rien ajouter à celle du Pape. »

Les missionnaires distribuèrent à cette occasion une quantité de petits livres ainsi qu'une pancarte sur laquelle était écrit : *Méthode facile et courte pour faire exactement une confession générale.* On y voyait en quatre colonnes l'énumération par an,

par mois, par semaine et par jour de toutes sortes
de péchés, avec un examen particulier pour les
divers états : prêtres, gens mariés, enfants, maîtres,
maîtresses, juges, avocats, notaires, procureurs,
huissiers, marchands, ouvriers, domestiques, etc.
Cet ouvrage facilitait l'examen de conscience et
préparait les esprits à la pénitence, qui les rappro-
chait de l'église ; les offrandes pleuvaient surtout
dans les escarcelles des bons pères. Les mémoires
du temps disent qu'à l'aide de cette pancarte, on
vit un missionnaire confesser facilement dix-sept
personnes pendant une messe basse très-courte.
Leurs prédications troublèrent plusieurs cerveaux ;
il y eut des suicides ; des dévôts devinrent fous par
les terreurs de l'enfer. On ne vit pendant un an
que communions, processions de femmes et de
filles ; une croix fut plantée processionnellement
sur le rempart des Célestins. M. Louandre, qui
cite des faits analogues qui eurent lieu à Abbeville,
par les mêmes missionnaires, dit qu'après leur dé-
part il y eut une recrudescence de vices dans les
mœurs, seulement les haines devinrent plus vives
contre les jansénistes : ce fut le seul résultat
qu'obtinrent les travaux des pères Jésuites dans le
Ponthieu [1].

[1] *Histoire d'Abbeville et du Ponthieu*. M. LOUANDRE, tom. II,
page 133.

La malheureuse ville de Montreuil avait bien besoin de repos. Le temps des grandes luttes était passé, mais on n'en sentait que mieux le prix de la paix et de la tranquillité. Il n'était point un monument qui n'eût besoin de réparations ; les églises, les couvents, autant que la citadelle et les fortifications, avaient besoin d'être consolidés, sous peine de détériorations compromettantes pour leur conservation. On se livra, autant que le permettait l'état des finances, à des travaux de réparation urgents.

L'église de Saint-Walloy, dont nous avons parlé plus haut, n'était point réparable, on l'abandonna [1] ; celle de Saint-Wulphy, qui était également dans un triste état de vétusté, disparut entièrement sous les nouvelles fortifications que fit construire Louis XIII. La jolie église de Notre-Dame-de-Darmental s'était écroulée en 1701, dans un fort coup de vent qui fit craindre pour les autres édifices de la ville trop peu solides. Pendant le cours des campagnes de 1794 à 1795, on déblaya les matériaux, et l'herbe crût sur l'emplacement de l'église ; ce fut la place Verte.

---

[1] Receveurs ou directeurs des recouvrements de Saint-Walloy : en 1692 ; M. Catte, M. Ducroquet ; en 1698, M. Catte ; 1722 à 1750, M. Loppin ; 1734 à 1742, M. Hercot ; de 1743 à 1749 inclus, M. Dubocquet ; de 1750 à 1752, M. Lefebure.

Curé : 1692-1698, M. Fauchâtre. — Marguillier de la paroisse, en 1733, M. Marc Benoît Gence.   (*Note de M Eug. Duval.*)

On jugea pouvoir réédifier l'église de Saint-Josse-au-Val, située dans la basse-ville ; on se mit à l'œuvre en 1771, et des trois nefs on en fit une seule : cette restauration était nécessaire pour les habitants de la basse-ville, qui depuis longtemps étaient obligés de suivre les offices dans la haute ville.

L'abbaye de Sainte-Austreberthe était aussi dans un pitoyable état, on y fit d'urgence des travaux de réparation ; mais, dans une nuit du mois d'octobre 1770 (d'autres disent du 1ᵉʳ octobre 1760), un violent incendie éclata tout-à-coup et fit en peu d'heures d'énormes ravages. On raconte que le feu aurait été mis à l'instigation d'un lord anglais, qui aurait voulu enlever une des pensionnaires de l'abbaye : d'après le bruit qui courut à cette époque, une personne morte aurait été apportée dans la chambre de la personne enlevée afin de faire croire au décès de l'héroïne de ce drame. Les coupables se seraient enfuis aux Indes, et, depuis, ayant obtenu les consentements nécessaires à leur union, ils seraient revenus en Europe et auraient habité Calais pendant assez longtemps [1]. On a publié, dans le temps, une lettre imprimée de l'ab-

---

[1] Note communiquée par M. Henri Papegay.

besse de Sainte-Austreberthe sur cet évènement[1].

L'église Saint-Pierre, dont nous avons aussi parlé plus haut, fut restaurée par les soins des sires des Essarts de Maigneux, qui y avaient leurs sépultures, depuis Maigneux-le-Ligueur jusque longtemps après. Cette honorable famille, qui avait donné plusieurs gouverneurs à la ville de Montreuil, n'avait cessé d'être la bienfaitrice de cette église et n'avait garde de la laisser tomber. Mais

---

[1] *Copie littérale de la lettre imprimée de l'abbesse de Sainte-Austreberthe.*

M.

La triste et affligeante situation où je me trouve, ne me permet pas de différer davantage à vous informer du malheur qui est arrivé dans mon abbaye la nuit du 21 octobre dernier; car, dans moins de trois heures de temps, elle a esté réduite en cendres : le feu ayant pris en même temps en trois endroits différents, à onze heures de la nuit, et peu s'en est fallu que je ne sois périe moy-même avec toutes mes religieuses; dont la plupart ont esté obligées de sauter par les fenêtres de leur chambre pour sauver leur vie, et sans avoir eu le temps de prendre leurs habits de jour; les unes ont esté estropiées ou du moins très blessées par leur chûte; les autres se sont sauvées a demi-brûlées; et ce qui sera pour moy un grand et juste sujet de douleur le reste de mes jours, c'est qu'il y en a une, qui m'étoit très chère, qui a esté la triste victime des flammes, et entièrement consumée par le feu.

J'ay esté portée à demi-morte dans une chambre de la maison des religieuses de l'Hôtel-Dieu de cette ville de Montreuil, où toutes mes religieuses, qui sont au nombre de quarante, se sont aussi réfugiées, sans meubles, sans linge, et presque sans habits, et en un mot, dénuées de tout, aussi bien que moy : ce qui me met dans la dure nécessité d'en envoyer quelqu'une, avec la permission de messieurs les grands vicaires d'Amiens, le siège vacant, pour recevoir les secours que votre charité compatissante voudra bien m'accorder, pour tâcher de rétablir au pluôt une partie des bâtiments qui ont été incendiés, afin que j'aye la consolation d'aller avec mes filles, qui soupirent nuit et jour après leur chère solitude, finir mes jours dans mon abbaye, qui est une des plus anciennes et des plus

lorsque vint la révolution de 1793, où rien ne fut respecté, l'église, dépouillée de ses ornements de prix, fut fermée au culte et servit d'atelier à une compagnie de forgerons qui façonnaient d'énormes pièces de fer destinées à l'artillerie de l'armée. On raconte que le bloc de bois qui supportait l'enclume était placé sur une pierre tumulaire, représentant la tête d'un chevalier, Charles des Essarts de Maigneux, qui avait été gouverneur de Montreuil. Les coups réitérés que frappaient les forgerons sur la lourde masse de fer finirent par ébranler la voûte d'un caveau funéraire que recouvrait la pierre. Un jour enclume et forgerons y descendirent pêle-mêle malgré eux, ceux-ci manquant se tuer. On trouva alors dans le caveau plusieurs cercueils encore placés sur leurs trétaux ; entre autres une femme et des enfants, et surtout un squelette d'une grande dimension, six pieds environ, qu'on dit

respectables de l'ordre de saint Benoît, et dont cependant le revenu est des plus modiques, à cause des pertes qu'elle a faites par le ravage des guerres et le malheur des temps : j'espère que vous voudrez bien entrer dans mes peines et estre sensible à mon malheur; ce sera un motif pressant pour m'obliger, aussi bien que toutes mes filles, à lever sans cesse les mains au ciel pour vous obtenir ces bénédictions et ces grâces abondantes que le Seigneur destine à ceux qui se portent d'un cœur grand et d'une volonté pleine à consoler les affligés et secourir ceux qui sont dans le besoin.

J'ay l'honneur d'estre, M. votre très humble et très obéissante servante,

Sœur Marguerite Le Boucher d'Orsay,
Abbesse de l'abbaye de Sainte-Austreberthe.

(*Communiquée par M. H. Papegay.*)

avoir été celui du chevalier Charles des Essarts ;
ses armes et son casque étaient sur son cercueil ;
mais ces objets ont disparu. Le caveau ayant été
comblé, la pierre tumulaire fut enlevée et employée
dans la maçonnerie d'une auberge ; plus tard elle
fut transférée à la porte de France, où M. Henri
Papegay l'ayant découverte, l'acheta et l'envoya à
M. le marquis des Essarts, qui la fit placer dans la
chapelle de son château, à Francières [1].

Le monastère de Saint-Saulve fut réparé, la tour
de l'église restaurée ; grâce aux biens du monastère
de Saint-Josse que les religieux abandonnèrent en
1772 et qui vinrent se réunir à ceux de Saint-
Saulve, on put faire d'autre travaux de consolida-
tion à l'église [2].

Ces diverses restaurations furent bien impar-
faites, et quand vint la révolution de 1789, beaucoup de travaux furent abandonnés et ne furent
point repris ; quelques couvents et églises servirent
de magasins et ne furent jamais rendus au culte.

Montreuil avait encore, avant cette époque, un
siège des traites composé d'un premier juge, d'un
procureur du roi et d'un greffier, qui jugeaient des

[1] Voir à l'appendice la note n° 5.
[2] En 1747, les religieux de Saint-Saulve, qui joignaient à leur
qualité de hauts et moyens justiciers, celle de seigneurs fonciers,
intentèrent un procès contre les héritiers Boulogne. Lecouturier
rapporteur ; Auvray avocat ; Deflers procureur. Le plaidoyer de l'a-
vocat Auvray fut imprimé.

fraudes et des contraventions relatives aux droits d'importation et d'exportation ou même de transit, d'une province à l'autre. Il y avait un entrepôt général de tabacs qui allait s'approvisionner à Abbeville [1].

D'après un état de population dressé en 1772 par les fermiers généraux, à la demande de M. de Périgord, gouverneur, Montreuil avait 974 feux et 3,399 habitants, sans y compter les enfants au-dessous de huit ans. Vers la même époque, sans doute en tenant compte de cette exception, un mémoire manuscrit de la bibliothèque impériale porte cette population à quatre mille âmes. « On » peut, est-il ajouté, y loger à l'aise 1;553 hom- » mes et 2,128 dans les cas pressés. Les dix vil-

[1] Le 12 mai 1777, le conseil municipal de Montreuil-sur-Mer se trouva ainsi composé :

Maire : Messire François Marie de Bernes, écuyer, seigneur de La Haye, chevalier de l'ordre royal et militaire de saint Louis.

Lieutenant du maire : Messire Antoine-François-Marie de Bernes, chevalier, seigneur châtelain de Longvillers. (En 1786, celui-ci était maire; M. Simon-Joseph de Moullard, baron de Torcy, lieutenant du maire.)

Echevin : M. Courtin-Hacot. 1786. M. François-Marie-Grégoire Haçot-Deviollier.

Trésorier-receveur : M. François-Marie Duprez ; 1786, Antoine Maury.

Contrôleur des biens patrimoniaux et octrois : M. Louis-François Havet.

Commis greffier : M. Battut.

Secrétaire-greffier : Boitel, notaire.

Second assesseur : Péquet, notaire.

Procureur du roi et de monseigneur le comte d'Artois : David, avocat, subdélégué de l'intendance.

(Note de M. E. Duval)

» lages qui dépendent du gouvernement peuvent
» fournir 1,038 chevaux, 204 chariots et 112 char-
» rettes [1]. »

Par lettres patentes des mois de février et d'août
1786, enregistrées au parlement le 17 février 1787,
Louis XVI donna au comte d'Artois, à titre de
supplément d'apanage les terres et seigneuries de
Montreuil et de Doullens, distrayant cette mouvance du comté d'Amiens et l'unissant au Ponthieu, dont ces villes avaient été détachées autrefois.

Il y avait à cette époque, à Montreuil, sept à
huit compagnies de milice bourgeoise de quarante
hommes chacune, et de plus un corps d'élite dit de
la *jeunesse*. Le corps d'arquebusiers qui existait
encore en 1789 avait remplacé les arbalétriers qui,
eux-mêmes, au mois de février 1531, avaient
échangé l'arc pour l'arbalète [2].

---

[1] *Mémoires sur les frontières et plans de la Flandre, du Hainault, du Calaisis, du cours de la Somme*, etc. in-4° ms. tome I,
page 221. Communiqué par M. DUSEVEL.

[2] L'origine de cette corporation remonte au IXᵉ siècle. Dom Du-
crocq raconte qu'en 828, la Picardie fut affligée d'une peste terrible.
Les reliques de saint Sébastien, renfermées dans l'abbaye de Saint-
Médard de Soissons, étaient alors célèbres par la confiance qu'elles
inspiraient aux populations décimées par la peste. Plusieurs villes
de Picardie, Montreuil, Boulogne, Amiens, etc., envoyèrent de
nombreuses députations déposer leurs offrandes sur la châsse de
saint Sébastien. L'offrande de Montreuil consistait en une bannière ornée en relief d'un cerf volant, couronné d'arcs et de flèches.
Au bas était écrit : *Monstereul*. Au retour des pèlerins de cette

ville, la cinquantaine des nobles chevaliers du noble jeu de l'arc, fut instituée à l'instar de celle qui existait à Soissons pour veiller jour et nuit sur les reliques du saint. Cette compagnie s'exerçait au tir tous les ans, le dimanche avant la mi-carême, dans un jardin situé entre la rue de la Pie et celle du Coquenpot. Ceux de ses membres qui s'étaient le plus distingués par leur adresse portaient les titres d'*empereur, de roi, de roi de la couronnette*. L'article 8 des statuts prescrivait de reconnaître l'abbé de Saint-Médard de Soissons, comme grand maître et juge souverain de la cinquantaine et l'on s'engageait, par serment, à se soumettre aux arrêts de ce prélat.

XIII

L'histoire du passé, que nous venons de retracer,
se révèle à Montreuil par l'aspect de la ville, si pit-
toresque, sa vieille ceinture de pierres porte encore, en différents endroits, le cachet du moyen-
âge. On comprend qu'avant la découverte de l'artillerie, ces remparts escarpés étaient difficilement
accessibles, lorsque des hommes déterminés en défendaient l'approche; aussi avons-nous vu que plusieurs fois les ennemis s'approchaient des murs de
Montreuil sans oser en tenter l'attaque.

La citadelle qui flanque la place au Nord-Ouest,
est une forteresse qui, aujourd'hui encore, n'est
pas sans importance au point de vue stratégique.
On assure qu'avec une garnison abondamment

pourvue de vivres, elle pourrait tenir une armée de cent mille hommes en échec [1].

Les différents âges de l'histoire militaire de Montreuil sont encore indiqués dans les ouvrages de la citadelle ; plusieurs parties sont évidemment dues à l'art romain. Par exemple, il y a lieu de penser que les deux grosses tours qui flanquent l'entrée de l'ancienne enceinte principale ont cette origine. Elles montrent d'ailleurs combien était formidable la position de l'ancien château ; car elles dominent non seulement la plaine, mais aussi le château et la ville. Une des chambres d'une vieille tour est indiquée comme ayant servi de prison à la reine Berthe, femme de Philippe Ier, qui la répudia pour épouser Bertrade. Cette tour dont les murailles ont trois mètres d'épaisseur est percée par le bas d'une voûte donnant sur la campagne : la

[1] La citadelle est composée de plusieurs bastions et demi-bastions.

On peut arriver aux pieds des glacis de cette citadelle sans être vu de la place en débouchant par le village de la Magdelaine, se portant sur la rivière, en suivant le chemin de ronde qui conduit audit glacis.

Il y a plusieurs parties de revêtemens de l'enceinte qui ont besoin de réparations. Il faut les faire et ne pas laisser tout dépérir, comme la maison d'Autriche fait dans les Pays Bas. Montreuil, quoiqu'en troisième ligne du côté du continent, est en première du côté de la Manche; il est nécessaire qu'il puisse soutenir un coup de main.

Détruire tout ce que le bonheur des temps passes a reculé de frontières, et ce que le malheur des temps à venir peut en rapprocher, est le parti de la présomption ou du désordre, il faut tout entretenir. (*Mémoire sur les frontières et places de la Flandre, du Hainault et du Calaisis*, etc. in 4° ms. de la bibl. impériale, tom. I, page 221.) (*Communication de M. H. Duscvel.*)

voûte de la chambre est en briques. On y voit encore une ouverture circulaire par laquelle, dit-on, on descendait la nourriture à l'infortunée princesse. Cette tour faisait partie de la seconde enceinte du château et défendait une porte qui conduisait à un pont, nommé vulgairement dans le pays, *pont à rasoirs*. Les piles de ce pont sont encore debout au bas du glacis ; elles attenaient à certains ouvrages qui de ce côté couronnent le glacis.

La tour de la reine Berthe est dominée, à l'intérieur de la citadelle, par deux énormes tours qui en imposent, en serrant de leurs flancs les dernières et autrefois si redoutables entrées du château ; la partie extérieure a été restaurée en briques, les soubassements sont en grès.

Les murailles qui forment l'enceinte de la citadelle, dans la partie qui regarde la campagne, sont défendues de tours rondes dont l'approche est défendue par d'énormes bastions qui flanquent des deux côtés l'ancien pont à rasoirs dont nous avons parlé. On a, depuis peu d'années, reconstruit une partie de ce mur, sous la direction de M. Vasseur, capitaine du génie ; les casemates font, dit-on, l'admiration des connaisseurs. La tour du Nord, qui domine ces casemates, est remarquable par sa conservation. Comme les murs de l'ancienne enceinte, elle est construite en pierres blanches.

La partie de murailles faisant face à la ville, bien que très-ancienne, a été édifiée postérieurement; c'est-à-dire qu'elle a été construite par suite de la destruction de l'ancien château dont l'enceinte était beaucoup plus spacieuse que celle de la forteresse actuelle.

On croit que cette partie de la forteresse a été restaurée par Vauban. On attribue surtout à cet ingénieur le fort appelé *Bouillon* et autres parties de défense.

Les avant-corps de la place sont aussi très-anciens et susceptibles d'une vigoureuse défense : il est facile de reconnaître que Vauban y a mis la main. Dans la partie du premier avant-corps de la porte de France, en regard du village de Sorrus, on remarque le manteau d'un ancien fort dans l'intérieur de la muraille, découvert par les dégradations du temps.

La chapelle de la citadelle, bâtie au xviiie siècle, et fermée depuis la révolution de 1789, n'a point été rendue au culte; elle sert de magasin.

La ville est remparée de deux enceintes, du Levant au Midi, dont l'une, celle de la ville basse, est percée d'une porte aujourd'hui casematée, au-dessus de laquelle on lisait cette inscription en grosses lettres gothiques : *Fidelissima Picardorum natio.* Cette partie des murailles a été surmontée de crénaux qui, prenant naissance au-dessous de la citadelle, vont se terminer au lieu dit *la Garenne*, où l'ancienne enceinte va remontant jusqu'au mur de ceinture, non loin de la porte de France. On reporte ces ouvrages au règne de Louis XIII.

La porte de France a pour avant-corps de place un ouvrage à cornes en forme de tenailles construit en grès, et un ouvrage avancé à cornes au centre duquel est une lunette.

La ville pourrait être susceptible d'une rigoureuse défense, si on y ajoutait quelques travaux d'art tels qu'un fort à étoiles sur la plaine dite de Saint-Nicolas ou Beaumerie ; un autre du même genre sur la plaine de Sorrus ; quelques cavaliers derrière le petit hôpital et environs, et, au moyen de quelques travaux de terre et d'écluses, faire entrer l'eau jusqu'au bas des glacis et au pied des murs de la Garenne. Dans de telles conditions, la ville serait à même de riposter aux attaques les plus soutenues. D'après une opinion assez généralement reçue, la ville de Montreuil serait minée par de nombreux souterrains, la plupart en état de délabrement.

Un cavalier qui avait été construit derrière le petit hôpital, lors de la reprise de Montreuil par les Français, et qui mettait une partie de la ville à couvert, ainsi que l'hospice, fut enlevé pour faire les banquettes et les plongées des remparts ; on y trouva une certaine quantité de boulets de toutes grosseurs.

Partout on trouve des traces de la guerre ; si on creuse le sol, on en retire des projectiles de toutes les sortes ; des boulets ont été trouvés sous les remparts de la porte de Boulogne ; en travaillant dans la rue du Thorin, il y a peu d'années, les ouvriers en retirèrent des boulets de quarante-huit en quantité et d'autres moins gros ; on en retrouve dans les marais sur tous les points qui entourent la place : on remarque ceux des Anglais, à leur poli ; d'autres sont bruts ; quelques-uns sont recouverts d'une épaisse couche de plomb : on a aussi trouvé des boulets armés de flèches à dards.

Lorsqu'en 1804, l'empereur Napoléon Iᵉʳ vint à Montreuil, il passa l'eau au pied du mur d'enceinte de la ville basse, derrière les moulins du Balon ; il examina de ce point les fortifications et résolut de les faire restaurer. Il donna des ordres pour faire curer le vivier de la porte basse ; en moins de quinze jours, plus de quatre cents ouvriers étaient occupés à ce travail dont les terres ont servi à consolider les demi-lunes et autres travaux de terre qui servent d'avant-corps de place du côté de la porte de Boulogne. Cette porte a été reconstruite en 1828 ; on y accède par une rampe douce et commode.

Dans l'intérieur de la ville, entre le petit *Coq-en-*

Pot et la Grande-Rue, on remarque les restes de la
première enceinte, celle antérieure aux fortifications relevées par Helgaut. C'est ce que la disposition des murailles peut encore indiquer aujour-
d'hui. Ces restes consistent en une tour très-élevée,
une courtine, dont l'une des tours, diminuée dans
sa hauteur, se trouve prise dans une construction
particulière, car ces murailles intérieures appartiennent à différents propriétaires. On a cru et
même on a dit que ces murs étaient les ruines
d'une forteresse des sires Delportes [1].

L'église actuelle de Montreuil est, dit M. Dusevel, qualifiée mal à propos de cathédrale sur plusieurs gravures modernes. Ce monument, qui
dépendait de l'abbaye de Saint-Saulve, ayant été
détruit en 1537 par les impériaux, fut reconstruit
vers la fin du même siècle ; il est encore remarquable malgré les dégradations qu'il a subies en
1793. Le portail, dont les niches sont veuves de
leurs statues, est d'un assez bon style ; les sculptures étaient très-délicates ; on y voit encore,
parmi des tronçons de statues mutilées, des groupes
de personnages recouverts de dais dentelés qui
sont malheureusement trop profondément altérés
pour qu'on puisse y reconnaître les sujets qu'ils

---

[1] Tous ces détails, concernant les fortifications de la ville et de
la citadelle, nous ont été donnés par M. Henri PAPECAY.

représentaient, et pourtant ils arrêtent encore les regards des voyageurs. Sur le fronton de la porte, on voit une belle statue de la Vierge au-dessus de laquelle plane la représentation de l'Eternel.

Les chapitaux des piliers, qui soutiennent les voûtes de la nef et des bas côtés, sont décorés de feuillages, d'oiseaux, d'arbalètes et de quelques inscriptions en caractères gothiques; sur celui de droite en entrant, on remarque deux statuettes, personnages grotesques montés sur des animaux fantastiques, dont l'un est placé le dos tourné vers le cou de l'animal et tient la queue en guise de bride, pendant que sa main gauche brandit une espèce de verge.

Ces chapitaux donnent naissance chacun à sept nervures, dont cinq vont s'appuyer sur la clé de ceintre de la grande nef et deux autres latérales se marient à leurs extrémités avec les parallèles de même genre. Les voûtes sont d'une belle construction; la disposition en faisceaux des nervures est d'un effet admirable. On remarque sur leurs moulures les traces de trois boulets de canon, et, en bien des endroits, les balles de la mousqueterie ont laissé leurs empreintes.

La chapelle de la vierge mérite d'être visitée : une porte latérale, sur le trumeau de laquelle on a placé la statue d'un saint provenant du côté droit du portail, est assez simple, mais de bon goût. On remarque de la porte, à l'intérieur, deux statues couchées, dont l'une est vulgairement désignée sous le nom de comte Helgaut II; elle représente un chevalier, les pieds appuyés sur un lion étranglant un chien. Un écusson est posé sur son côté gauche, suspendu par de petites chaînes dont l'une paraît passer sur l'épaule droite du personnage, et d'autres sont adaptées à la plus haute ceinture, laquelle semble être destinée à maintenir l'écu; une seconde ceinture porte l'épée. Le champ de l'écu est à moitié effacé; la partie restée intacte représente, au côté droit du chef, une porte de monastère ayant deux fenêtres de chaque côté d'égale dimension; au bas de l'écu est la même enseigne dont la fenêtre gauche passe sur le milieu de l'édifice supérieur. La coiffure est d'une sorte d'étoffe maillée semblable à un tricot; on n'y voit point de casque [1].

[1] D'après M. Henri Papegay, le lion étranglant un chien, indiquerait que le guerrier a succombé en bataille sous une force supérieure. « Est-ce Helgaut II, restaurateur de Montreuil, qui mourut les armes à la main sur les rives de l'Authie? demande-t-il. Serait-ce Herluin, mort aussi en combattant ? Tout porte à le croire. On dira aussi que ce blason a du rapport avec celui des sires Delporte qui portaient trois portes; mais assurément celui du guerrier dont il s'agit ici n'en avait que deux, et il n'y avait point de place de reste sur l'écu pour y placer une troisième entrée d'édifice qui représente un monastère ou une église. Donc, je crois pouvoir me résumer en disant que le personnage représenté par la statue a dû fonder ou rebâtir deux églises ou deux monastères et en porter les signes sur son bouclier.

Le second personnage, qui représente un abbé
ou un évêque, a, comme le premier, deux anges
dans l'attitude de la prière à chaque épaule, et,
de plus, deux autres au bas. Ses pieds sont posés
sur un chien, et, comme la statue du chevalier, sa
tête repose sur un oreiller à glands. Ces deux statues ont été transférées en ce lieu de l'ancien chœur
de l'église après le sac de 1537.

Parmi les décorations de l'église, on remarque
un tableau représentant la conception de la Vierge,
dû au pinceau de Mlle Levol, donné en 1849 par
M. Fourmentin, représentant du peuple. Sur l'autel de la Vierge, un tableau de mérite a pour sujet
la consécration de la sainte Vierge.

On voit encore, dans le jardin de l'hôtel-de-ville,
qui est voisin de l'église et bâti sur l'emplacement
de l'abbaye, une statue déposée en cet endroit.
Cette statue occupait une des niches d'encoignure
des jambes de force qui soutiennent le portail de
l'église. Placée dans un endroit élevé, on l'a défi-
gurée en lui mutilant le visage lorsqu'on la descendit pour restaurer le fronton. Quelques personnes
pensent que cette statue serait celle de Robert-le-
Frison, comte de Flandre; on croit généralement
qu'elle représente un des ducs ou comtes souverains
du pays, ce qui prouverait que ce prince régnait à
Montreuil comme souverain. Une raison qui porte

à le croire, c'est que, sur une espèce de turban dont sa tête est ornée, est un diadême ; un cordon de chevalier auquel est appendu un lion lui descend des épaules sur la poitrine. La face est jouflue, les yeux gros, les cheveux frisés. La taille est moyenne.

Près de cette statue en est une autre à peu près du même genre, mais sans aucune décoration ; elle provient aussi du portail de Saint-Saulve. D'autres statues sont encore dans leurs niches, mais elles sont mutilées et décapitées ; elles sont posées sur des consoles représentant des personnages formant cariatides. La Vierge sur un trumeau de la porte et le Père éternel qui se trouve au-dessus, méritent d'être remarqués. Quelques bas-reliefs présentant des groupes de personnages recouverts de dais dentelés, sont malheureusement trop altérés pour qu'on puisse y reconnaître les sujets qu'ils représentaient, et cependant ils arrêtent encore les regards des amateurs.

Le fronton du portail n'a plus que deux rangs de niches, il y en existait trois autrefois, avant la restauration qui fut faite il y a environ dix ans. Le couronnement du portail était élevé d'environ 30 à 32 mètres au-dessus du niveau du sol ; il était accompagné, ainsi que nous l'avons dit plus haut, de deux tours très-élevées ; celle de droite fut détruite pendant le siège de 1537 ; il n'en était resté

24.

qu'un pan de mur dont on avait lié la maçonnerie avec la tour du clocher actuel. Cet ancien reste de la tour de droite a été remplacé par une maçonnerie en briques, il y a quelques années. La tour de gauche n'a guère que 26 à 27 mètres de hauteur : son escalier est bien voûté. La porte qui y donne accès paraît avoir été faite postérieurement. L'escalier descend jusqu'à un souterrain espèce de crypte très-profonde. La tour actuelle servant de clocher renferme quatre belles cloches, dont la plus grosse a été fondue avant la révolution de 1789; la commune l'ayant réclamée, elle a été sauvée de la destruction; les autres ont été brisées avec des boulets de 48 sous le portail; une quatrième, de petite dimension, est placée dans le guet : c'est la cloche d'alarme sur laquelle on répète les coups de chaque heure de la nuit. Le second clocher, qui décore le milieu de l'église, n'a plus de cloches.

La chaire, dont la construction est postérieure à l'église, est élégamment sculptée. Le tableau du maître-autel, représentant la Vierge intercédant auprès de son fils pour les pécheurs, attire l'attention des étrangers. D'après quelques amateurs de peinture, ce tableau serait de Jouvenet.

Cette église possède aussi plusieurs reliquaires provenant de l'ancienne abbaye de Sainte-Austreberthe; les plus précieux sont ceux qui représentent : un tombeau en émail orné de figures de moines, renfermant une partie de la mâchoire de saint Leu ; un autre tombeau, en argent travaillé au marteau, sur lequel on voit sainte Austreberthe couronnée par des anges ; un clocher hexagone, en cuivre doré, porté sur un pied contenant le chef de cette sainte. On remarque encore, ajoute M. Dusevel, une croix reliquaire en argent, ornée de fleurs de lys sans nombre, d'un travail fort ancien, qui servait de croix processionnale aux abbesses de Sainte-Austreberthe, et un bâton de chêne de 1 m. 33 c. environ, orné de trois bandes ouvragées de cuivre doré, reliées entre elles d'espace en espace par d'autres bandes circulaires d'un travail semblable. On appelle ce bâton, *la crosse de sainte Julienne de Pavilly*, sa courbe est entièrement ouverte. Le tout est décoré de pierres de diverses couleurs. On en trouve des dessins dans le *Bulletin du comité des arts et monuments*, et dans la *Statistique monumentale du département du Pas-de-Calais*.

L'Hôtel-Dieu, qu'on vient de rebâtir, est d'une grande richesse et digne d'être visité. La chapelle a un portail gothique, construit vers le milieu du xve siècle, qui offre d'intéressants détails de sculpture percée à jour et d'un grand fini ; la voûte de pierre a été remplacée par une construction en bois qui imite parfaitement la maçonnerie. Il est à regretter que le clocher, qu'on a démembré en reconstruisant le couvent, n'ait pas été rétabli : on n'entend plus le son argentin de sa cloche qui invitait les fidèles aux offices et à la prière. Cette cloche avait été cachée pendant la Révolution.

On voit dans une des salles de cet établissement le portrait et les armes du fondateur, peints en 1467. On y voit aussi un curieux registre sur velin des anciennes possessions de cet hôpital [1]. Il offre en tête le portrait vigoureusement dessiné à la plume d'un seigneur de Maintenay, qui fut le bienfaiteur de cet établissement, et dans plusieurs lettres initiales des vignettes représentant, entre autres figures, un géant qui montre son œil, par allusion sans doute au nom de Montreuil ; puis saint Josse, saint Vulphy, etc. [2].

Une pierre en marbre noir, scellée dans le mur extérieur de la galerie couverte du couloir d'entrée, rappelle l'époque de la fondation du nouvel édifice [3].

---

[1] En 1347, amortissement de trente sous parisis de rente pour fonder une chapelle dans l'Hôtel-Dieu de Montreuil très honorable à cette ville.

En 1670, confrérie de saint Crépin établie dans l'église de l'Hôtel-Dieu de Montreuil, par contrat entre les religieuses et les cordonniers de la ville, autorisée par acte de maire et échevins sans qu'il soit mention de l'autorité de l'évêque.

[2] *Souvenirs des villes de Picardie.* Montreuil. M. Dusevel, page 8.

[3] Le 13 novembre 1854, la commission administrative des hospices de Montreuil-sur-Mer, décide à l'unanimité qu'une table en marbre

Vers la fin du xviie siècle, on réunit à l'Hôtel-Dieu de Montreuil l'hospice de la Maladrerie, situé au milieu des champs, sur l'emplacement de la ferme du Val, l'une des plus considérables du Pas-de-Calais. Cette proposition, dit M. Louandre, fut longtemps un sujet de discorde et de fâcheux débats entre les religieux de Saint-Saulve qui avaient gouverné l'hospice, et l'échevinage qui en réclamait les biens comme appartenant à la commune. Les murs de l'ancienne salle où l'on traitait les lépreux existe encore.

Avant la Révolution de 1789, la maison était encore desservie par vingt religieuses qui, aujourd'hui, sont réduites à six.

Le monastère de Sainte-Austreberthe ayant été incendié pour une seconde fois, en l'an XIII de la République, les bâtiments dont quelques-uns étaient

sera posée dans la place principale du nouvel établissement sur laquelle une inscription rappellera la date ; voici cette inscription :

Cet Hôtel-Dieu, fondé vers l'an 1200, par Gauthier de Montreuil, sire de Maintenaÿ, a été reconstruit sous le règne de Napoléon III, inauguré le 6 décembre 1857, M. le comte de L. de Tanlay, étant préfet du Pas-de-calais ; M. Pompéï, sous-préfet de l'arrondissement de Montreuil ; M. Louis Delhomel, maire de la ville.

ADMINISTRATEURS :

MM. Cosyn, Maugenest, Moleux, Lecomte et Hibon de la Fresnoye.

Béni par M. Occis, curé-doyen de Montreuil.

Cette table est en marbre noir, aux armes de Gauthier, sire de Maintenay, et à celles de Napoléon III. Elle pèse 600 kilog.

(Note communiquée par M. Eug. Duval.)

en assez bon état de conservation furent destinés au collége, et le 5 août on appropria l'église à cette destination.

On voit encore, sur la rive gauche de la Canche, au lieu nommé *la Hayette*, quelques ruines qu'on suppose avoir appartenues à l'église de Saint-Pierre, dont nous avons parlé plusieurs fois dans le cours de cette histoire.

Une église de la basse ville, aujourd'hui à usage de magasin, était très-jolie avant le sac de 1537 par les impériaux, la nef était ornée de belles colonnettes, des nervures délicates et multipliées embellissaient et soutenaient ses voûtes ; elle renfermait de riches chapelles ; mais soit que la fabrique de l'église ou les gens de l'art aient décidé sa démolition, on mina les piliers et on tira des coups de fusil à balles pour faire sauter les clés de voûte. Le bâtiment s'écroula un samedi, jour de marché ; une femme qui y était entrée fut blessée et un jeune homme, qui s'occupait à arracher des pierres à la base d'un pilier, fut englouti sous les décombres. On y voit encore une pierre tumulaire portant la date de 1211 ; d'autres ont été sciées pour être employées dans la maçonnerie des cuves de tanneurs. Le clocher contenait une belle sonnerie dont les cloches étaient admirées.

La paroisse de la basse ville recèle, dans une

chapelle latérale, une statue équestre de saint Gengoult. Au 11 mai, une foule de pèlerins y viennent prier le saint de leur accorder la bonne union en ménage. Saint Gengoult avait autrefois la réputation de rendre les femmes fécondes.

Plusieurs maisons, à Montreuil, sont construites sur les ruines d'anciens édifices religieux il en est ainsi du couvent des Capucins converti en maison bougeoise; du couvent de Sainte-Austreberthe transformée en caserne; de l'église des Carmes qui sert de magasin pour l'artillerie, et du couvent occupé aujourd'hui par le tribunal civil, des casernes, la gendarmerie et la prison; de la petite église de Saint-Jacques, actuellement à usage de brasserie; de l'église ou chapelle de Saint-Gengoult ou Gendulphe, remplacée par une auberge de ce nom, près de la porte de Boulogne.

Parmi les curiosités de la ville, on cite une tour de la citadelle, dans laquelle se trouve une grande chambre à peine éclairée par une étroite fenêtre. L'intérêt qui s'attache à ce réduit vient, ainsi que nous l'avons dit au chapitre v de cet ouvrage, de ce que la reine Berthe, épouse infortunée de Philippe Ier, y aurait été détenue prisonnière lorsque le roi l'eut répudiée, aussi, appelle-t-on encore ce monument la tour de la reine Berthe. Il n'y a pas longtemps, avant la révolution de 1789, que les femmes et les jeunes filles du pays chantaient cette chanson en quêtant pour les pauvres.

Donnez, donnez pour notre reine, etc.

M. Dusevel ajoute dans sa brochure sur Montreuil [1] : « Cet usage n'est plus observé que les dimanches de carême, et par les enfants pauvres de la ville. Ils élèvent de petits reposoirs sur des chaises devant les portes de leurs maisons et recueillent les aumônes des passants en chantant ce refrain [2]. On appelle *quête de la reine*, cette coutume si intéressante, et par l'évènement auquel elle se rattache et par la régularité avec laquelle s'est perpétuée depuis plus de sept siècles.

On voit, dans le magnifique jardin de M. de Longvillers, un monument remarquable qui sert de grotte, construit avec des matériaux qu'on dit provenir des débris d'un arc de triomphe romain. D'après M. Henri Papegay, cette construction ne porte pas d'autre caractère que celui du style religieux; quelques pièces de rapport y ont été adaptées après coup, mais rien n'indique dans ce bijou un seul reste d'architecture romaine. M. de Long-

---

[1] *Souvnirs des villes de Picardie.* MONTREUIL. M. DUSEVEL.

[2] Cet usage rappelle celui des enfants de Paris et de plusieurs autres villes qui, pendant l'octave de la Fête-Dieu, élèvent de petits autels, près de leurs portes et tendent une sébile aux passants pour recevoir des pièces de monnaie.

villers déclare que son aïeul, étant maire de Montreuil, avait acheté ces débris de démolitions provenant de l'église de Saint-Walloi. Le monument est en pierre jaune de Marquise ; un fût de colonne en gré qui y est adapté, semble cependant avoir un caractère romain, bien qu'on ait changé sa destination première en y ajoutant des groupes de statuettes d'un grand fini [1]. Il parait certain d'ailleurs qu'un arc de triomphe élevé en l'honneur de l'empereur Claude existait sur l'emplacement où est aujourd'hui l'Hôtel-Dieu, que l'ancienne chapelle de *Jésus flagellé*, qui existait près de là, en était aussi un débris approprié ultérieurement au culte catholique ; mais ces précieux restes d'antiquité n'ont pu être retrouvés.

La ville de Montreuil possède dix moulins à eau dont neuf à blé, le dixième à usage des tanneurs pour broyer les écorces de chêne. Ils sont tous placés sur la même ligne et portent le nom de mou-

---

[1] On a écrit qu'un fût de colonne antique trouvé dans le jardin de l'hôpital était un débris d'un arc de triomphe qui aurait été élevé en mémoire de l'embarquement de l'empereur Claude, à Montreuil. Claude ne fit qu'un voyage dans la Morinie et s'embarqua à Boulogne l'an 43. A son retour de la Grande-Bretagne, le sénat lui fit élever deux arcs de triomphe, l'un à Rouen et l'autre à Gesoriacum. Les fondations de ce dernier monument ont été découvertes en 1801, à Boulogne, en dehors de la porte des dunes. Des écrivains des bas siècles, peu versés dans la synonymie des noms de lieux, ont cru que Gesoriacum était Montreuil, et Laurent Echard dans son *Histoire romaine*, a suivi cette mauvaise leçon. Il est probable que le précieux fragment dont il s'agit est un débris d'un temple de Mercure. (Note communiquée par M. Henri PAPEGAY.)

lins du Balcon ; deux autres moulins portant le nom de moulins du Roi, dont un à farine et l'autre à huile et au plâtre, avec scierie mécanique, sont près du pont de la route impériale de Montreuil à Boulogne. Toutes ces usines sont établies sur la rivière de Canche : l'ancien moulin de l'hospice des Orphelins, établi sur la dérivation de la Canche est actuellement propriété particulière.

On achève en ce moment, dans le plan Thorel, les bâtiments nécessaires à l'établissement d'un magasin aux tabacs, industrie qui apportera un peu d'animation dans cette partie de la ville.

La basse ville ne contient aucun monument digne de remarque. Avant 1830 la grande rue qui la traverse, et qui est très-abrupte, était beaucoup plus fréquentée qu'aujourd'hui ; mais à cette époque la partie des remparts qui la bordait à droite, derrière les maisons, s'écroula sur les 10 heures du soir, écrasant une maison et trois jeunes filles qui, étant en prières, n'eurent point le temps de se sauver. Quelque temps auparavant, en 1828, on avait percé une autre porte et fait un bout de courtine casematée. Lors de la pose de la première pierre de cette porte, M. d'Acurié, ancien maréchal-des-camps et armées du roi, avait lui-même présidé cette cérémonie, en présence de la septième compagnie des fusiliers sédentaires réunis en grande tenue et en armes. Une boîte de plomb contenant plusieurs pièces d'or, d'argent et de cuivre, avec une légende relatant le fait, y fut scellée [1]. L'ancienne porte fut casematée.

La fontaine des Clercs rappelle un fait qui mérite d'avoir ici sa place. Trois clercs d'avoués, de notaire ou d'église, se baignant en ce lieu, le premier disparut; ne le voyant point revenir, le second se jette à l'eau, plonge et ne reparaît point; le troisième n'hésite point, il suit ses compagnons avec l'intention de les ramener, mais aucun des trois ne revint à la surface.

Depuis longtemps la ville de Montreuil-sur-Mer a perdu le souvenir de ses anciens avantages maritimes : de ses remparts, c'est à peine si on aperçoit au loin, vers le Nord-Ouest, l'atmosphère vaporeux de la mer à l'embouchure de la Canche.

---

[1] A l'occasion de cette cérémonie, les ouvriers composèrent et chantèrent une chanson mal rimée, dont voici les principales stances :

> Rendons hommage
> Aux ingénieurs français,
> Dont le courage
> Inspira ces projets.
> Pour le passage
> De Paris à Calais.
>
> De cette route
> Le dangereux écueil
> Que l'on redoute,
> Toujours la larme à l'œil.
> Sera sans doute
> La rampe de Montreuil.

(Note communiquée par M. Henri Papegay.)

Longtemps encore après la perte de ce port, on conserva l'espoir de le voir renaître : ce fut un des rêves du célèbre Vauban, qui, après une inspection minutieuse des attérages du fleuve, décida que Montreuil était abordable pour des bâtiments médiocres tels que le commerce de la côte permettait d'en employer [1]. Sur ses instances, Louis XIV fit nettoyer le chenal jusqu'à Montreuil et on revit des bâtiments de cinquante à soixante tonneaux, jeter l'ancre sur l'emplacement de l'ancien port morinien de Brayum. D'après M. Buttel [2], on aurait tenté de rendre la rivière navigable, mais on aurait fait « les bassins des écluses si petits, et » littéralement si étroits, qu'il n'aurait pas été » possible de les utiliser. » Les guerres de ce grand règne empêchèrent le gouvernement de consolider l'œuvre par des travaux hydrauliques qui entraient

[1] Le chevalier de Clerville, dans son rapport au roi, s'exprime ainsi sur le commerce et la navigation de Montreuil : « Il ne s'y fait pas grand traffic ni même grand manef dans Monstericul; partout il ne s'y voit aucun commerce qui s'y puisse bonifier, si ce n'est celui des bois à bastir des navires dont on peut transporter une bonne quantité à Boulogne par la rivière de Canche, du nombre de ceux qui se tirent des forêts de Hesdin, Crécy et Beaurain pour estre ensuite euvoyés en Normandie et en Bretagne. »

[2] La rivière de Canche n'est à la vérité pas navigable au-dessus de Monstereuil et ni même depuis là jusqu'à Etaples. Il n'y entre pas une assez bonne quantité d'eau pour pouvoir porter de gros faix ou de gros bastiments : toutefois, quand on veut attendre les grosses marées, on trouve plus de facilité à transporter les bois que l'on amène par chariots à Monstereuil. (*Rapport au chevalier de Clerville sur les ports de la Picardie*, coll. Colbert, in-8.)

dans les plans du savant ingénieur ; le chenal se combla de nouveau, et Montreuil cessa tout-à-fait de jouir de ses prérogatives maritimes [1].

Le publiciste Linguet, dans son ouvrage des *Canaux navigables*, rappela ce que Vauban avait conçu et ce que Louis XIV avait obtenu avec une minime dépense ; il demandait qu'on ouvrit de nouveau le port de Montreuil à la navigation maritime et qu'on canalisât la Canche jusqu'à Hesdin [2]. Le conseil des Etats d'Artois proposa la question au conseil des ponts-et-chaussées qui repoussa le projet. Quelques années après, Marragon, représentant à la Convention nationale, fit un rapport motivé avec projet de décret sur la navigation générale et intérieure : il proposait comme d'utilité publique la dérivation de l'Authie dans la Somme et un canal de la Somme à la Canche. Le projet fut ajourné et, en 1794, les marais communaux, sur lesquels on aurait pu exécuter les travaux de canalisation ayant

[1] M. Guyenot de Châteauneuf, dit dans son *Mémoire sur la navigation intérieure :* « On a négligé la Canche qui n'aurait pas été moins utile que l'Aa, la Lys et la Scarpe. Cette rivière était propre à ouvrir des débouchés dans la partie du Midi et de l'Occident de l'Artois ; M. de Vauban examina son cours et décida qu'elle pouvait servir à la navigation de la province. On y fit travailler ; le roi ordonna que l'on nettoyât l'embouchure de la rivière, de manière que des bâtiments de 50 tx. pouvaient remonter jusqu'à Montreuil, mais le défaut de fonds pour cet objet fit suspendre les travaux et les a laissés au point où ils étaient en commençant.

[2] *Notice de l'état ancien et moderne de la Picardie et comté d'Artois,* par BUTTEL.

été partagés, le projet de la Canche fut définitivement abandonné [2].

De nos jours, cependant, M. Vallée, ingénieur
des ponts-et-chaussées, étudia un projet de canalisation intérieure qui aurait relié le port de Boulogne à la Canche par Condette, Dannes, Etaples et
Montreuil à Arras par la Canche et la Ternoise.
Nous-même, avons proposé, il y a quelques années
à l'Empereur Napoléon de creuser un canal ou
bassin maritime de la Somme à Boulogne par Etaples, avec bassin ou gare sur Montreuil [1]. L'opposition du conseil des ponts-et-chaussées empêcha
les suites qui auraient pu être données à cette proposition.

[1] *Les Côtes françaises de la Manche, in-4°, Paris 1854,* par
Fl. LEFILS.

XIV

Le chemin de fer d'Amiens à Boulogne traverse l'arrondissement de Montreuil sur une ligne parallèle à la côte, depuis l'Authie jusqu'à la Liane. Une station est établie à Verton, une autre à Etaples.

Un service d'omnibus fonctionne pour tous les trains de chemin de fer de Montreuil à Verton avec retour. Un service est également établi de Verton à Berck, où M. Maugenest, de Montreuil, a créé un établissement de bains de mer, qui prend un développement justifié par la beauté de la plage.

Verton possède une sucrerie placée près de la gare, où sont employés cent soixante ouvriers. Les expéditions se font principalement pour l'entrepôt de Lille.

La route de Verton à Montreuil traverse les deux villages de Campigneulles le grand et le petit. Jusqu'au xiv⁰ siècle, ils ne formaient qu'une seule et même paroisse et sont confondus dans les chartes sous les noms de *Campania* (plaine, campagne). Campania est mentionné dans les titres de Saint-Vaast de l'an 1033. Le sire Guillaume de Campigneules donna, en 1239, à l'abbaye de Saint-André-aux-Bois une rente annuelle d'un muid de blé.

Non loin de Verton se trouve Waben, ancien port considérable à l'embouchure de l'Authie et ville riche et fort peuplée [1], ce n'est plus qu'un village où chaque jour la pioche retourne des objets intéressants d'antiquité.

La route de Montreuil à Etaples est moins fréquentée que celle de Verton ; elle suit la rive droite de la vallée, par Neuville (*Nova villa*). Ce village, situé sur la Canche et attenant au faubourg de la Basse-Ville, était inconnu avant le xii⁰ siècle, car alors le terrain était couvert par les eaux de la mer.

---

[1] **Notes de Dom Grenier, page 24, n° 222 à 224. « Chacun basteau de la ville de Waben qui va à trameaux chaque marée qu'il pesche, aux poissons *des moyens*, sans que personne y ait part, et si aux darts *ad james* (le seigneur de Sempy), contre plusieurs personnes est à savoir que chacun bastel du lieu dessus dit, doit deux marées depuis le candelier jusques à l'Ascension et vaut chacune marée autant de fois 28 n 26, 20 autant de fois plus ou moins et un poisson de quatre livres en la volonté du vicomte du roy et du mayeur et prend du temple de Waben la moitié de deux *james* contre les autres personnes en celle invitié que le temps prend. » (*Aveu donné au roi en 1378, par le sieur de Sempy.*)

On voit à mi-côte un vaste enclos boisé où habitèrent longtemps, dit-on, les descendants de saint
Bruno. On dit aussi que la chartreuse de Neuville,
Notre-Dame-des-Prés, dut son origine à un grand
crime : un parricide vint porter son repentir dans
cette solitude et consacrer sa fortune à ce monument d'expiation. Robert III, comte de Boulogne,
qui en est considéré comme le premier fondateur,
contribua, vers 1370, au premier établissement.
Neuville a aujourd'hui mille habitants.

La route, au sortir de Neuville, se bifurque,
la branche qui conduit à Étaples suit la vallée
par Attin (d'*attines*, amas de galets), autrefois bac-
attin, parce qu'un petit bac y était établi pour
le passage de la rivière de Canche. Un péage sur ce
bac était exigé dès 631 ; le roi Thiery III le concéda à l'abbaye de Saint-Bertin, de Saint-Omer.
Selon le géographe Danville, la station romaine *ad
Lullia*, de la table de Peutinger, aurait été le passage de la Canche, au bac d'Attin.

C'est près d'Attin, mais sur la rive opposée et
sur une grande étendue, que se trouvent les débris
d'antiquité qui font supposer que la célèbre ville
de Quentovic, était dans ces parages. On y trouve
Misendeuil [1], territoire, qui s'étend depuis la cita-

---

[1] Selon Malbranq, ce nom rappellerait un lamentable épisode de
l'histoire locale de la fin du IXᵉ siècle. Après la funeste bataille de

delle de Montreuil jusqu'au Pont-Rouge de la route impériale de Boulogne et se trouve en cet endroit sur Neuville, aboutissant à la rivière de Bouche qui sépare le Misendeuil du marais d'Attin.

Plus à l'Ouest se trouve la *Calloterie* (la *Calleterie*, dans de vieux titres, ce qui voudrait dire : *chantier*; *Valencendres*, *le champ Armeville et Vise marest*), terrains couverts d'ossements humains

Wimille et le sac de Boulogne, par les Normands, en 881, Hennequin, comte de Boulogne, s'était retiré dans la forteresse de Montreuil; il y mit à profit le temps que les ennemis employèrent à dévaster l'Artois et réunit à la hâte une nouvelle armée de 22 000 hommes. Il espérait avec ces forces pouvoir protéger le pays. Mais bientôt un autre essaim de barbares, qui venait de ravager le Ponthieu, se présenta pour traverser l'Authie. Le comte disputa le passage avec acharnement; contraint de céder au nombre, il se replia sur une bonne position entre la Canche et l'Authie Là il fut encore forcé d'accepter une bataille terrible et décisive... L'armée du pays combattit avec la fureur du désespoir. Inutiles efforts ! dernière lutte du courage malheureux ! Les forces étaient inégales. Les Boulonnais sont enfoncés, le désordre achève la défaite, tout fuit. Le comte, grièvement blessé de deux coups de lance, se jette au plus fort des phalanges ennemies, il veut y trouver la mort. Son fidèle écuyer l'entraîne loin de ce champ de carnage. Les vainqueurs célèbrent leur triomphe par des cris forcenés ; d'épouvantables hourras ébranlent les airs, l'avidité du pillage suspend toute poursuite ; les barbares n'ont plus d'ardeur que pour dépouiller les morts· La vitesse de leurs chevaux a dérobé les deux fugitifs à cette scène d'horreur. Déjà les hautes tours de Montreuil s'offrent à leurs regards. Ce n'est pas là que le comte veut chercher un asile; un pouvoir inconnu le pousse plus loin; il cède à cet entraînement et arrive aux bords de la Canche. A sa gauche, il distingue les murs du fisc royal d'Attin. En ces temps reculés, la rivière coulant librement était large comme un bras de mer, pesamment armé, comment la traverser ? et cependant des clameurs sauvages se font entendre dans le lointain; nul doute, on les poursuit. Les fugitifs se dépouillent de leurs armes, abandonnent leurs généreux coursiers et confient aux flots les restes de leur déplorable existence. Ils ont traversé la baie. Alors Hennequin se retournant, vit les ennemis sur la rive opposée. Cédant à son désespoir et cou-

jusqu'à la tourbe qui est, par endroits, à environ huit ou dix pieds de profondeur ; on y a trouvé des armures, des poteries. Un cultivateur, labourant son champ, y découvrit, il y a environ trente ans, deux cercueils de pierre bleue, lesquels contenaient des armes mêlés à des ossements.

On arrive enfin à Saint-Josse, dont nous avons amplement parlé dans cette histoire comme étant

vrant de ses mains son visage abattu : *Or ma mis en deuil !* (Quel deuil est le mien) s'écria-t-il? Avec des peines infinies ils franchissent les marais, gravissent ces hauteurs et s'enfoncent dans ces bois épais qui, alors, formaient une chaîne de Longvillers à Samer. Absorbé par le sentiment de sa défaite, vaincu par la fatigue, par la douleur cuisante de ses blessures, le comte tomba dans une sorte d'insensibilité. Ces sentiers tortueux que, dans ses jours de bonheur, il parcourut tant de fois en poursuivant l'hôte des forêts, il les suit maintenant sans les connaître; l'oubli sans doute est un bienfait du ciel. Le jour commençait à tomber : le soleil à son déclin versait des flots d'or sur la cime des arbres; perdus dans ces solitudes immenses, les deux malheureux ne savent où trouver un abri. L'obscurité les enveloppait, quand parvenus sur le plateau où s'élevèrent depuis les tours orgueilleuses du château de Tingry, le son argentin d'une cloche vint ranimer leurs forces défaillantes. Ils ont découvert la flèche de l'abbaye de Samer; c'est le lieu que la Providence a marqué pour terme de leur voyage. — Les moines de Saint-Wulmer venaient de terminer l'office du soir, l'écho des derniers pas avait cessé de retentir sous les voûtes sonores; le temple était rendu au silence. La nuit étendant ses voiles commençait à confondre les objets; une femme jeune et belle, que n'avait pu flétrir le souffle de l'adversité, était seule, agenouillée devant l'autel; elle priait. Son attitude était calme et résignée, mais l'inquiétude dévorait son cœur. C'est Berthe, l'héroïque compagne d'Hennequin. Alarmée sur le sort d'un époux chéri, elle a quitté Lens, sa place de sûreté, pour se rapprocher du théâtre de la guerre; ses enfants elle les a confiés à des mains fidèles. Libre des soucis maternels, toute son affection se concentre sur l'infortuné auquel son sort est uni. Par son ordre, des envoyés sont dispersés sur tous les points où l'ennemi a été signalé; ils doivent promptement l'informer de la marche et des mouvements des barbares. Ils tardent bien... elle écoute... chaque bruit qui arrive du dehors fait palpiter son cœur.

l'antique Quentovic, et à cause de son importante abbaye. Près de là est Sorrus, village qui a fait l'objet de plusieurs légendes [1].

Etaples, où aboutit la route dont nous parlons, est une charmante petite ville, avec un port de pêcheurs à l'embouchure de la Canche. M. Souquet,

Enfin toute rumeur cesse, elle n'entend plus rien. Alors de sinistres pensées, d'horribles pressentiments l'assaillent; sa tête s'exalte. L'enceinte sacrée se peuple de fantômes devant cette imagination troublée. La lampe appendue aux voûtes projette de funèbres clartés. — Des pas ont résonné sur le parvis, des pas pesants et mal assurés! Elle a reconnu Hennequin : il est pâle, haletant, couvert de sang et de fange. Un rapide coup-d'œil lui a dévoilé toute l'étendue de son malheur. Le comte se jette dans ses bras. A peine, à mots entrecoupés, il peut l'informer de son désastre; les forces l'abandonnent, il meurt. Berthe avait épuisé la coupe entière des douleurs, Dieu la prit en pitié. Elle expira doucement sur le corps de son époux. On dit que l'écuyer d'Hennequin, frappé de ce spectacle, tomba sans vie auprès de la dépouille de ses maîtres. Le lendemain, les cloches de Saint-Wulmer annonçaient par des tintements lugubres cette déplorable catastrophe. Les bons religieux rendirent au comte et à sa vertueuse épouse, les honneurs dus à leur rang. Le peuple oublia un instant les dangers pour donner des larmes à cette grande infortune. A quelques jours de là, des tourbillons de flammes enveloppaient le bourg de Samer, et une population tremblante, réfugiée au pied des autels, y était misérablement égorgée. (HARBAVILLE, tome II, pages 1, 2, 3 et 4.)

[1] Dom Grenier rapporte qu'il y avait près du village de *Sidrudis* (Sorrus), une forêt dans laquelle était un hêtre énorme. Saint Riquier, qui y venait quelquefois, voyant avec peine que les gens du pays étaient encore adonnés au culte idolâtrique des arbres, enchâssa dans ce hêtre, qui était un objet d'adoration, des reliques chrétiennes. Il espérait les amener ainsi à révérer les saintes images; mais, dit le moine Hariulfe, le seigneur du lieu fit abattre cet arbre, et produisit un miracle.

Un soir d'hiver, saint Riquier se rendant en Angleterre par le port de Quentovic, s'arrête à Sorrus et se présente à la porte de Sorruse, épouse de Frumer, comte de Boulogne, qui était dame de ce lieu, afin de demander l'hospitalité pour lui et ses compagnons. Sorruse, qui était seule en ce moment avec un petit nombre de serviteurs, refusa de recevoir ces inconnus à une heure aussi avand'Etaples, a beaucoup écrit sur le passé de cette ville; ses recherches sur les rues d'Etaples et sur ses églises sont d'un intérêt attachant pour l'histoire de cette localité. Ce serait un port assez commode et dont le commerce pourrait s'étendre à un rayon étendu [1], si l'embouchure de la Canche n'é-

cée. La villa était éloignée de toute habitation; l'abbé de Centule en prit bravement son parti; comme il neigeait en abondance, il s'enveloppa dans son manteau et s'étendit avec résignation dans un fossé. La place qu'il occupa fut, dit la légende, totalement préservée de la neige. Sorruse, à son réveil, ayant été instruite de cette circonstance extraordinaire, reconnut la puissance de Dieu et fit inviter le saint homme à entrer dans sa demeure. Et afin d'avoir une preuve plus positive encore de son pouvoir de sainteté, elle le pria de faire sourdre *une fontaine de doulce eau*. Le saint s'étant mis en prière et ayant frappé le sol du pied, il en jaillit une source limpide. La dame, émerveillée, fit don de son domaine au serviteur de Dieu. Saint Riquier habita quelque temps Sorrus. Un chêne sous lequel il se reposait souvent, fut conservé pendant plusieurs siecles par la vénération publique. Malbranq ajoute que lorsqu'un seigneur cupide le fit abattre, on trouva l'image du saint incrustée dans l'intérieur de l'arbre.

[1] Le chevalier de Clerville s'exprimait ainsi à l'égard d'Etaples :

« Etaples est un port à l'embouchure de la Canche où il entre quelques dix pieds d'eau dans les marées ordinaires et quinze dans les plus hautes; mais il a la queste si grande et tant de battures à son entrée qu'on n'en peut faire aucun estat, si ce n'est pour quelques grands bateaux de pescheurs desquels il n'en reste que douze qui démandent au roi les mêmes grâces que ceux de Calais et de Boulogne pour le rétablissement de leur pesche. »

Boyer, seigneur du Parc, dit à propos de son commerce et de son industrie :

« Cette ville n'est pas des plus anciennes puisque l'on tient sa fondation des peuples moriniens qui commandoient autrefois tout ce qu'on appelle à présent pays de Bolonois, et comme un magasin de vivres estant sur la mer, on y peut faire venir toute sorte de munitions de bouche et de guerre; ils lui donnèrent le nom d'Estape, et depuis par corruption Estaples, y se pourvoyoient là de tout ce qui leur estoit nécessaire pour fournir leurs vaisseaux de guerre et de voyages, ainsi que l'ont remarqué Boville et Tristam en leur histoire des Français. (*Livre de la description hydrographique des côtes de la mer occidentale*, en huit cartes, par Pierre Boyer, seigneur du Parc.)

tait malheureusement obstruée par les sables qu'y déposent les marées et qu'y chassent les vents violents du Sud - Ouest qui dominent dans ces parages. On a parlé d'améliorer cette entrée en perçant un canal artificiel au travers des dunes et le faisant déboucher au Sud des deux phares du Touquet. La dépense serait amplement compensée par les terrains alluviens d'excellente qualité qui seraient conquis pour la culture.

Avant l'exécution du chemin de fer, Montreuil était traversée par la magnifique route de Paris à Calais, qui était journellement suivie par des services de diligences, de voitures de postes et de roulage. Cette route a beaucoup perdu de son importance et le contre-coup s'est fait ressentir sur le commerce et l'industrie de Montreuil.

A la sortie de Montreuil, par la porte de France, à laquelle accède cette route, on trouve sur la gauche le village d'Ecuires (de *Scuria*, grange). M. Harbaville dit, qu'en 1227, Arnould, seigneur d'Ecuires, était un gentilhomme maraudeur qui ne pouvait vivre en paix avec ses voisins. Ayant eu querelle avec les moines de Saint-André, il fit une course sur leurs terres : quinze chevaux paissaient dans une prairie; il en enleva les meilleurs et tua les autres. L'affaire fit du bruit, car ces sortes d'expéditions commençaient à passer de mode. Les moines portèrent leurs doléances à la cour du roi saint Louis, qui bannit l'aventurier seigneur d'Ecuires hors de son royaume. Mais celui-ci obtint de faire la paix, moyennant restitution et réparation des dommages, ainsi que quelques rentes dont il gratifia l'abbaye de Saint-Saulve de Montreuil.

Aujourd'hui Ecuires est un charmant village, but de promenade pour les habitants de Montreuil.

On trouve encore de ce côté plusieurs communes importantes telles que Wailly, Buires - le - Sec [1], Nampont.

---

[1] Raoult de Maintenay (Alexandre), fils de Balthazard de Maintenay (chevalier), et de Madeleine-Françoise de Cossette, fille de M. le vicomte de Cossette de Beancourt, ancien page de la grande écurie du roi et capitaine de cavalerie dans *Fouquet*, né à Buire-le Sec, près de Nampont, chevalier de la Légion-d'Honneur, capitaine au 21° régiment d'infanterie légère.

Entré au service à l'âge de seize ans, le jeune Rault de Maintenay ne tarda pas à mériter l'estime de ses chefs; devenu officier en sortant de l'école militaire, il se montra digne de commander et obtint bientôt de l'avancement dans le régiment qui avait été témoin de sa valeur. La bataille de la Valentina lui fournit l'occasion de se distinguer, et un coup de feu ne l'empêcha pas de combattre, six jours après, à celle de la Moskowa, où il eut la cuisse percée d'un biscaïen.

Le 21 février 1814, pendant le siège de Berg-op-Zoom, le capitaine Raoult de Maintenay, qui, avec sa compagnie, faisait partie de la garnison, étant sorti à cheval pour reconnaître un ouvrage que l'ennemi avait construit, est tout-à-coup assailli par cinq Cosaques, parmi lesquels se trouve un officier : sommé de se rendre, l'intrépide de Maintenay répond à cette proposition par des coups de sabre, blesse deux assaillants, en tue un troisième, désarme l'officier et le fait prisonnier : le cinquième n'évita le sort de ses camarades qu'en prenant la fuite.

Peu de jours après, dans la nuit du 8 au 9 mars 1814, six mille Anglais, conduits par la trahison, escaladèrent en silence les rem-

La route de Montreuil à Hesdin se bifurque sur celle de Paris à la sortie de la porte de France et passe à Beaumerie-Saint-Martin, synonyme de *Beau*

parts de la place, qui était commandée par le général Bizonnet, et s'emparèrent, sans difficulté, de la plupart des bastions. L'alarme fut donnée ; sept à huit cents marins, qui formaient une partie de la garnison, se précipitèrent sur les Anglais la baïonnette en avant, les épouvantèrent par cette brusque attaque et en firent un affreux carnage ; le reste des troupes, animé par cet héroïque exemple, combattit avec le même courage et avec le même succès, et bientôt les ennemis furent forcés de demander quartier et de mettre bas les armes devant un petit nombre de Français ; sur six mille Anglais, deux mille huit cents furent tués, et trois mille deux cents faits prisonniers. Le capitaine Raoult de Maintenay eut une part des plus glorieuses à cette action qui, sans contredit, est un des plus beaux faits d'armes de notre siècle. A la tête de sa compagnie, il culbuta une colonne de douze cents hommes qu'il rencontra dans la rue, au moment où il se rendait à son poste : revenu de sa surprise et honteux d'avoir cédé à une poignée de braves, l'ennemi se rallie, revient à la charge et réussit à les envelopper : Français, rendez-vous, s'écrient les officiers anglais. — Soldats, à la baïonnette, répond le capitaine de Maintenay. En même temps il passe à travers l'ennemi ; mais au milieu de cette charge il est atteint d'une balle qui lui traverse l'épaule, et reçoit un coup de sabre à la main : malgré ses deux blessures, il ne cesse de combattre à la tête de sa compagnie ; il étonne les assaillants par des prodiges de valeur et de contenance. Depuis plus de deux heures, il résiste avec une opiniâtreté sans égale ; il est enveloppé de nouveau. La grandeur du péril exalte son courage, il redouble d'efforts en faisant mordre la poussière aux plus audacieux, il va triompher, quand un coup de baïonnette, lancé avec fureur, le précipite du haut des remparts. Dans cette chute l'intrépide capitaine eut la cuisse cassée ; mais la conviction d'avoir fait son devoir et d'avoir contribué, par sa résistance héroïque, à la défaite des assiégeants, le consola de ce malheur.

M. de Maintenay est, depuis la bataille de Waterloo, retiré dans les environs de Montreuil. Tous les habitants des communes environnantes ont toujours trouvé en lui un bienfaiteur et un protecteur qui ne s'est jamais démenti. Son noble caractère est resté le même sous l'habit civil que sous le frac militaire, et ses précieuses qualités l'ont fait aimer et chérir de tous ses concitoyens. M. de Maintenay est maire de sa commune.

(Voyez les *Fastes de la gloire de l'Empire*.)

Marais. Sur ce territoire se trouve le mont *Marcadé* (de *Mare cadebat*) dont le nom nous semble une preuve de plus que, dans les temps reculés, la mer venait battre ce rivage de la baie.

Plus loin, la route passe à Beaurain, dont le château, aujourd'hui disparu, fut très-célèbre dans les temps féodaux. C'est là que Guy Ier, comte de Ponthieu, fit enfermer le prince anglais Harold, qui avait fait naufrage sur les bancs de l'Authie. Beaurain possède aujourd'hui une filature de lin occupant trois cents ouvriers.

A Maresquel, situé plus loin, se trouve la papeterie de M. Laligant, où quatre cents ouvriers sont employés.

Bien que le commerce de Montreuil ait beaucoup perdu de son importance passée, la ville est encore le centre d'un mouvement assez considérable. Les samedis il s'y tient un marché très-fréquenté où l'on vend des grains, des laines et diverses marchandises. Il y a, en outre, chaque année, deux foires, dont l'une commence le samedi après la Fête-Dieu, dure huit jours, et l'autre cinq jours, à dater du 28 novembre. On y vend toutes sortes de denrées dont les habitants de l'arrondissement viennent s'approvisionner.

Montreuil était renommée autrefois pour ses pâtés de bécasses et de bécassines que produisaient

' les marais de la Canche ; les truites pêchées dans la rivière sont encore très-recherchées ; on estime aussi le miel produit dans les environs.

Montreuil est chef-lieu de sous-préfecture du département du Pas-de-Calais ', elle a une recette particulière des finances, un tribunal de première instance, une justice de paix, un commissariat de police, une brigade de gendarmerie, une société d'agriculture qui concourt chaque année, dans une large mesure, aux progrès de la science agricole.

En outre de l'hospice [2], Montreuil possède un bureau de bienfaisance qui distribue des secours à domicile. Une caisse d'épargne étend ses bienfaits sur les classes laborieuses.

L'histoire de Montreuil dans ces derniers temps,

[1] Longitude occidentale : 19 degrés 26 minutes du méridien de l'île de Fer et 34 minutes du méridien de Paris. — Latitude : 50 degrés 27 minutes.

Montreuil est située à 66 kilomètres d'Arras; 35 kilomètres de Boulogne et 175 kilomètres de Paris. Vue d'Estrée, la ville et la citadelle forment un coup d'œil charmant, tel qu'il n'en est point dans le département.

[2] Tout l'Hôtel-Dieu est chauffé par un calorifère dont le foyer se trouve dans les caves.

Il compte 120 lits.

Le 1er septembre 1860, on comptait :

Vieillards. 16		
Malades 24	Ensemble. . 57
Militaires. . . . . . 17.		

Ce nombre augmente en hiver.

ne présente aucun fait digne d'être relaté [1]. Cette ville a tenu sa place dans l'histoire, des destinées meilleures que celles que nous avons relatées l'attendent sans doute. Une administration éclairée et sage la dote peu à peu de tous les bienfaits que le progrès apporte pour le bien-être des masses. Au mois de novembre 1859, le gouvernement y établit un bureau télégraphique pour les besoins du commerce ; un chemin de fer soit à vapeur soit à traction de chevaux est projeté avec double embranchement, d'un côté sur Lille et sur Arras, et de l'autre sur Arras et sur Verton.

Le ville possède depuis quelques années d'autres établissements d'utilité publique, en 1852 une ma-

[1] Le 5 août 1848. — Appropriation de l'ancienne église Sainte-Austreberthe et agrandissement du collége de Montreuil.

Le 5 juin 1854. — Arrêté approuvant le projet de reconstruction des bâtiments des hospices de Montreuil.

Le 13 novembre 1854. — La commission administrative des hospices de Montreuil décide à l'unanimité qu'une table en marbre sera posée dans la place principale du nouvel établissement, sur laquelle une inscription en rappellera la date.

Le 27 septembre 1856. — Arrêté de M. le préfet portant autorisation de l'acceptation de la donation faite à la ville de Montreuil, par Mmes Canu et Manier, héritières de M. Féron, ancien maître de poste à Montreuil, d'un terrain pour l'agrandissement du cimetière communal

Le 9 février 1858. — Donation à la ville de Montreuil de l'église Saint-Josse-au-Val, par M. Mailly, chapelain de la chapelle française à Londres.

Le 22 juillet 1857. — Restauration du portail de l'église Saint-Saulve (par décision préfectorale).

Le 8 août 1859. — Approbation de M. le préfet pour une société de lecture et de jeux, sous la dénomination du *Cercle montreuillois*.

chine hydraulique fut établie pour l'élévation des eaux et leur distribution dans les différents quartiers de la ville au moyen de bornes fontaines. Le réservoir contient 103 m. et 7 douzièmes cubes. Le puits artésien qui fournit l'eau est foré à trente-trois mètres de profondeur. Le 25 avril 1852 une fête eut lieu à l'occasion de l'inauguration et de la bénédiction de cet établissement. Une table en marbre noir consacre la mémoire de cette fondation utile; on y lit :

ERIGÉ EN 1851,

Sous l'administration de M. A. Dobercourt, maire, chevalier de la Légion-d'Honneur, et MM. Bardetis et Aubry, adjoints.

LE CONSEIL MUNICIPAL COMPOSÉ DE :

> MM. LÉCRIT.
> MAUGENEST.
> BAUCLAR.
> HAVET (François).
> COSYN aîné.
> DELANNOY-MAUDUIT.
> LECOMTE-LECOMTE.
> ENLART.
> MASSON, docteur-médecin.
> DELHOMEL (Emile).
> ZORNINGER.
> TELLIER.

MM. Masson-Boohent.
    Duval-Barbet.
    Cailleux, docteur-médecin.
    Robinet (Raymond).
    Delys.
    Daux.
    Thivrier.

Les travaux ont été exécutés sous la direction de M. H. Hubert, ingénieur-civil, à Paris, et sous la conduite de M. d'Outrebon, architecte.

Cet établissement a été inauguré le 25 avril 1852, en présence de M. Aubertin, sous-Préfet de l'arrondissement et des autorités de la ville, et il a été béni par M. Occis, curé-doyen à Montreuil.

La ville est en ce moment en instance pour obtenir la construction d'une usine à gaz pour l'éclairage des rues et des places publiques. On peut croire qu'avant quelques années cette ancienne cité aura repris sa position parmi les villes les plus florissantes du Nord de la France.

FIN

APPENDICE

—

NOTE N° 1

(Page 97)

Ce fait est constaté dans les chroniques d'Anjou de P.
Emile :

L'an de christ 1091. Au même concile de Clermont, où fut
résolue la croisade sous le pape Urbain II, se passa une autre
affaire qui regardoit la personne du roi particulièrement,
lequel s'étant laissé emporter à la violence d'une passion
désordonnée, avait commis une action scandaleuse. Car, passant à Tours en l'an MXCI, il s'amoura de Bertrade, femme
légitime de Foulques, comte d'Anjou, surnommé *Réchin* ou
l'*Aspre*, homme luxurieux, cruel et téméraire, lequel ayant
surpris Géofroy, son frère (auquel appartenoit le comté d'Anjou), le retint prisonnier toute sa vie, et s'empara de toutes
ses seigneuries, et pour éviter le chastiment dont le roy le
menaçoit et appaiser Sa Majesté, il luy remit le comté de
Gastinois, usurpé par le comte d'Anjou sur ceux de Champagne, en quoi Philippe manifesta par une seule action deux
vices : l'avarice et l'injustice. Dieu ne voulant pas permettre
qu'une aussi insigne perfidie demeurast impunie, sa vengeance s'en suivit à la honte de Foulques, et au blasme de
tous les deux, car le roy lui fit ravir sa femme par un des
gentilshommes de sa cour, et le feu de son amour impudique
se renflammant par la jouissance, il la retint depuis comme

concubine, du vivant même du comte, et *renvoya la reyne Berthe son espouse à Montreuil, ville maritime,* où son douaire estoit assigné, au grand scandale de la chrétienté, qui avoit vu rarement que nos rois très chrétiens eussent donné des exemples d'une si déréglée incontinence. La France participant le plus à ce scandale avoit seule la honte de voir que cette femme eust pris un tel empire sur les volontez du roy, qu'il ne faisoit rien que ce qu'elle ordonoit, fermant les yeux aux sainctes remontrances des prélats qui taschoient de le retirer de son vice.

Foulques doncques, homme luxurieux, puni de ses adultères secrets par un adultère public, n'ayant pas moyen de se venger de cette injure contre son roy, mourut quelque temps après de regret, et aussitôt le roy se résolut d'espouser publiquement sa concubine. Mais d'autant *que cela ne se pouvoit durant la vie de son espouse légitime, il en envoya demander la dispense au pape,* lequel dépescha un légat en France pour cognoistre de cette cause. Si les intentions de Sa Sainteté furent saintes, celles du légat furent feintes, car ayant faist assembler bon nombre de prélats et docteurs à Senlis, pour prendre résolution sur la requête du roi, l'authorité ou les présents de Sa Majesté, prévalurent tant sur la vérité et sur la justice, qu'il fut conclu qu'il pouvoit légitimement espouser la comtesse, nonobstant l'opposition des plus sages de l'assemblée, et singulièrement d'Yves, évesque de Chartres, qui soutint vigoureusement l'opinion contraire. Nous avons vu ci-devant que le pape Nicolas Ier en avoit ordonné tout autrement en pareille cause contre Lothaire, petit-fils de Louis-le-Débonnaire. Le roy donc suivant la permission du concile de Senlis, espousa publiquement Bertrade, témoignant autant de contentement en son front, que ses bons sujets portoient de regret en leur cœur et de honte en leur visage. Le pape entendant combien cette action était scandaleuse à toute la chrétienté, donna commission à Hugues, archevesque de Lyon, de séparer cette copulation adultère et même incestueuse, si (selon aucuns historiens) Bertrade était du sang royal, sur quoy plusieurs synodes sont convoqués en vain, l'autorité du roy et les artifices de sa nouvelle épouse ayant fait évanouir les conseils des bons prélats, et tournant leur résolution en fumée.

En ces entrefaites, une meilleure occasion ayant appelé le pape en France, à sçavoir pour y donner la croisade dont nous avons parlé, sa Sainteté faisant tenir le concile de Clermont, députa certains prélats devers le roy, pour l'admonester de racognoistre son péché et quitter Bertrade pour reprendre Berthe, son espouse légitime, et ce faute d'obéir à l'ordonnance de l'Eglise, lui déclarer qu'il estoit retranché de la communion d'icelle, en laquelle tous les chrétiens entrent par la porte du baptême. Mais luy qui chérissoit plus sa concubine qu'il ne craignoit les censures ecclésiastiques, demeura attaché à son impudicité, et les députés s'acquittant courageusement de leur charge, le déclarèrent excommunié, ensemble tous ceux qui le recognoistroient pour roy, jusques à ce qu'il eut obéy à l'ordonnance de l'Eglise.

Aucuns ont escrit qu'après que Philippe fut excommunié et dénoncé pour tel, on ne mettoit plus ès-lettres royaus, regnante Philippe, ains regnante Jesu. Toutefois c'est chose trop notoire à ceux qui ont feuilleté les archives de nos roys et des grandes maisons, et des églises qu'on trouve plusieurs chartes du temps que ce roy estoit excommunié, conçues sous l'authorité de son nom ; comme pareillement on voit bon nombre de lettres sous d'autres roys non excommuniés, avec la clause régnante Jesu par humilité chrétienne.

Quoiqu'il en soit, Philippe demeura si estonné de ce coup de foudre, que pour être remis au giron de l'Eglise, il fit assembler à Beaugency les évesques des provinces de Reims et de Sens ; en l'assemblée desquels lui et sa Bertrade allèrent demander leur absolution, protestant et jurant que jamais ils n'auroient accointance ensemble. Toutefois, soit que le synode recognût en eux de l'impénitence, ou qu'il ne voulût pas entreprendre de deslier ce que le Souverain-Pontife avait lié, il ne fut absous que l'année en suivant, après le trépas du pape Urbain. C'est une circonstance notable en cette cérémonie qu'après que les évesques luy eurent donné l'absolution le jour de la Pentecoste, ils luy mirent la couronne sur la teste.

Pascal, successeur d'Urbain, prenant cette action pour une entreprise sur son authorité, députa en France un légat pour y convoquer un synode et cognoistre de cette cause. Le roy dissimulant sa passion, protestoit qu'il s'estoit séparé de Bertrade (comme de fait il s'en estoit éloigné). Mais ayant obtenu son absolution du légat, il la rappela avec plus de scandale qu'auparavant.

Cette rechute fut cause qu'un autre synode fut tenu à

Poitiers, où le roy fut excommunié de rechef. Toutefois le pape Pascal estant venu en France, luy donna l'absolution au concile de Troyes, après que Philippe et Bertrade eurent jurés solennellement de se séparer pour jamais. Et de fait l.. comtesse se retira en Anjou devers Foulques, son fils, et le roy ne la rappela jamais depuis, soit qu'il eust une vraie repentance de son péché, soit que le feu amoureux se fust éteint peu à peu en luy, entre les glaçons de la froide vieillesse, et que la volupté l'eust quitté plustost que luy la volupté, comme il arrive ordinairement aux cœurs attachés à la sensualité et obtinez en une longue impénitence.

Philippe n'aiant encore atteint que les LX ans de son âge, soit que la lubricité eust énervé et abattu ses forces, soit que la fascherie et l'ennuy procédant de la crainte et de l'appréhension des fréquentes censures de l'Eglise, reproches des prélats et mépris des vassaux avançast ses jours, se trouva si cassé que les forces naturelles lui défaillant, il décéda en son lit à Melun, le XXIX jour de juillet en l'an de salut MCVI, selon le supplément d'Aimoine ou MCIX selon du Tillet. Mais le fragment de l'histoire de Fleury remarque avec des circonstances que ce fut en l'an MCIIX, après avoir régné XLIIX ans, deux mois et sept jours. Son corps fut porté au monastère de Saint-Benoît-sur-Loire, où il fut enterré, ainsi qu'il l'avait ordonné, car ne s'estant pas bien comporté avec les religieux de Saint-Denis, où est la sépulture de nos roys, par un droit naturel (comme rapporte Suger), il aima mieux estre inhumé ailleurs.

(Voir maintenant ci-dessous saint Prosper aîné, *Histoire de France*, pour la confrontation des dates.)

Cette fois, une passion, dont les emportements fougueux entraînent tous les âges et tous les rangs s'était emparée du roy de France. Sa première femme (Berthe était fille de Florent, comte de Frise), lui avait donné trois enfants (1092) ; tant de liens au lieu d'imposer au monarque un profond attachement, l'éloignèrent de sa royale compagne, Il fit plus, il donna ordre qu'on l'enfermât, sans élever contre ses mœurs une seule accusation, mais les droits de la reine Berthe, en dépit de l'inconstance du monarque, n'en restoient pas moins sacrés. Sur ces entrefaites Philippe fit la rencontre, à Tours, de Bertrade, femme de Foulques-le-Réchin, comte d'Anjou ; celle-ci était la troisième des femmes du comte, qui l'avait épousée sans être d'ailleurs séparé de ses deux premières épouses. Bertrade se rendit à Orléans, où Philippe lui avoit donné rendez-vous : bientôt elle devint sa maîtresse en titre. Et plus loin (page 351, l'année 1106), Philippe et Bertrade se rendirent de compagnie chez Foulques-le-Réchin, qui leur fit l'accueil le plus brillant, et les servit à table. Tous deux parvinrent à le réconcilier avec le duc d'Aquitaine. Il paroît enfin, d'après les documents de l'époque, que Bertrade, dont la position était des plus flétrissantes, demeura auprès de Philippe 1er jusqu'au jour de la mort de ce prince. Chose étonnante, elle obtint même pour douaire la terre de Haute-Bruyère, dans le diocèse de Chartres. Enfin, on la vit mourir religieuse à Fontevrault, après y avoir fondé un prieuré.

Il est aisé de reconnaître ici que l'histoire dément les historiens qui ont écrit trop légèrement que la reine Berthe n'eut demeurée que deux ou trois ans dans la citadelle de Montreuil et que Philippe 1er eut ensuite repris son épouse : le contraire est ici démontré assez clairement pour ne pas révoquer en doute les longues années que la malheureuse Berthe est demeurée dans la tour que l'on montre encore aujourd'hui et, où tout porte à croire, elle a rendu son âme à Dieu : c'est aussi ce que dit la tradition du pays. (GUIBERT, lib. II, ch. III. *Le Monde. Hist. de France.* Saint PROSPER aîné, tome II, page 398.)

(Communiqué par M. Henri PAPEGAY.)

NOTE N° 2

(Page 105)

La prevôté de Doullens, celle de Saint-Riquier, et le comté de Montreuil furent séparés du Ponthieu vers la fin du XIIe siècle [1]. Montreuil, comme on a pu le voir plus haut, avoit été affranchie dès 1188, par Philippe-Auguste. Dans une pièce qui est entre les mains de M. Baillon et qui a pour titre : « Sommaire des Chartes trouvées dans un coffre cerclé de fer, fermant à trois serrures, en la chambre de l'Echevinage de Montreuil (1764), » on lit au milieu d'une foule d'autres indications : « Charte de Philippe qui donne aux bourgeois de la ville de Montreuil le droit de commune pour

---

[1] *Histoire ecclésiastique d'Abbeville*, par le père Ignace. Paris, 1646, in-4°, page 457.

l'avenir et le pardon pour le passé, avec amnistie de ce qui s'est fait précédemment. " Nous avons, ce nous semble, d'après ce passage, le droit de conclure que la commune fut arrachée par les habitants de Montreuil au prix du sang. En 1279 Edouard, roi d'Angleterre et comte de Ponthieu, s'engagea à respecter ces priviléges [1] ; et le roi de France [2] prit Montreuil sous sa protection en 1315 [3].

La première charte d'affranchissement qu'on trouve ensuite par ordre de date est celle de Saint-Josse-sur-Mer où était une abbaye, qu'il ne faut pas confondre avec Saint-Josse-au-Bois, autre abbaye bâtie par Guillaume de Talvas, comte de Ponthieu, près du bois de Dommartin [4]. Nous lisons dans le père Ignace, ce qui suit à propos de Saint-Josse-sur-Mer :

« Durant la guerre on met les reliques en lieu de seureté,
" craignant les dangers qu'on y a veu arriuer en diuers
" temps par les courses des ennemis, ayant esté ruinée, ses
" bastiments démolis, ses biens et reuenus extremement di-
" minuez et ses tiltres tellement égarez qu'il m'a été bien
" difficile d'auoir les particularités qui le concernent [5] "

Les chartes de Saint-Josse avaient sans doute été détruites dans les guerres puisque le père Ignace ne fait pas mention de son affranchissement. C'est à peine si d'après Rumet [6] il cite une donation du comte Guy II à cette abbaye où sa femme était enterrée, ainsi que tous les grands seigneurs du pays. Cependant en démolissant un vieux mur de cette abbaye on a trouvé, il y a environ deux ans, un cartulaire

---

[1] *Histoire ecclésiastique d'Abbeville*, par le père Ignace. Paris, 1646, in-4°, page 457.

[2] Voyez le *Recueil des ordonnances*, et Guizot, *hist. de la civilis. en France*, t. V, p. 268.

[3] Dans le *sommaire* malheureusement déchiré et incomplet dont nous parlions tout à l'heure, on trouve l'indication de quelques pièces que nous croyons devoir citer : — 1196, Célestin III affranchit par une bulle les habitants de Montreuil de la dîme de sang pour les animaux qui s'élèvent en ville. — 1324, intervention du roi de France qui condamne les Carmes à payer le cens dû à la commune, pour une portion de terre qu'ils feignoient de convertir en cimetière, afin d'être exempts de l'impôt. Cette querelle ne se termine qu'en 1344. — 1289, en faveur des charges qu'ils ont à supporter, les mayeur et échevins sont autorisés, par le roi, à prélever pour eux 12 deniers parisis sur tous les actes qu'ils recevront. — 1327, droit accordé par le roi de prélever une taxe sur les marchandises, pour servir à détruire les pirates qui infestent le littoral. — De 1367 à 1404, plusieurs permissions royales de charrier les grains avant le lever du soleil et après son coucher. — On trouve enfin au haut d'une page qui n'a point de précédente : «.... Qu'il y avoit une espèce de bourse où les mayeur et échevins avoient droit de justice et de police, et que la ville étoit marchande. »

[4] Ignace, *Hist. ecclésiast. d'Abbeville*, pages 43 et 477.

[5] Ignace, page 470.

[6] Les travaux de Rumet sur le Ponthieu sont indiqués par le père Lelong dans la bibliothèque de la France. Ils sont restés inédits.

intact. Ce registre [1], dont l'écriture très-difficile à lire ne
remonte pourtant qu'à la première moitié du XVIIe siècle,
contient une copie de toutes les chartes ayant rapport à
Saint-Josse. La première, qui est intitulée : *Carta de liberta-
tibus sancti Judoci*, est reproduite avec une traduction moderne. Dans cette charte il n'est guère fait mention des bourgeois et de leurs franchises, c'est plutôt un traité de paix
entre le comte et l'abbé. Cela prouve que le tiers-état ne
cherchait pas seul à se délivrer du joug féodal, et que le
clergé lui-même se mêlait, pour sa propre part il est vrai, à
l'élan général des esprits vers la liberté, telle qu'on pouvait
encore la comprendre au XIIe siècle. Nous empruntons à la
traduction très-longue de cette charte, les fragments qui
peuvent jeter quelque jour sur la question communale.

« Je Florent par miséricorde divine abbé de Saint-Josse
» en le couvent d'icelle église, et moi Guillaume, comte de
» Montreuil et de Ponthieu, à tous ceux qui ces présentes
» lettres verront, salut en notre seigneur. Savoir faisons à
» tous fidèles que les débats qui étoient entre nous, pour et
» en plusieurs choses, ont été pacifiés amiablement en cette
» façon : c'est à savoir que l'église de Saint-Josse possédera
» en paix tout ce qu'elle tient de la libéralité de Gui et des
» autres comtes de Ponthieu, comme il est porté en son titre
» authentique.... au demeurant les libertés et coutumes de
» l'église de Saint-Josse en tout et partout, sont décrites
» ci-après : à l'église de Saint-Josse-sur-Mer, appartiennent
» toute justice et toutes les corrections des délits commis
» en la ville de Saint-Josse ; aussi le comte de Ponthieu doit
» avoir au jour de la fête de Saint-Josse, une vache écorchée,
» et des aulx pourvu qu'il y soit présent ; que si la fête arrive
» un jour où l'usage des viandes ne soit pas permis, le comte
» aura un cent d'œufs et une livre de poivre, pourvu qu'il y
» soit présent. Il est à remarquer que si quelqu'un soit gen-
» tilhomme ou autre, quelqu'il soit, fait tort à l'église de
» Saint-Josse, duquel l'église ne puisse tirer raison, le comte
» de Ponthieu doit s'entremettre à l'affaire jusqu'à ce que le
» tort soit réparé à ladite église sans qu'il lui en coûte rien.
» Il faut aussi savoir qu'il est accordé et concédé que l'église
» de Saint-Josse a par toute sa seigneurie larron et sang et
» ban, et que toutes les dunes et bords de la mer lui appar-

[1] Communiqué par M. BAILLON.

" tiendront ; de manière que si un pêcheur prend dans l'é-
" tendue de la mer un esturgeon, un porc-marin, une truite,
" ils sont à l'église de plein et notable droit.... Est à noter
" que le comte doit avoir un hôpital près du monastère,
" l'église recevra les comptes.... Il ne faut pas omettre que
" si la guerre arrive entre le comte de Ponthieu et le comte
" de Boulogne, et que le premier veuille service des sujets
" et vassaux de l'église de Saint-Josse, l'abbé doit les con-
" duire au service du comte à ses frais entre la Canche et
" l'Authie et non plus loin. Le comte peut les retenir à ses
" dépens pendant quarante jours, toutefois que si ledit comte
" ne veut les payer, les vassaux se peuvent retirer de son
" armée sans congé et sauf-conduit. Or quand le comte de
" Ponthieu ira aux troupes du roi de France, l'église de
" Saint-Josse lui doit donner la somme de 60 sols, et lorsque
" le comte sera de retour il doit les rendre à son retour....
" Toutes les dunes, comme est dit, appartiennent à ladite
" église, hors que le comte s'est réservé le lièvre et le levreau
" dans la garenne qui est près de la mer. Que si quelqu'un
" prend un lièvre en ladite garenne, le comte aura l'amende
" de 60 sols.... Si quelqu'un y mène un chien sans attache,
" il payera 3 sols à ladite église ; que si quelqu'un y mène
" un attelage à quatre chevaux, ou qu'il y fauche d'une
" faux, il satisfera à l'église selon la loi qui sera pour lors
" établie.... Que si l'église de Saint-Josse ne veut faire rai-
" son à son vassal et sujet, et que cela soit légitimement
" prouvé et déclaré, le comte lui doit faire faire raison sans
" aucun salaire.... La loi de duel par tout le comté de Saint-
" Josse appartient audit Saint et à son église.... Au demeu-
" rant, il faut aussi remarquer que moi Florent abbé et moi
" Guillaume comte avons accordé et par serment confirmé
" la commune à la terre de Saint-Josse, selon les lois et cou-
" tumes de la commune d'Abbeville, en telle sorte toutefois
" que s'il s'élève une difficulté qui ne puisse être résolue
" par nous, par notre cour, ou par le jugement des mayeur
" et échevins de Saint-Josse, elle soit rapportée au jugement
" de la commune d'Abbeville, et de droit terminée par son
" conseil, à la charge cependant, que selon la justice et la
" crainte de Dieu, les droits de la commune ne prévaudront
" contre l'église de Saint-Josse, mais les priviléges et droits
" et libertés de ladite église seront profitables aux coutumes
" de la commune.... Des tailles et amendes quelles qu'elles

» soient, l'église de Saint-Josse prendra la moitié et le comte
» de Ponthieu l'autre moitié.... Appartiendront totalement.
» au comte la levée de la taille de 100 livres pour le rançon
» du comte pris en guerre, 100 livres quand son fils sera
» fait chevalier, et 100 livres quand il mariera sa fille ainée...
» Moi Guillaume j'ai juré devant l'autel de Saint-Josse et sur
» la sainte croix et sur les reliques du saint confesseur de
» garder invariablement ces conventions.... et j'ai apposé
» mon sceau à ces présentes; et moi Florent abbé de Saint-
» Josse et le couvent avons concédé et accordé ce qui pré-
» cède, en posant nos sceaux à ces présentes. Fait et passé
» sous notre seing l'an de l'incarnation du verbe 1203, c'est
» à savoir en l'an auquel le jour de Pâques tombe en la fête
» de Saint-Marc l'évangéliste.... »

On voit que le tiers-état tient peu de place dans cette
charte; il n'y paraît que d'une manière pour ainsi dire épiso-
dique, et le fonds est entièrement consacré aux priviléges
que l'abbaye de Saint-Josse obtint du comte de Ponthieu;
mais la bourgeoisie reprend son rôle dans une seconde pièce
intitulée : « Chartre des mayeur et échevins de Saint-Josse-
sur-Mer. » Voici l'analyse de cette charte qui se trouve dans
le cartulaire déjà cité :

« Jacques de Bourbon comte de Ponthieu, et Nicaise abbé
» de Saint-Josse, salut à tout le couvent de ladite église.
» Des différents s'étant élevés entre les habitants de la ville
» de Saint-Josse et des villes voisines, et les mayeur et éche-
» vins d'une part, et les religieux d'autre part, à cause de la
» loi communale, il a été décidé que le jour de Quasimodo
» on s'assemble à l'échevinage. La commune et les échevins,
» après l'élection mènent le mayeur en l'église de Saint-
» Josse, devant les corps saints, faire serment de garder les
» priviléges de la sainte église, de faire droit à chacun sans
» faveur et corruption. Ce serment étant reçu au nom du
» comte de Ponthieu et de l'abbé de Saint-Josse, le mayeur
» fera ensuite jurer les échevins dans la maison commune.
» Un lieu est accordé aux bourgeois où ils puissent avoir
» leurs plaids et tenir leurs conseils. Ils auront des sceaux
» et une prison. Les amendes de 10 sols et au dessous ap-
» partiendront aux mayeur et échevins; les amendes au
» dessus appartiendront aux religieux et à l'église. Si quel-
» qu'un étoit accusé de larcin ou d'autres cas criminels,
» mais qu'il n'oit point été pris en plein délit, la connois-

» sance de ces faits appartiendra aux mayeur et échevins,
» excepté l'exécution des corps et la confiscation des biens
» qui appartiendront à nous religieux et à notre église en-
» tièrement. Celui qui injuriera un bourgeois par l'aide
» parole sera puni de 10 sols d'amende. Les cas criminels de
» haute justice appartiendront au comte et à l'abbé. Les cas
» qui ne seront pas criminels appartiendront à l'abbé. Pour
» injures de fait il y aura une amende de 20 sols au profit
» des maire et échevins et de leur loi, avec punition de pri-
» son. Si un bourgeois injurie le mayeur par rapport à ses
» fonctions, il payera 60 sols d'amende, dont 20 au profit de
» la loi commune et le reste au profit du comte et des reli-
» gieux. Si aucuns injurient de fait le mayeur, par rapport
» à ses fonctions et portent la main sur lui ou les échevins,
» ces derniers auront la connoissance du délit, et le coupable
» sera condamné à perdre le membre dont il aura fait injure,
» sauf qu'il le pourra racheter de 30 livres parisis, dont
» 10 au profit de la loi, 100 sols au mayeur, et les autres
» 15 livres à chacun des seigneurs susdits. Qui aura injurié
» un échevin pour cause de la loi, payera 30 sols d'amende.
» S'il injurie un échevin de fait et qu'il ait maison dans la
» ville on en abattera quatre *raines*. Si les mayeur et éche-
» vins ont charge de faire sur leurs bourgeois l'exécution
» d'un membre à couper et des *raines* des maisons à abattre,
» l'exécution appartiendra à nous religieux et à nos gens.
» Les mayeur et échevins n'auront aucune juridiction sur
» le comte, l'abbé de Saint-Josse, leurs officiers, sujets et
» familiers ; mais les comtes et l'abbé seront tenus de faire
» justice et raison aux mayeur et échevins quand ils le
» requéreront. Si un homme de la commune est convaincu
» d'une dette, et que clameur en soit faite aux mayeur et
» échevins, le mayeur l'appellera devant lui, si la partie le
» requiert ; s'il comparoit, ordre lui sera donné par le
» mayeur et les échevins, que dans sept jours et sept nuits
» il ait payé le capital et les amendes ; s'il ne comparoit pas,
» exécution sera faite sur ses biens, et s'il ne possède rien,
» il sera banni de la banlieue de Saint-Josse, jusqu'à ce qu'il
» ait fait satisfaction du principal et des amendes ; et si,
» malgré sa sentence de banissement, il est trouvé sur la
» banlieue de Saint-Josse, il sera tenu prisonnier en la pri-
» son des mayeur et échevins, jusqu'à ce qu'il ait acquitté
» le principal et les amendes. Il payera en outre 60 sols pour

» avoir violé son ban, dont 20 appartiendront à la loi et 40
» aux susdits seigneurs. Toutes les venditions de terres,
» maisons et héritages situés en ladite ville et banlieue,
» seront passées et enregistrées par devant le mayeur et les
» échevins, et chacun de ceux qui enrôleront ces actes au-
» ront 3 sols. Le mayeur et les échevins établiront pour eux
» aider à maintenir la loi quatre sergents, dont deux leur
» seront soumis et deux à l'abbé et au couvent de Saint-
» Josse ; lesquels feront serment de garder bien et loyale-
» ment les *Ablais*, *Warisons* et autres choses des champs et
» des marais de ladite commune ; lesquels pourront prendre
» gens et bêtes malfaisantes et en exiger 3 sols pour prise,
» ce pourquoi ils seront crus sur serment ; et seront les
» bêtes ou gens ainsi malfaisants amenés en la prison de
» nous abbé et couvent, pour faire restituer le dommage ou
» prendre plus grande amende s'il y a lieu, et les amendes
» seront au profit de notre église. »

Cette charte est octroyée au nom de Jacques de Bourbon
(le même qui combattit à Crécy où il fut blessé) et au nom
de Nicaise abbé de Saint-Josse et du couvent, après *bonne et
mûre* délibération du grand-conseil et du chapitre, le 4 novembre 1352. Dans le cartulaire où nous puisons ces renseignements on lit aussi ces mots :

« Et fut collationnée par Raoul Malicorne garde du sceau
» royal, sur le registre des Chartres du Ponthieu, le dix-
» huitième jour d'août 1492, lesdittes lettres en parchemin,
» et scellées de deux petits sceaux. »

Qu'ajouter aux réflexions que fait naître une pareille légis-
lation ? Les priviléges de l'abbaye de Saint-Josse (confirmés
par Louis XIII) [1] et toute cette juridiction barbare n'ont pas
besoin de commentaires. Ils montrent ce qu'était alors le
régime sacerdotal dans les abbayes puissantes ; ils sont un
document curieux à comparer au pouvoir féodal. (*Extrait des
Mémoires de la Société d'Emulation d'Abbeville.*)

---

[1] *Histoire ecclésiastique d'Abbeville*, par le P. Ignace, page 471.

NOTE N° 3

(Page 140)

Charte de Philippe-le-Bel relative aux droits de minage et autres ainsi qu'à l'exercice de la justice dans la ville et banlieue de Montreuil de 1292, confirmé en 1304.

Nous Philippe, par la grâce de Dieu, Roi des Français, faisons savoir à tous ceux présents et à venir, que nous avons transféré et concédé aux maire, eschevins et habitants de notre ville de Montreuil-sur-Mer, moyennant la redevance perpétuelle et indiquée ci-après, tant à eux qu'à leurs descendants, le droit de minage [1] pour en jouir à perpétuité, avec la faculté de nommer et destituer à leur volonté les mésureurs. Nous leur abandonnons aussi les droits de terrage, de fauchage, les dons et semi dons que nous avons sur les terres situées sur leur territoire, les droits dits de moutonnage [2], de transit et tous les droits dits de tonlieux [3], depuis une maison située vis-à-vis l'église Saint-Justin. Et enfin quinze sols parisis et huit chapons de cens annuel qui sont dus ainsi qu'il est indiqué ci-après; savoir :

Par la maison des Lépreux de Montreuil, quatre sols et deux chapons.

Par l'abbé et le couvent de Saint-Saulve, cinq sols.

Par Jean Deporte, trois sols, en raison des cens acquis de Guillaume de Temple.

Par Ingcramne, dit Nuges, trois sols.

Par la femme de Jean-Gille Allery, deux chapons.

Par Framery, dit Ranguenette, deux chapons.

Et par Clément, dit Libout, deux chapons.

Ces cens seront payés annuellement avec tous les droits quelconques qui en dériveroient pour nous. En échange de toutes ces concessions, les maire, échevins et la ville payeront, tant à nous qu'à nos successeurs chaque année, en l'hôtel du Temple à Paris, une redevance de deux cent dix livres parisis de la manière suivante :   .

---

[1] Le minage consiste dans un pot de grain, 1/8ᵉ de boisseau, qui se prenait plein sur chaque septier de 16 boisseaux, et plus ou moins par proportion sur la contenance des sacs de grains, de telle espèce qu'ils puissent être, vendu les jours de marché ou livré en ville.

[2] Droit seigneurial qui se livre sur ceux qui vendent ou achètent des moutons et autre bétail.

[3] Droit seigneurial sur diverses marchandises.

Le premier tiers à la Toussaint, le deuxième à la Chandeleur suivante et le troisième et dernier à l'Ascension qui suit. Lesdits maire, eschevins et commune étant en possession avant la présente concession, de connaître et juger tous les délits, nous voulons qu'ils jouissent maintenant et à perpétuité de cette prérogative, et ce dans tous les cas qui en dériveront, qu'on sache de plus que tous les avantages et émoluments attachés aux droits de la justice leur appartiennent également. Lesdits maire et eschevins s'étant plaints, avec raison, de ce que nos gens les troublaient relativement à l'exercice de la justice, dans l'intérieur de la ville de Montreuil, dans la banlieue et les manoirs en dépendants, nous leur avons, dans la vue d'affermir la tranquillité et la paix, transféré à perpétuité toute espèce de juridiction que nous-même avions dans lesdittes ville et banlieue, pour l'exercer avec pleine sécurité et jouir de tous les avantages et émoluments qui en proviendront, excepté seulement en ce qui concerne les évènements qui se passeroient dans l'intérieur de notre château de Montreuil, situé près les murs et la porte de la Ferté et sur la butte qui est voisine de ce château, et aussi avec la réserve ci-après : Si quelqu'un arrivait que nos feudataires commêt un crime appartenant à la haute justice dans un fief qu'il tiendroit de nous (situé sur le territoire desdittes ville et banlieue), qu'il fut arrêté dans son étendue et jugé à mort par lesdits maire et eschevins, ils nous référeront dans les formes et d'après la mode qu'ils adopteront, l'exécution à mort du condamné et ses biens et prestations mobiliers avec les biens immeubles qu'il tiendrait de nous, nous resteront intégralement, en respectant toutefois les droits de justice et tous autres de ces magistrats sur ces mêmes biens. Dans le cas ou quelques-uns de nos serviteurs ou de nos gens empièteroient ou seul tenteroient d'empêcher sur les présentes prérogatives, nous ne voulons point qu'il en résulte aucun avantage pour nous et nos successeurs, ni aucun préjudice pour lesdits maire, eschevins et commune, mais plustôt que toutes ces concessions soient religieusement observées et maintenues. Tout ce que dessus est confirmé par la teneur des présentes, sauf notre droit dans le reste, et le droit des tiers dans le tout. Enfin pour que toutes ces choses soient bien connues et stables à jamais, nous avons fait apposer notre sceau sur les présentes lettres.

Fait à Vincennes, le 2 mai, l'an de Notre-Seigneur 1292.

Nota. — Des lettres de confirmation dans le même sens ont été données par le même Roi à Paris, le jour de la lune, pendant la fête de saint Clément, l'an 1304.

Parmi les autres pièces relatives à la commune de Montreuil, nous avons trouvé dans Dom Grenier l'acte ci-dessous, d'une date antérieure à la présente confirmation :

An 1187. In nomine Sce et individue Trinitatis amen. Philippus dei gratio Francorum rex noverint universi presentes pariter et futuri quum nos intuitu dei et ob remedium anime nostre et patris nostri bone memorie regis Ludovic et predecessorum nostrorum consuetudinem quamdam que Lagamus vocatur de tota terra nostra propria quantum ad nos pertinebat quitavimus similiter autem et Henricus Gaius eamdem consuetudinem quantum ad se pertinebat quitavit quod ut ratum permaneat in posterum presentem paginam sigilli nostri auctoritate ac regii nominis karactere inferius annotato, precepimus confirmari, actum Suessionis anno ab incarnatione septimo regni nostri anno octavo. Astantibus in palatio nostro quorum nomina supposita sunt et signa.

> S. comitis Theobaldi dapiseri nostri.
> S. Guidonis Buticularii.
> S. Mathei camerarii.
> S. Radulphi constabularii.

Archives de l'hôtel-de-ville de Montreuil, liasse dans un coffre, pièce costée 1.

NOTE N° 4

(Page 172)

Quant Mikiex Taukars entra en le mairie après Jehen de Belraim anno domini M° CC° L° IX°, adonkes avoit le vile de mueble v° liv. LX liv. IIII sols, et de chou devoit ele au roi ke LX liv. IIII sols, et de ces v° liv. paia Mikiex Taukars au roi en se mairie III° liv. Et des detes ke on devoit à le vile i a il bien II° liv. de mauvaises detes, de vielles sorberies [1], de vies pavement et de vielles tailles dont on ne puet trouver

---

[1] Le mot *sorberie* nous paraît d'une mauvaise lecture; il est sans doute là pour *tourberie*, que le supplément de D Carpentier traduit par.... terrain propre à faire des tourbes. Le glossaire de Du Cange, après avoir traduit le mot *torba* par tourbourie ou *turbarum confectura*, cite un compte des revenus du comté de Ponthieu de 1554 où il est dit : *des revenus et proffits de la teollerie* (tuilerie) *de ladite ville d'Abbeville.... ndant, pour ce que en l'année de ce compte, ne de longtemps n'ont esté fait aucunes tourbouries.* Plus loin, on lira dans le même compte de Montreuil *torberie*, et non plus *sorberie;* les deux mots ont évidemment le même sens.

persounes ne hoirs ne iretages, lau on en puist rien avoir.
Et i estoient ces mauvaises detes tres devant à chou grant
tans ke sire Jehans de Chanbaudou fust maires de Monstruel.
Et tailla on en le mairie Mikiel Taukart de le livre du mueble
VIII den. et IV den. de l'iretage, et valut le taille IX° liv.
IIII" liv. LXIII sols V den.; et des coilloites des portes du
pois, de le colloite du vin, des cens de le torberie, des meffais
de le ville, del luis Onestasse Wagon et des tailles devant
dites en toutes values XVI° XV liv. X sols; et de ceste recoite
et value paia Mikiel Taukart en se mairie por rente à vie ke
le vile doit VIII° lb. et V lb. Et por les serviges de le vile,
c'est à savoir au maieur, au clerch de le communigne, au
clerch as argentiers, as sergans le maieur et as waites qui
waitent tout len C liv. XIX liv. VII sols et as presens ke le
vile a fais du vin XXXIX liv. X sols V den. et por machou-
nerie, por carpenterie, por mairien [1] ke on a mis por le for-
tereche de le vile retenir, et por le cauchié de Nueville et
por les maus pas amender IIII" liv. LXIII sols III den. et por
les fres VIII" liv. XXVII den.; et quita on le conte d'Angau
II° liv. XXXVI liv. por avoir assenement du remanant des deniers qu'il devoit à le vile. Et remaint à le vile de mueble,
outre chou ke ele doit, se les detes fussent bones, XI" liv.
XII liv. XI sols.

Che sont les fermes [2] ke le vile de Moust. doit à vie.

Fermes de mi mai.

A Freessent femme Leurent Wagon, L liv.

A Ranoul Witegot, X liv. adonc.

A Ruesselain Mesenge de Douai, XX liv., lendemain
mi mai.

Fermes à le saint Jehen

A Pierron de Trois Markais le père, XX liv.

A Bernart Harduin, borgois d'Arras, L liv.

A Renier le clerch, X liv., al jor saint Joasse.

A Jehen Drinart d'Arras, X liv., al jor saint Pierre à l'entrée d'auoust.

Ferme de le mi auoust.

A Rainberge de Landast de Douai, XX liv.

---

[1] Mairien — bois de charpente, (glossaire de D. Carpentier).

[2] Le mot *firma*, dans le glossaire de Du Cange, est traduit ainsi : *Census sive red-
ditus annuus ob firmam debitus*. Il s'agit donc ici des rentes que devait la ville de
Montreuil, à cause sans doute de certains immeubles qui lui avaient été cédés en
toute propriété ou en simple jouissance.

A Jehen de France de Douai, xL liv.

A maistre Pierron de Trois Markais, xx liv.

A maistre Jehen Guernon, xx liv.

A maistre Thiebaut de Baudevinemont, canoine d'Arras, xxx liv.

Fermes de le saint Remi.

A le femme Jakemon le Noir, L liv.

A Robert de Monchi, xxv liv.

A le femme Jehen d'Inglos, c liv.

A maistre Willaume, le clerc Symon de Villers, bailliu d'Arras, xL liv.

A Marien, fille Hainfroi le Mounier, c sols.

A Jakemon, le clerc d'Arras, x liv.

A Daniel de le vile de le Best, x liv.

A Isabel, femme Aliaume de Monchi, xxx liv.

A Jakemon le Noir, xx liv.

Fermes des Octaves de le saint Remi.

A Jehen de Séclin de Douai, prestre, x liv.

A Margueritain, fille Jehen Pain Moullié, de Douai, xxx liv.

A Jakemon, clerc, fil Wion Audefroit, xL liv., à Douai.

Fermes de le saint Jehen au tiere jor del Noel.

A Jehen le Cras d'Arras, L liv.

A Julienain, fille Nicolon, Morte Anguile d'Arras, x liv.

Fermes de le Candelier.

A maistre Jehan Guernon, x liv.

A maistre Thiebaut de Baudevinemont, canoine d'Arras, xx liv.

A Gileuni, fille Jakemon d'Arras, xxv liv.

A signeur Jehen Parout, capelain de Nostre-Dame d'Arras, xx liv.

Soume sor le tout ke le vile de Monstruel doit de rente à vie : viii liv. et v liv.

Che sont les detes ke le vile doit en manaie [1].

---

[1] Dans son savant ouvrage sur les *Coutumes locales du Bailliage d'Amiens*, notre honorable collègue et ami, M. Bouthors, a traduit le mot *manaye* par *intérêts des capitaux des mineurs*. (Voir son Glossaire, t. ii, p. 724.) Il a précisément rencontré ce mot dans la coutume de Montreuil qu'il a publiée. Tout en reconnaissant que sa définition répond parfaitement au sens de la coutume d'Audruick, nous persistons à penser que le mot *manair* s'entendait d'un dépôt en principal comme en intérêts. Ce qui nous le démontre, c'est que Montreuil n'aurait point révélé sa véritable situation dans son compte, si cette ville s'était bornée à porter au passif les intérêts seuls des capitaux qu'elle avait à restituer. L'élévation des sommes ne justifie pas moins notre

A le Geude markeande VII^{xx} liv. XIII liv. V sols VI den.

Al Wal VI^{xx} liv. IX liv. XV sols II den. ·

As enfans Geraut de Rumelli, C et VI liv.

As enfans Jehen de Trois Markais, LXV liv. XXXIII den.

A saint Nicolai, VIII liv. X sols X den.

A Pierron Rigaut, C sols XXXIII den.

As enfans Omer de Wime, XXXV sols.

A maistre Jehen Guernon, X liv.

A Renelme [1] de Buetin, XXXVIII sols.

As enfans Marien Gueraudele [2], C et L liv.

As enfans Nicolon de Cauquelle, XI liv. XVII sols IIII den.

Au Roi, II^c liv.

A le Roine d'Espaigne, XXXVI liv.

Soume ke le vile doit : VIII^c IIII^{xx} VII sols X den.

NOTE N° 5

(Page 267)

L'an mil sept cent quarante et un, et le sixième jour de juillet, sur les neuf heures du matin, nous Claude Pecquet et François Leroy, notaires du roy au bailliage d'Amiens, establi à Montreuil-sur-Mer, y résidants, soussignés, sur la réquisition de messire Philippe des Essarts, chevalier, seigneur de Saint-Aubin et autres lieux, demeurant en cette ville de Montreuil, au nom et comme porteur de la missive de dame Aglethorpe, marquise de Mérières, demeurant à Miocour-en-Lorraine, en date du dix juin dernier, contrôlé en cette ville ce jourd'hui, par Bosquillon, qu'il nous a représenté et a lui à l'instant rendue; nous nous sommes transportés en l'église paroissiale de Saint-Pierre en cette ville de Montreuil, à l'effet de procéder à la visite et description des choses suivantes où étant nous avons, en conformité et pour satisfaire à ladite réquisition vû dans le chœur de ladite

explication. Cette partie du compte est d'autant plus curieuse, que nous voyons la cité se faire consignataire non seulement des deniers des mineurs, mais encore de ceux qui appartenaient à la guilde marchande, à la halle, au roi et à la reine d'Espagne. (*Situation financière des villes de Picardie sous saint Louis*, par M. Ch. Dufour. *Mémoire de la Société des Antiquaires de la Picardie*, 2e série. Tom. V, page 643.)

[1] Ou Reveline.

[2] Ou Geraudele.

église une grande pierre tombale bleue sur laquelle est représenté en habit de guerre défunt messire Charles des Essarts,
chevalier, seigneur de Maigneulx. Hamelet, Marescot et autres
lieux, rempli de croissant avec un écusson au côté droit de
ses armes cy-dessus en testes empreintes et figurées, et au bas
du même côté droit, un casque, et au côté gauche ses gante-
lets, son espée, ses jambes en bottes avec éperons et à l'entour de laquelle pierre tombale sont gravés en lettres d'or les
mots qui suivent :

« Ci gist messire Charles des Essarts, chevalier, seigneur
de Maigneulx, gouverneur pour le roi des ville et citadelle de
Montreuil, qui trépassa le troisième jour de février mil six
cent dix sept. Priez Dieu pour son âme. »

Et au-dessous de laquelle pierre tombale est un caveau où
sont inhumés et placés les corps dudit seigneur des Essarts,
de la dame son épouse, et de messire Charles Des Essarts.
leur arrière-petit-fils, vivant chevalier, seigneur du Hamelet-
Saint-Aubin et autres lieux ; et au-devant de ladite pierre
tombale est une autre pierre bleue enchassée dans le mur de
ladite église, du côté de l'Evangile, au haut de laquelle sont
empreintes les armoiries dudit seigneur, telles qu'elles sont
ci en tête figurées, et au-dessous desquelles armoiries sur la
même pierre on trouve l'épitaphe suivante :

« A la mémoire éternelle de très noble et très généreux
seigneur messire Charles Des Essarts, chevalier, seigneur de
Maigneulx, de Hamelet, Marescot, conseiller du roy en ses
conseils d'Etat et privé gouverneur des ville et citadelle de
Montreuil, *la vertu, la valeur, la prudence, la gloire* dedans le
triple creux de ce sombre tombeau.

> Les plus grands chevaliers soupirent sa mémoire.
> Quiconque envisagera le céleste flambeau,
> Sa vertu le rendait fils de l'église,
> Sur tous les cavaliers paraissait le plus beau.
> Sa prudence remit Montreuil en sa franchise,
> L'honorant du surnom de sage gouverneur,
> Mais là comme il était tout couronné de gloire,
> L'impitoyable Mars envia ses honneurs,
> Et ne pouvant tout seul emporter la victoire,
> Employa de la mort les barbares fureurs. »

Cette épitaphe est celle de Maigneulx-le-Ligueur.

Et au bas est écrit en chiffres : 1618.

Et au dessous de cette épitaphe, sur la même pierre, est
écrit :

« Ci gist dans ledit caveau messire Charles Des Essarts, chevalier, seigneur de Hamelet, Saint-Aubin et autres lieux, décédé le onze avril mil huit cent trente-neuf. Requiescant in pace ; » le tout en lettres d'or.

Et au dessus de cette épitaphe se trouve un étendard où sont empreintes les mêmes armes, et à côté une petite armoire de bois attachée audit mur, dans laquelle sont un pot en tête de fer, chargé du turban entrelacé de guelde et d'argent et un gantelet de fer au bas duquel paraissent quatre doigts.

Dans une autre petite armoire, et à côté de la chaire de vérité de ladite église, se trouve un casque et un brassart de fer; et encore au-dessus de ladite épitaphe se trouve une croisée en vitre, dont partie en couleur et le reste uni. Sur quatre différents panneaux sont en peinture plusieurs portraits d'hommes, de femmes et d'enfants, et sur les représentations desquelles personnes sont pareillement en peinture les armoiries dudit seigneur Des Essarts. Et étant sortis de ladite église, nous aurions aussi reconnu qu'en haut du portail se trouve un blason où sont empreintes les mêmes armes ci-dessus. Dont et de tout ce que dessus avons, nous, notaires susdits à ladite réquisition fait et dressé le présent procès-verbal pour servir et valoir à ladite dame marquise de Mérières, et à tous autres qu'il appartiendra en temps et lieux, ce que de raison : ce qui fut fait et passé au bureau de ladite église et paroisse de Saint-Pierre audit Montreuil-sur-Mer, lesdits jour et an que dessus en double dont l'un est resté ès-mains de Leroy, l'un des notaires, pour minute, et l'autre ès-mains dudit seigneur Des Essarts, et a, ledit seigneur Des Essarts, signé avec nous dits notaires ledit jour contrôlé, notifié, signé sur la minute :

Des Essarts, Pecquet et Leroy, notaires, avec paraphes.

Contrôlé à Montreuil, le six juillet mil huit cent quarante et un, par Bousquillon qui a reçu douze sous.

Signé : LEROY.

(Communiqué par M. Henri PATEGAY.)

LISTE DES SOUSCRIPTEURS

LISTE DES SOUSCRIPTEURS

Montreuil-sur-Mer.

MM. Adrian, directeur de l'enseignement mutuel.
Aubry, avoué.
Baillet, caissier de la Caisse d'Epargne.
Barré (Octave), clerc de notaire.
Becquelin, conducteur des ponts-et-chaussées (aspirant).
Bellembert, conducteur-mécanicien.
Belsolle (Louis), clerc de notaire.
Bénoit (Auguste), clerc de notaire.
Bernes de Longvilliers (de).
Berrier, horloger et chapelier.
Beuvié (Camille), clerc de notaire.
Bineau (Edouard), propriétaire.
Binsse, pharmacien.
Bloquel-Dézoteux, marchand de fers.
Boubet, employé au Greffe.
Bouvir-Leroy, charcutier.
Boyaval-Danel, cafetier.

Brassart, fils, cafetier.

Brico, prêtre-professeur.

Bridoux (Georges), clerc d'avoué.

Bulot (Noël-Odon), chef cantonnier des ponts-et-
chaussées.

Cachelou, notaire.

Cailleux, docteur.

Cailleux-Ducroquet, négociant.

Cailleux-Thiery, bijoutier-horloger.

Campagne, notaire.

Caron, boulanger.

Caron, percepteur.

Carpentier-Delamarre, marchand de meubles.

Charpentier (Emile), étudiant.

Chevau (Alphonse), receveur des finances.

Choulet, cafetier.

Colpart, fils, propriétaire.

Cordier (Adrien), fils, charron.

Cordier (Léopold), mercier.

Corne-Belvalette, tonnelier.

Cosyn (F.), conseiller municipal.

Cretel-Gorré, bottier.

Croisier, secrétaire de la mairie.

Cuvilliers, grainetier.

Dalton (Mᵐᵉ).

Daux (Victor), négociant.

Daynac-Wallois, bottier.

Defrémont.

Dégardin (Léon), teinturier.

Dégremont, huissier.

Delahaye, propriétaire.

Delannoy (Ernest).

Delaplace, receveur des contributions indirectes.

Delenclos (Alexandre), clerc de notaire.

Delhomel (Emile), maire.

Delhomel (Louis), propriétaire.

Delrue-Chivet, négociant.

Delwaulle.

Deplanque, fils, docteur.

Déquet, conducteur principal, faisant fonction d'ingénieur.

Derollez, curé de la Basse-Ville.

Desenclos (Eugène), ex-employé de sous-préfecture.

Deslyons de Feuchin.

Deslyons de Feuchin (Charles), fils.

Desmoutiers, président du tribunal.

Dessaux, prêtre.

Dézoteux-Romain, cirier.

Douenné (Emile), jardinier.

Du Blaisel (baron de).

Du Blaisel de Belle-Isle (Mlle).

Dubocquet (Mme), propriétaire.

Dubois (Antoine-Michel), aubergiste.

Dubourg, avoué.

Duburquoy, maître maçon.

Duburquoy-Desenclos, marchand de modes.

Ducatel (Louis), boulanger.

Duhamel (Victor), employé des contributions indirectes.

Dumont, commissaire-priseur.

Dumont-Moureau, bottier.

Dumoulin aîné, juge-suppléant du juge-de-paix.
Dumoulin (Louis), principal clerc de notaire.
Dupont (Xavier), boulanger.
Dupont, commis principal des contributions in-
    directes.
Dupré (François), clerc de notaire.
Dupuis-Sacleux, ferblantier.
Durieux (Sauveur), peintre-vitrier.
Duval, père, propriétaire.
Duval (Eugène), libraire-relieur.
Duval (Jules), imprimeur et lithographe.
Elmer, frère directeur des écoles chrétiennes.
Feuillade.
Flahaut (Emile), employé d'octroi.
Fourrier (Joseph), tailleur.
Fourrier, agent-voyer, surnuméraire aspirant.
François-Delannoy, pharmacien de 1re classe.
Friocourt, brasseur.
Garet (Hilaire), serrurier.
Gautier-Gérare, marchand épicier.
Gobert, fils, sellier-tapissier.
Gobert-Lefay, propriétaire.
Gobert-Lephay, bottier.
Godefroy (Auguste), menuisier.
Godefroy (Jules), ferblantier.
Godfrin-Dufour, négociant.
Gontier, vérificateur des poids et mesures.
Griset, agent-voyer principal.
Guérin (hôtel de France).
Guilbert (A.), louager et chapelier.
Guibout-Petit, négociant.

Hacot, propriétaire.

Hamille, chanoine honoraire.

Hamille-Dié, marchand de rouenneries.

Hautecœur, prêtre-professeur.

Hautin (Edouard), agent secondaire des ponts-et-chaussées.

Havet (Emile), conseiller municipal.

Hédin, maréchal-des-logis de gendarmerie (médaillé et décoré).

Henneguier (Charles), propriétaire.

Herbette-Trupin.

Hétuin, chef de musique.

Hibon de Lafresnoye, juge-suppléant.

Hocque (Henri), commis principal des contributions indirectes.

Hoguet (Henri), ferblantier.

Honoré (Charles), procureur impérial.

Houzet, propriétaire.

Hurtrel (Charles), cirier.

Hurtrel d'Arboval (Mlle).

Jeanvrot, greffier du tribunal.

Jenatsch-Duflot, pâtissier-confiseur.

Jérôme, prêtre-professeur.

Jourdain, juge-de-paix.

Lamirand (v^e), débitante de tabac.

Lavette-Rogier, menuisier.

Lebas (François), couvreur.

Leborgne-Mallet, maître de poste.

Lebran, receveur d'octroi.

Leclercq (Jules), architecte.

Lecomte-Lecomte, adjoint.

Lécrit, conseiller général.

Lefebvre, juge.

Lefort, conducteur de travaux.

Legrand (Amédée), corroyeur.

Legrand, capitaine en retraite.

Legressier de Bellannoy (Edmond).

Legressier de Bellannoy (Adolphe).

Lephay, gardien chef de la maison d'arrêt.

Lemaitre (Jules), agent-voyer surnuméraire (aspirant),

Lens (P.-F.), menuisier.

Lépine-Hoguet.

Lépouzé-Colpart.

L'hermite, marchand de parapluies.

Lhotellier, agent-voyer surnuméraire.

Leroux, orfèvre.

Leroy (J.-B.), marchand de fers.

Leroy (J.-M.), propriétaire.

Logé (maître d'hôtel au Lion-d'Argent).

Mailly (Pierre), chanoine.

Maquer (Hippolyte), huissier.

Marcourt (Edouard), aspirant conducteur des ponts-et-chaussées.

Marlette, portier de la ville.

Marlois, professeur de musique.

Marschal, inspecteur primaire.

Martin-Lecomte, serpentiste.

Masson-Bochent, propriétaire.

Maugenest, pharmacien de 1re classe.

Maugenest, fils, négociant.

Melle-Couplet, boucher.

MÉNUGE (Ambroise), commis-voyageur.

MÉPLAUX, prêtre-professeur.

MERLENT, chapelier.

MERLOT, clerc de notaire.

MOLEUX, juge d'instruction.

MONFILLETTE, tailleur.

MONTBRUN (Léon), (comte de).

MONVOISIN (Hilaire), tailleur.

MORAND (baron).

MOUREAU (hôtel du Cornet-d'Or).

MUSSOTTE (Jules), conseiller municipal.

NACRY-CAILLEUX, boulanger.

OCCIS, curé-doyen.

OCTOR, receveur de l'octroi.

OUTREBON (Diodoré), architecte de la ville.

PAGNIEZ, adjoint.

PAPEGAY (Henri), régisseur des marais.

PERCHEVAL-LESCUYER.

PERROCHAUD, docteur ✳.

PETIT, notaire.

PETIT-GUILBART, horloger-bijoutier.

POIRET, greffier de la justice de paix.

POTEZ, brasseur.

POULET, fils, tailleur.

POULTIER DE MONTÉCHOR, propriétaire.

POULTIER (Hilaire), conseiller d'arrondissement.

POULTIER (Napoléon), horloger.

PRÉMONT (vicomte de), propriétaire.

PRINGARBE (Charles), négociant.

QUANDALLE (Cyprien), receveur municipal.

RABIET-SOLECKI (lingeries, modes et nouveautés).

VASSEUR, abbé de la chapelle française de Londres.

RIGLET-BOURGOIS, négociant.

RINGART (J.-B.), propriétaire.

ROBINE (Louis), banquier.

ROBINET (Raymond), directeur des postes.

ROMAIN-FAGOO, louager et sellier.

ROUSSEL-YVART, cafetier.

ROUTIER (A.), arquebusier.

SAINT-JULIEN (Mlle Adeline de), propriétaire.

SAUVAGE, employé à la mairie.

SAVOYE, cafetier.

SELIÉR-PROTIN, menuisier, ébéniste et quincaillier.

SELINGUE-DECRAIS, négociant.

SOTIL (Stanislas), tamisier.

SOUVÉSTRE (Alfred), sous-préfet.

SUZZONI, lieutenant au 83e de ligne.

TERNISIEN, prêtre-professeur.

THÉROUANNE (Victor), conducteur des ponts-et-chaussées.

THIVRIER, secrétaire de la sous-préfecture.

THOMAS-CARPENTIER, md de meubles, ébéniste.

THOURIN, employé à la recette des finances.

THUEUX, propriétaire.

TILLIETTE-PIEDFORT, menuisier.

TOURSEL, abbé de la chapelle française de Londres.

TROUDE, huissier.

TROUDE (Paul), dentiste-mécanicien.

TROUSSON (Henri), chaudronnier.

VARENNES (Mlle Dorothée), propriétaire.

VASSEUR-BONNEVILLE, tanneur.

Remy, marbrier.
Vasseur-D'hoyer, menuisier.
Vittini (Guérin), propriétaire.
Verton (Maximilien de), propriétaire.
Vollet, avoué.
Wallois (Mlle Mélanie).
Widhen, avoué.

Abbeville (Somme).

MM. Boucher de Perthes, propriétaire ✳.
Boullon, propriétaire.
Dairaine, aumônier de l'Hospice.
De Caieu, avocat.
De Caieu de Vadicourt, propriétaire.
Lefebvre (Jules), rentier.
Louandre, bibliothécaire.
Macqueron (Oswald), propriétaire.
Obert, pharmacien de 1re classe.
Prevost, libraire.

Aix-en-Issart.

M. Bigand (Amable), clerc de notaire.

Attin.

MM. Damaye (H.).
Visinaut (A.).
Ponchel, instituteur.

Avesnes.

M. Quenson (Cyrille).

Beaumeric.

M. D'Hesdin (François), instituteur.

Beaurainville.

MM. BATAILLE, clerc de notaire.
BRICOUT, commissaire de police.

Boulogne-sur-Mer.

MM. GÉRARD, bibliothécaire de la ville.
GODEFROY (Auguste), clerc de notaire.
LEFEBVRE, conducteur des ponts-et-chaussées.

Bourthes.

M. DUFLOS-DESTRÈS, maire.

Brimeux.

M. LAURENT, curé.

Buchy (Seine-Inférieure).

M. HURTREL-D'ARBOVAL, propriétaire.

Buires-le-Sec.

M. DE MAINTENAY ❋.

Camiers.

M. JAN, instituteur.

Campagne-lès-Hesdin.

M. MOITIER (H.), conseiller d'arrondissement.

Campigneulles-lès-Grandes.

M. FRANÇOIS-HACOT, propriétaire.

Le Crotoy.

MM. BIZET (Adolphe), rentier.
PELLETIER, (Adolphe), rentier.

Ecuires.

MM. BEAUVAL, curé.
FONTAINE, premier commis aux hypothèques.
GATOUX, cultivateur.
GÉRARD (Thomas), maître maçon.
LAMARRE, arpenteur-géomètre.
LAVEZZARI (Emile), ingénieur civil.
SUÉE, commis de banque.
VARLET (Auguste), directeur de la Guinguette.
VARLET (François), briquetier.

Epagnette (Somme).

M. COSSÈTTE DE BEAUCOURT (le chevalier Eugène de), ancien garde-du-corps du roi Charles X.

Etaples.

MM. ARNOUTS, juge-de-paix.
DELAPORTE (Théodore), brasseur.
DEMERVAL, notaire.
DUMOULIN, ancien notaire.
FUZELLIER, receveur d'enregistrement.
LAMOTTE-FAUVELLE.
LEFEBVRE, huissier.
SOUQUET (Gustave), vice-consul de Suède et de Norwège.

Etréelles.

M. DUBUS (François), propriétaire.

Fillièvres, canton du Parcq.

M. MERCHEZ, missionnaire apostolique.

Fruges.

M. DE SERVINS, percepteur.

Hucquéliers.

MM. LECLERCQ, adjoint.
MOITIER (Alfred), conseiller d'arrondissement.

La Calotterie.

MM. MERCIER, curé.
SIRIEZ DE LONGEVILLE, propriétaire.

Lépine.

M. DAUSSY, instituteur.

Loison.

M. TELLIEZ, curé.

Monteavrel.

M. LAVISSE, major en retraite ✳.

Neuville (sous-Montreuil).

MM. DUMOUTIER, tanneur.
DUVAL DE CONTEVAL, propriétaire.

Merlimont.

M. CAUWET (Désiré), curé.

Rouen.

Mme DE LA BUNODIÈRE, propriétaire.

Saint-Josse-sur-Mer.

M. MENUSSENT (Alfred), clerc de notaire.

Saint-Pol (sur Ternoise).

MM. BECQUART-DUVAL, imprimeur-libraire (2 exemp.)
DANVIN, docteur-médecin.

Tigny-Noyelles.

M. LEJEUNE, maire.

Verton.

MM. BOUTON, aubergiste (à la *Descente des Courriers de l'Empereur*).
CHESNEAU, percepteur.

Waben.

M. DIÉ, instituteur.

Wailly.

MM. BROUSSIN (J.-B.), maire.
VASSEUR, curé.

Zoteux.

M. DUCORROY (Edouard), instituteur.

TABLE DES CHAPITRES

7,689 — Abbeville, imp. R. Housse, rue Saint-Gilles, 10c